DISCOTECA BÁSICA

100 PERSONALIDADES E SEUS 10 DISCOS FAVORITOS

ZÉ ANTONIO ALGODOAL

Copyright © 2014, Zé Antonio Algodoal
Copyright desta edição © 2014, Edições Ideal

Todos os direitos reservados. Nenhuma parte desta publicação pode ser reproduzida, armazenada em sistema de recuperação ou transmitida, em qualquer forma ou por quaisquer meios (eletrônico, mecânico, fotocópia, gravação ou outros), sem a permissão por escrito da editora.

Editor: Marcelo Viegas
Capa, Projeto Gráfico e Diagramação: Guilherme Theodoro
Tradução: Ligia Fonseca
Revisão: Mário Gonçalino
Diretor de Marketing: Felipe Gasnier
Assessoria de imprensa: Laura D. Macoriello

CATALOGAÇÃO NA PUBLICAÇÃO
Bibliotecária: Fernanda Pinheiro de S. Landin CRB-7: 6304

D011

Discoteca básica: 100 personalidades e seus 10 discos favoritos [organização de] Zé Antonio Algodoal.
São Paulo: Edições Ideal, 2014. 224 p. ; 21 cm

ISBN 978-85-62885-34-1

1. Música - Discografia. 2. Música - Miscelânea. 3. Registros sonoros. I. Algodoal, Zé Antonio.

CDD: 780.2

10.11.2014

EDIÇÕES IDEAL

Caixa Postal 78237
São Bernardo do Campo/SP
CEP: 09720-970
Tel: 11 2374-0374
Site: www.edicoesideal.com

AGRADECIMENTOS

Agradeço ao pessoal da Edições Ideal por receber este projeto. Fico orgulhoso de fazer parte do cast de uma editora que tem feito um trabalho tão caprichado e instigante.

Agradeço também à minha esposa Claudia por toda a paciência, ajuda e apoio, não apenas em relação ao livro!

E não poderia deixar de citar todas as pessoas que me ajudaram nos contatos, pesquisa e no apoio moral. Obrigado Alberto Santiago, Alê Briganti, Cíntia Araium, Elaine Christine de Paula, Paulo Vieira, Roberto Maia, Tatola e Zé Luiz.

Poucos têm um conhecimento tão vasto sobre música quanto **Kid Vinil**, e mais raro ainda são aqueles que compartilham tudo isso de maneira tão generosa. Uma vez o Kid me contou como se emocionava ao ouvir os programas de John Peel na BBC. Talvez ele não se dê conta de que se tornou uma figura tão importante quanto o DJ inglês, e que há décadas é um personagem fundamental na formação musical de muita gente.

Peço licença a todos os outros 99 colaboradores para dedicar este livro ao Kid, um pequeno gesto de agradecimento por tudo que aprendi com esse amigo querido durante todos esses anos.

SUMÁRIO

12	Adriano Cintra		62	David Court
14	Alexandra Briganti		64	Didi Effe
16	Alex Atala		66	Didi Wagner
18	Alexandre Vianna		68	Dinho Ouro Preto
20	Andreas Kisser		70	Diogo Portugal
22	Anna Butler		72	DJ Marky
24	Arnaldo Baptista		74	Don Fleming
26	Astrid Fontenelle		76	Dora Longo Bahia
28	Beto Bruno		78	Dudu Bertholini
30	Beto Lee		80	Edgard Piccoli
32	Blubell		82	Edgard Scandurra
34	Caco de Castro		84	Esmir Filho
36	Camilo Rocha		86	Felipe Hirsch
38	Canisso		88	Gastão Moreira
40	Carlos Dias		90	Gerard Love
42	Carlos Eduardo Miranda		92	Helio Flanders
44	Carlos Issa		94	Heraldo do Monte
46	Caroline Bittencourt		96	Jad Fair
48	Checho Gonzales		98	Jim Wilbur
50	China		100	Jô Soares
52	Chris Couto		102	João Gordo
54	Chuck Hipolitho		104	João Marcello Bôscoli
56	Clara Averbuck		106	João Suplicy
58	Clemente		108	John Agnello
60	Daniel Benevides		110	Karen Jonz

112	*Ken Stringfellow*	162	*Péricles Cavalcanti*
114	*Kid Vinil*	164	*Rafael Ramos*
116	*Laerte*	166	*Rafael Cortez*
118	*Laetitia Sadier*	168	*Rappin' Hood*
120	*Laura Ballance*	170	*Regis Damasceno*
122	*Leela*	172	*Renata Simões*
124	*Lucas Silveira*	174	*Rica Amabis*
126	*Luciana Gimenez*	176	*Ricardo Alexandre*
128	*Lúcio Ribeiro*	178	*Ritchie*
130	*Luisa Micheletti*	180	*Roberto Maia*
132	*Luiz Calanca*	182	*Rodrigo Brandão*
134	*Luiz Thunderbird*	184	*Rodrigo Carneiro*
136	*Marcelo Rossi*	186	*Rui Mendes*
138	*Marco Pavão*	188	*Sérgio Martins*
140	*Marcos Mion*	190	*Sesper*
142	*Mariana Pabst Martins*	192	*Stephen Lawrie*
144	*Marina Person*	194	*Stuart Baker*
146	*Mário Bortolotto*	196	*Supla*
148	*Mário Viana*	198	*Tatola*
150	*Matt Dangerfield*	200	*Thales de Menezes*
152	*Mike Watt*	202	*Titi Müller*
154	*Nando Reis*	204	*Wandi Doratiotto*
156	*Pablo Miyazawa*	206	*Xico Sá*
158	*Pedro Pelotas*	208	*Zé Luiz*
160	*Pepe Escobar*	210	*Zeca Camargo*
		212	*Zé Antonio Algodoal*

BONUS TRACK

INTRODUÇÃO

Este livro, *Discoteca Básica*, talvez seja a maior parceria da minha vida.

Não posso dizer que sou o autor, mas sim um organizador, um agregador, sei lá... divido este livro com uma centena de autores, os colaboradores que aceitaram meu convite e se dispuseram a fazer a lista dos seus dez discos prediletos e explicar o porquê das escolhas.

Entre amigos e desconhecidos, todos foram extremamente gentis e sou imensamente grato pelo carinho com que abraçaram este projeto. Pode parecer fácil, mas escolher apenas dez discos é uma tarefa árdua, especialmente para quem é apaixonado pela música. Muita gente, eu inclusive, sofreu para chegar a uma lista tão enxuta.

E vale dizer que muito provavelmente a lista de cada um já seria diferente neste momento. E isso é bom, mostra como a relação com a música é dinâmica, quase infinita, e por isso mesmo interessante.

Desde o início pedi a todos que tivessem total liberdade nas escolhas e no formato dos textos; a única orientação era que fossem pessoais, sem nenhum compromisso com importância histórica. O que vale aqui é a vivência de cada um.

E por isso não existe uma unidade de formato; alguns optaram por escrever um texto único, poético, outros preferiram algo mais direto, às vezes falando de cada disco escolhido, às vezes relembrando histórias, ou simplesmente dizendo porque aqueles álbuns foram tão importantes em algum momento da vida.

A ideia do livro é essa: ser pessoal, livre, eclético, leve, divertido e principalmente mostrar que ninguém é impermeável à música, que na minha opinião é a mais democrática das artes.

Em conversas com alguns dos convidados, antes e depois das escolhas, ficou claro que, mesmo com todo trabalho, escolher os discos acabou sendo algo divertido.

E, por mais que essa frase pareça um clichê (e realmente é), espero que o leitor tenha prazer ao conhecer cada uma das listas e histórias que fazem parte do livro e se sintam estimulados a conhecer alguns dos quase 1000 álbuns citados pelos convidados.

Zé Antonio Algodoal

NOTAS

- Ao lado de cada álbum citado aparece o ano de lançamento. Como padrão adotei a data do lançamento físico, em vinil ou CD, mesmo que já existisse em formato digital.

- Quando algum convidado escolhe alguma coletânea, aparece apenas o nome do álbum. Exemplo: *A revista Pop apresenta o Punk Rock*. Por questões estéticas aboli o uso das expressões "vários artistas", V/A etc.

- Alguns álbuns foram lançados com capas diferentes. Preferi usar sempre a mais conhecida, ou a que foi adotada na edição nacional.

ADRIANO CINTRA

Cantor, produtor e multi-instrumentista paulistano, Adriano foi o criador do grupo Cansei de Ser Sexy. Também fez parte do Thee Butchers' Orchestra, Caxabaxa, entre vários outros projetos musicais. Atualmente toca no duo Madrid e lançou o seu primeiro disco solo, chamado *Animal*. Como produtor e engenheiro de som, já trabalhou com nomes como Tom Zé, Jota Quest, The Wombats, Kylie Minogue, Lily Allen e Bloc Party.

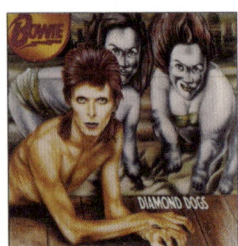

DAVID BOWIE
DIAMOND DOGS
(1974)

NEW ORDER
SUBSTANCE
(1987)

APHEX TWIN
RICHARD D. JAMES ALBUM
(1996)

LIZ PHAIR
EXILE IN GUYVILLE
(1993)

THE ROLLING STONES
STICKY FINGERS
(1971)

DAVID BOWIE – *DIAMOND DOGS* (1974)
Talvez o disco que eu mais tenha ouvido na minha vida. Eu curtia quando era adolescente, tinha essa viagem meio de ser uma ópera rock, as músicas grudadas. O lado A é sublime.

NEW ORDER – *SUBSTANCE* (1987)
1988, oitava série e esse disco era a trilha de nossas vidas. Festas de debutante e Keep Cooler, aquele espumante de vários sabores (terríveis) que proporcionou as primeiras ressacas de muita gente que eu conheço.

APHEX TWIN – *RICHARD D. JAMES ALBUM* (1996)
Os anos noventa são basicamente um borrão na minha memória e a música que acompanha esse borrão provém desse disco. Eu tinha esse álbum gravado numa fita, que tocava no meu walkman todo dia enquanto eu subia a Teodoro Sampaio voltando do trabalho; toda vez que passo por lá eu penso nesse disco.

LIZ PHAIR – *EXILE IN GUYVILLE* (1993)
Por conta desse disco eu considero a Liz Phair uma de minhas compositoras preferidas. Ácida, autoral e viciante.

THE ROLLING STONES – *STICKY FINGERS* (1971)
A segunda faixa é "Sway" e fecha com "Moonlight Mile", apenas as minhas músicas preferidas dos Stones.

SONIC YOUTH – *SISTER* (1987)
O primeiro disco do Sonic que eu ouvi na vida, com dezesseis anos. Escutei umas cinco vezes seguidas e comprei uma guitarra na semana seguinte.

PIXIES – *SURFER ROSA* (1988)
Trilha sonora da minha adolescência. Esse disco me leva para um lugar bom, doce e seguro quando o escuto.

MAKE-UP – *I WANT SOME* (1999)
Ah, como eu pagava pau pro Make-Up. Esse disco é pra dançar até cair desmaiado.

LIARS – *THEY WERE WRONG, SO WE DROWNED* (2004)
Esse disco me deixou transtornado quando coloquei para tocar pela primeira vez. E ainda deixa. De um jeito muito bom.

PEACHES – *FATHERFUCKER* (2003)
A Peaches mudou minha vida. Eu a assisti em 2003 em Buenos Aires, e ela explodiu todos os conceitos sobre performance/show que eu tinha na cabeça. Um dos discos mais simples que eu já escutei na vida, mas, ao mesmo tempo, de uma relevância para aquela época para a qual eu não estava preparado.

SONIC YOUTH
SISTER
(1987)

PIXIES
SURFER ROSA
(1988)

MAKE-UP
I WANT SOME
(1999)

LIARS
THEY WERE WRONG, SO WE DROWNED
(2004)

PEACHES
FATHERFUCKER
(2003)

ALEXANDRA BRIGANTI

Sempre presente na cena musical, como cantora, instrumentista ou produtora, Alê já trabalhou em gravadoras, foi supervisora do departamento de relações artísticas da MTV Brasil e tocou em várias bandas, entre as quais Lava e Pin Ups. ¶

ROCK NA CABEÇA (1983)

No meu aniversário de 11 anos eu ganhei um 3x1 da Gradiente – que era o luxo máximo da época, baita privilégio! – e de brinde a coletânea de vinil duplo *Rock na Cabeça*. Minha mãe deve ter perguntado para o vendedor da loja Museu do Disco lá do centro: "O que você sugere para uma menina que gosta de rock?" E não é que ela acertou?! Tinha de tudo um pouco: Go-Go's, Journey, Joan Jett, Survivor, Aerosmith, Cheap Trick, Judas Priest, Ozzy Osbourne, Nina Hagen, Adam & The Ants, Blue Oyster Cult e mais.

KISS – *ALIVE!* (1975)

Eu sempre desconfio do sujeito que diz que gosta de rock e não gosta de Kiss. Na minha opinião é a banda de rock mais divertida do planeta, com as composições mais perfeitas e com o vocalista mais gato de todos. Paul, I love you!!!!!!!!!!

THE POLICE – *OUTLANDOS D'AMOUR* (1978)

Eu descobri que o reggae e o punk juntos podiam criar uma coisa sensacional quando escutei o The Police pela primeira vez, aos 11 anos. 1983 foi definitivamente um ano muuuuuuito importante para a minha formação musical, graças ao Som Pop, claro. Obrigada, Kid Vinil!

ROCK NA CABEÇA
(1983)

KISS
ALIVE!
(1975)

THE POLICE
OUTLANDOS D'AMOUR
(1978)

DURAN DURAN
DURAN DURAN
(1981)

THE CURE
BOYS DON'T CRY
(1980)

DURAN DURAN – *DURAN DURAN* (1981)

As meninas da minha idade amavam o Menudo, os meninos do filme *Outsiders* (Matt Dillon, Rob Lowe, Ralph Macchio, etc) e eu era Duranie!!!! "Planet Earth" é simplesmente a música perfeita. Os babados, os cabelos, o sintetizador do Nick Rhodes e o baixo do John Taylor. Ah, e os videoclipes? Eles inventaram o videoclipe. Sylvie Giraud era a minha única amiga que tinha vídeo cassete, aquele dividido em dois módulos – creeeeedoooo, que velharia – e no único videoclube da cidade tinha a VHS do Duran Duran. Quase morri de tanta emoção! Depois me lembro de ir assistir à exibição desse vídeo no finado Cine Rock Show, junto com dezenas de fãs orientais, todas chorando e gritando.

THE CURE – *BOYS DON'T CRY* (1980)

Eu comecei a frequentar o Madame Satã em 1984 (pois é, naquela época pré-adolescentes podiam se infiltrar no meio de maus elementos!), graças à minha amiga Marie Pierre, e me encontrei no pós-punk. A pista de dança bombava quando o DJ tocava "Killing An Arab".

SIOUXSIE AND THE BANSHEES – *NOCTURNE* (1983)

Mais pós-punk com o vocal da deusa Siouxsie Sioux, que está super na moda de novo. "Happy House", "Slowdive", na minha opinião continua bem atual.

THE JESUS AND MARY CHAIN – *PSYCHOCANDY* (1985)

Quando eu escutei "Just Like Honey" pela primeira vez, não consegui entender como uma música tão doce podia ser tão barulhenta. Tudo mudou – de novo – a partir daquele momento.

NIRVANA – *BLEACH* (1989)

O Luiz Gustavo [ex-vocalista do Pin Ups] era quem tinha grana pra comprar a *Melody Maker* naquela época, e daí todos nós ficávamos analisando página por página para ver o que tinha de novo no mundo. Lembro de ver uma matéria de página inteira com o Nirvana, e tive certeza de que era uma banda hippie – com esse nome e um bando de cabeludos?! Como não tinha Internet, demorou para eu ganhar a fita cassete do *Bleach*, que minha mãe trouxe de uma viagem para os EUA. Bom, e mais uma vez tudo virou de cabeça pra baixo!

ROCKET FROM THE CRYPT – *CIRCA: NOW!* (1992)

Eu trabalhava como diretora artística da Roadrunner e um dos selos licenciados era a Headhunter/Cargo. Eu recebia um monte de samples e levava para casa pra escutar. Um desses álbuns foi o *Circa: Now!* do RFTC. Os metais junto com a parede de guitarras do Speedo e as melodias grudentas me pegaram pra sempre.

WEEZER – *WEEZER* (1994)

Eu estava passando o verão em Santos, na casa do Farofa, e ele era dono de uma loja de discos chamada Sound Of Fish, no Gonzaga. Eu ficava por lá perambulando e sempre dava uma passada pela Blaster, que é uma loja de discos incrível do Rafa, um daqueles donos de loja de discos que a gente sente muita falta na vida, tipo o André da Velvet – também santista – que conhece tuuuuuudo e tem um ótimo gosto musical. Eu perguntei para ele o que tinha de lançamento, e ele pegou o álbum azul do Weezer que tinha acabado de chegar, importado (na época não saía nada que prestasse nacional). Ele passou as músicas – sim, era comum passar as músicas para os clientes – e eu enlouqueci com as melodias grudentas, puro power pop.

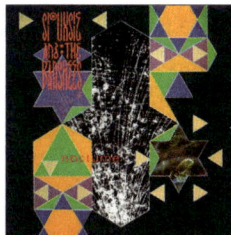

SIOUXSIE AND THE BANSHEES
NOCTURNE
(1983)

THE JESUS AND MARY CHAIN
PSYCHOCANDY
(1985)

NIRVANA
BLEACH
(1989)

ROCKET FROM THE CRYPT
CIRCA: NOW!
(1992)

WEEZER
WEEZER
(1994)

ALEX ATALA

Considerado um dos melhores chefs do planeta, Alex Atala comanda dois restaurantes em São Paulo, *Dalva e Dito* e o premiado *D.O.M.*, que merecidamente aparece em todas as listas de melhores restaurantes do mundo. Alex já lançou vários livros de culinária, além de ministrar aulas e palestras em inúmeros países. Na juventude, teve uma banda e foi DJ. E continua apaixonado por música até hoje. ¶

Escolher 10 discos para a trilha sonora da minha vida – os que mais marcaram, mais influenciaram tudo – é praticamente impossível. Vim de uma família que escutava música caipira. Adolescente, antes da descoberta do rock and roll, eu já tinha descoberto as drogas. Obviamente progressivo, o rock dos anos 1970 nunca deixaria de fazer parte da minha história.

A escolha destes 10 discos foi feita a partir da minha adolescência, nascendo do punk rock e suas vertentes e acabando lá mesmo. Obviamente evoluí. Outras tantas coisas entraram depois: momentos românticos, momentos com os filhos, a loucura da cozinha, o amadurecimento e os cabelos brancos. Cada um desses momentos também tem seus 10 discos.

Mas, se é a trilha sonora da vida, vamos logo ao miolo. Bem ou mal, é aí que está o fundamento de tudo que eu gostei e continuo gostando.

Foi um momento inesquecível a primeira vez em que peguei na mão a coletânea da revista Pop, uma seleção de punk rock de raiz. Algumas bandas que até viraram new wave depois. Não importa. Foi fundamental

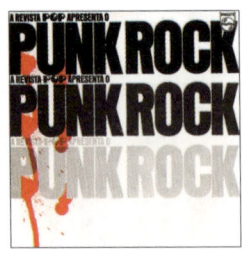

**A REVISTA POP APRESENTA
O PUNK ROCK**
(1977)

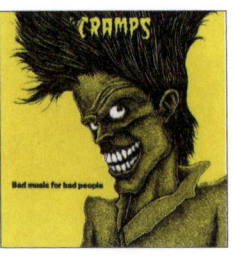

THE CRAMPS
BAD MUSIC FOR BAD PEOPLE
(1984)

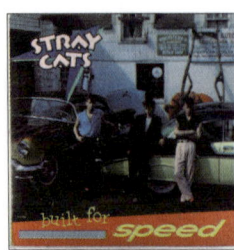

STRAY CATS
BUILT FOR SPEED
(1982)

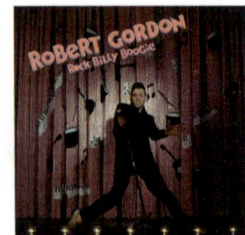

ROBERT GORDON
ROCK BILLY BOOGIE
(1979)

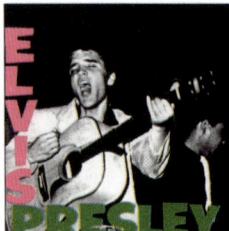

ELVIS PRESLEY
ELVIS PRESLEY
(1956)

na minha vida. Dias depois de ouvir, peguei um ônibus. Morava em São Bernardo, e tinha que me virar para chegar ao Sesc Pompeia para a gravação ao vivo do [programa] Fábrica do Som. Para a minha surpresa, Cólera e Inocentes. Fodeu. Pensei: "É isso o que quero ser quando crescer".

A informação naquela época era uma merda. Dependíamos da generosidade dos felizardos que conseguiam um novo disco, uma nova foto ou conseguiam juntar uma grana para comprar a *New Musical Express* da semana anterior.

Preciso confessar que uma vez ganhei uma fita cassete que escutei até quase furar: de um lado The Cramps, do outro The Smiths. Hoje pode parecer nada a ver. Naquela época, eles bebiam da mesma fonte e eu os ouvia com a mesma atenção. Não desgosto do Smiths, mas Cramps ainda me dá cãibras. *Bad Music for Bad People* talvez não seja o melhor LP (era assim que a gente chamava), mas é a melhor definição da banda de Poison Ivy, Lux Interior e Kid Congo Powers. Tive o prazer de dividir produtos ilícitos com eles.

Nessa leva, Stray Cats, Robert Gordon e, lógico, o rei, Elvis. Dos anos 1950 até os 1980 passaram-se 30 anos, e lá se vão quase 40 desde os anos 1980. Vou carregar essa marca de várias maneiras: na música, na atitude, na rebeldia e nas tatuagens. O Stray Cats sem dúvida foi a primeira banda que vi cheia de tatuagens. Eu já tinha uns *corró*, gíria da época para tatuagem feita à mão. Daí para ir atrás do Marco Leoni e me encher de tatuagem "bonita" foi um segundo.

Trabalhar no Rose Bom Bom era quase como passar a "porta da felicidade", ao menos para mim. Por estar lá, também dividi bons momentos com os Stray Cats e outros tantos que vou continuar contando.

Se tivesse que escolher só uma banda para falar da trilha sonora da vida, talvez fosse o Stiff Little Fingers, seguido dos Ramones. Não só pelo mito ou pela música, mas o Joey e o Dee Dee iam para o meu apê em cima do Rose Bom Bom para fazer a mesma coisa de sempre…

Não dá para não falar do The Clash e da alegria de ter ficado bêbado em Londres junto com o Joe Strummer, caído na calçada sem nem falar inglês direito. Eu também já fui *groupie* e não quero deixar de ser.

Alguns anos atrás, saía de Londres no meio da madrugada num vôo para Estocolmo. Vôo vazio. De repente, uma rapa de loucos começa a se juntar. No meio deles, um velho cabeludo e loiro. Caralho, é o Iggy Pop. Não aguentei e fui babar o ovo. Me fodi. O cara ficou me azarando.

Lou Reed. Aprendi a gostar dele por causa dos cafés da manhã do Rose. Era a música que anunciava que o café estava servido. De segunda à sábado, 5h30 da manhã, "Take a Walk on the Wild Side". Daí até tombar em cima do disco *Transformer* e ainda hoje ficar feliz de ouvir de vez em quando.

A única banda contemporânea que incluí nessa lista chama-se The Head Cat. O motivo é muito simples: Lemmy Kilmister junto com Slim Jim Phanton tocando rock'n'roll quadrado, rockabilly. Acho que nem preciso falar mais nada.

As drogas são proibidas não porque são ruins, mas sim porque são boas e seus efeitos danosos. A música, por outro lado, é boa, e seus efeitos são melhores ainda. Dá para viver bem sem as drogas. E é impossível viver sem música da melhor qualidade. Esse é o saldo de um cara que fez tudo para dar errado e, de tão incompetente, nem dar errado conseguiu. São 46 anos de acertos e erros, mas sempre com uma boa trilha sonora.

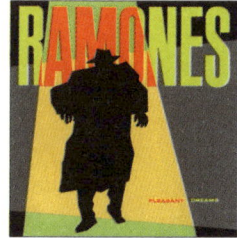

RAMONES
PLEASANT DREAMS
(1981)

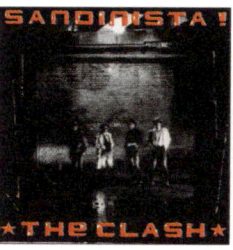

THE CLASH
SANDINISTA!
(1980)

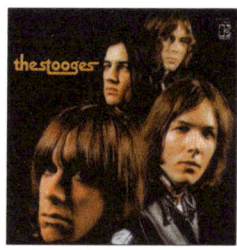

THE STOOGES
THE STOOGES
(1969)

LOU REED
TRANSFORMER
(1972)

THE HEAD CAT
WALK THE WALK… TALK THE TALK
(2011)

ALEXANDRE VIANNA

Na década de 1990, foi skatista profissional, lançou o vídeo Dirty Money e fundou a revista CemporcentoSKATE, que até hoje é o maior veículo de comunicação especializado em Skate do Brasil. Atualmente dedica-se ao seu estúdio criativo, AV9, com foco em fotografia, cinematografia e projetos de comunicação ligados à arte e cultura.

Foi bem difícil fazer uma lista com apenas dez discos e cortar tantos outros importantes que poderiam ter sido citados. E é interessante perceber que a maioria dos discos que me marcaram e influenciaram fizeram parte da fase de descobertas da vida, de formação de personalidade, pós-adolescente, na década de 1990. Também é difícil dizer que são os "discos da minha vida"; sei que vivemos em uma sociedade que reverencia a juventude, mas gosto do conselho do jornalista e escritor Nelson Rodrigues para os jovens: "Envelheçam!". Acho que estou na metade do caminho e espero escutar e me encantar com muitos e muitos discos ainda.

Segue, não em ordem de importância, dez discos prediletos.

FUGAZI – *END HITS* (1998)

Cresci escutando Fugazi. A experiência de acompanhar cada disco sendo lançado, a evolução e as transformações da banda, sua filosofia e sua música, foi algo mais intenso e forte do que cada disco isoladamente. Fugazi é a trajetória, quem viveu sabe. O rock é espetacular, porém é mais do que a música e mais do que o espírito DIY. Pra mim, o Fugazi ensinou muito sobre comportamento humano.

DE LA SOUL – *DE LA SOUL IS DEAD* (1991)

Hip Hop é uma cultura que também tem muita influência em quem eu sou. Aos 17 anos, fui fa-

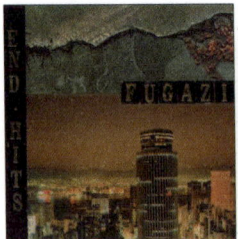

FUGAZI
END HITS
(1998)

DE LA SOUL
DE LA SOUL IS DEAD
(1991)

411
THIS ISN'T ME
(1991)

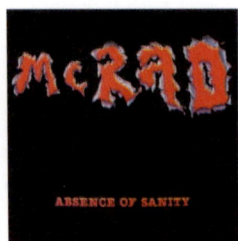

MCRAD
ABSENCE OF SANITY
(1987)

BEIRUT
THE RIP TIDE
(2011)

zer um teste vocacional e a psicóloga me perguntou o que eu queria ser. Respondi com uma metáfora: "Cantor de Rap". Com 17 eu sabia que queria ser skatista profissional, não tinha nenhum talento para cantor, mas achei que o mais próximo do skatista profissional – para o paradigma que eu vivia na época e para que a psicóloga entendesse – era o rapper. Esse disco do De La Soul me marcou muito: ele é completamente diferente de tudo que estava acontecendo no rap. As letras criticavam a violência, o sexismo e a direção que o Hip Hop estava tomando na época. Eu me identifiquei com aquelas mensagens e principalmente com o humor. A vida precisa de humor.

411 – *THIS ISN'T ME* (1991)
Banda punk do sul da Califórnia que embalou milhões de sessões de skate. Gosto também da ideia de um dos membros da banda (Mario Rubalcaba) ser skatista profissional. Era isso! Skate não é esporte. O skatista que tinha banda era mais legal que o skatista que ganhava campeonatos.

MCRAD – *ABSENCE OF SANITY* (1987)
Hino do skate dos anos 1980, trilha sonora de algumas das imagens mais importantes de vídeos de skate de todos os tempos. Se um dia eu estiver desestimulado, desistindo de algo, de algum projeto, de alguma batalha dessa vida, basta colocar a música "Weakness". Mexe no meu inconsciente de uma maneira inexplicável, é uma dose de adrenalina direto na veia, via tímpanos.

BEIRUT – *THE RIP TIDE* (2011)
Escutei repetidamente todos os discos do Beirut. Som intenso, com muitos instrumentos que os cachorros e gatos escutam melhor que nós humanos. Ao vivo é impressionante.

THE DAVE BRUBECK QUARTET – *TIME OUT* (1959)
O disco de jazz que mais escutei em toda a minha vida. As músicas fugindo da métrica habitual me encantam. Parece que a "perfeição" busca sempre a imperfeição pra fazer mais sentido. Coloquei muito desse tempero no meu trabalho.

JAWBREAKER – *24 HOUR REVENGE THERAPY* (1994)
Um dos meus discos preferidos com "mantras" do punk. Tentei decorar as letras. Escutei mil vezes. Me fez uma pessoa mais criativa.

THE SMASHING PUMPKINS – *MELLON COLLIE AND THE INFINITE SADNESS* (1995)
Intenso, inteligente, genial. Uma banda de rock com notas inspiradoras de piano e violino.

DINOSAUR JR. – *BEYOND* (2007)
Não é o melhor disco do Dinosaur Jr., até porque ainda não escolhi o melhor. Mas é um disco que representa esperança. Uma das melhores bandas da década de 1990, ficar dez anos aposentada, e voltar em 2007 com um disco desse, é espetacular. Não é renovação o tempo todo que a música e a arte precisam. É qualidade. A volta da qualidade, é esperança.

PINBACK – *AUTUMN OF THE SERAPHS* (2007)
Eu gosto da ideia do álbum como uma obra completa. Começo, meio e fim, fazendo sentido, como um filme, com emoção. Com capa, crédito e letras. Lançar músicas isoladas na internet, ao invés de álbuns completos, não é tão legal, na minha opinião. O disco *Autumn of the Seraphs* é novo, moderno e é completo, como nos velhos tempos.

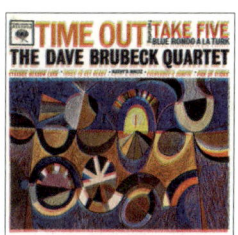

THE DAVE BRUBECK QUARTET
TIME OUT
(1959)

JAWBREAKER
24 HOUR REVENGE THERAPY
(1994)

THE SMASHING PUMPKINS
MELLON COLLIE AND THE INFINITE SADNESS
(1995)

DINOSAUR JR.
BEYOND
(2007)

PINBACK
AUTUMN OF THE SERAPHS
(2007)

ANDREAS KISSER

Guitarrista da banda Sepultura, também é compositor e produtor. Em 2009 lançou o primeiro álbum solo, *Hubris I & II*. Andreas também faz parte dos supergrupos Hail! e De La Tierra.

QUEEN
A NIGHT AT THE OPERA
(1975)

BLACK SABBATH
BLACK SABBATH
(1970)

LED ZEPPELIN
HOUSES OF THE HOLY
(1973)

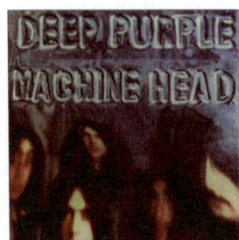
DEEP PURPLE
MACHINE HEAD
(1972)

IRON MAIDEN
THE NUMBER OF THE BEAST
(1982)

QUEEN – *A NIGHT AT THE OPERA* (1975)
Primeiro álbum que comprei na vida, considero o maior clássico do rock de todos os tempos.

BLACK SABBATH – *BLACK SABBATH* (1970)
O começo de tudo. Sem este disco o mundo seria muito diferente, o Heavy Metal não existiria.

LED ZEPPELIN – *HOUSES OF THE HOLY* (1973)
O melhor disco do Led Zeppelin, a banda no auge, um disco perfeito.

DEEP PURPLE – *MACHINE HEAD* (1972)
Álbum fantástico que contém nada mais, nada menos que "Smoke on the Water", o maior riff de guitarra já escrito.

IRON MAIDEN – *THE NUMBER OF THE BEAST* (1982)
O Maiden mostrou um novo caminho para o metal. Um álbum cheio de clássicos que são tocados até hoje pela banda.

MOTÖRHEAD – *NO SLEEP 'TIL HAMMERSMITH* (1981)
Álbum ao vivo que mostra toda a força dessa banda que misturou o rock and roll com o punk e influencia músicos de diferentes gerações.

METALLICA – *RIDE THE LIGHTNING* (1984)
A música extrema começava a conquistar um terreno *mainstream*. Este disco é um marco que mescla música extrema e pesada com passagens mais calmas cheias de sentimento.

TITÃS – *CABEÇA DINOSSAURO* (1986)
Mudou a minha cabeça ainda um pouco radical que só escutava metal. Eu vi peso e energia de uma maneira diferente, um clássico do rock brasileiro.

OZZY OSBOURNE – *DIARY OF A MADMAN* (1981)
O grande álbum do guitarrista Randy Rhoads, o último de sua breve e brilhante carreira.

DIO – *HOLY DIVER* (1983)
O primeiro disco solo desse grande mestre da voz metal, senão a maior voz do metal de todos os tempos.

MOTÖRHEAD
NO SLEEP 'TIL HAMMERSMITH
(1981)

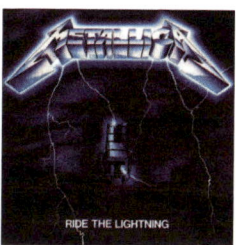
METALLICA
RIDE THE LIGHTNING
(1984)

TITÃS
CABEÇA DINOSSAURO
(1986)

OZZY OSBOURNE
DIARY OF A MADMAN
(1981)

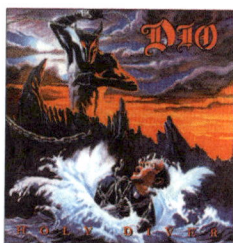
DIO
HOLY DIVER
(1983)

ANNA BUTLER

Diretora artística da MTV Brasil, Anna Butler é – há muito tempo – uma figura influente no cenário musical brasileiro. ¶

Vou fazer a minha lista de 10 discos, mas acho que não vou conseguir colocar nenhum em primeiro lugar. Ou talvez consiga quando acabar... Nesse momento já entro em pânico pensando que vou ter que deixar coisas de fora, ou que vou esquecer coisas... Bom, vamos lá.

Quando eu era pequena, morávamos no 8º andar de um prédio em Copacabana, e no 3º andar moravam a minha avó, meu avô, meus tios e minha tia Beth. Acho que eu tinha uns 6 ou 7 anos, e a tia Beth era a minha deusa! Ela tinha 17 anos e era linda. Cabelos pretos compridos, calças boca de sino e um quarto cujas paredes eram recobertas de páginas de revistas, umas fotografias lindas, saídas das revistas da década de 1970. Toda minha lembrança remete à lisergia. Tia Beth era lisérgica, as fotos, o quarto dela, com colchão no chão, incensos, chapéus pendurados... Tudo o que sou e sempre amei veio daí, dessa paixão por essa garota linda. Essa garota que na época a minha família achava que era louca (hoje em dia seria tido como santa). Tão louca que foi expulsa de casa e mandada para um internato na Suíça, aos 19 anos. Graças a isso, eu nunca mais a veria, pois ela morreu aos 33 anos em Londres, e deixou para trás toda sua coleção de discos. Então, aos 6 anos, me vi com discos, muitos discos, de artistas e pessoas que só fui entender quando eu tinha uns 17 anos. E, seguindo os caminhos de minha tia, interessei-me por aquilo que não tinha tanto a ver com o que a gente aparentemente tinha sido criada para gostar, e sim por tudo aquilo que minha tia tinha deixado de herança para mim nos discos, roupas, hábitos e *hobbies*. Então, vou começar minha lista pela minha lembrança. Minha primeira paixão pela música, sem saber o que eles eram, quem eram, e muito menos o tamanho deles, foram os Beatles. Eu amava o *Revolver*. Eu sonhava que conhecia a banda e os levava para tocar na minha escola, o Colégio Teresiano. Eu não conheci a banda, mas conheci muito bem Sir Paul. Na primeira vez que ele veio ao Brasil, eu pensei que fosse desmaiar quando fui conhecê-lo. Mas me controlei, respirei e consegui fazer meu trabalho. Obrigada tia Beth. Por tudo.

Daí, aos 13 anos, minha linda mãe resolveu levar os 5 filhos para passar férias nos EUA, na casa do meu tio Zé Roberto, que tinha sido

THE BEATLES
REVOLVER
(1966)

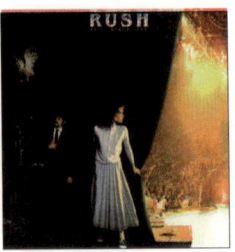
RUSH
EXIT...STAGE LEFT
(1981)

THE WHO
WHO'S NEXT
(1971)

GRATEFUL DEAD
AMERICAN BEAUTY
(1970)

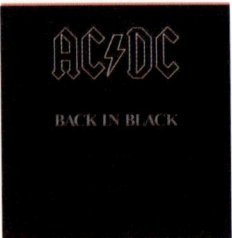
AC/DC
BACK IN BLACK
(1980)

transferido para lá pela IBM. Ficamos 3 anos e meio, e minha vida mudou, meu horizonte se expandiu e minha personalidade se transformou totalmente, da menina fofa e feliz de Copacabana para uma garota que teve que se virar para ser aceita, sem falar a língua, sem entender os costumes... foi duro... mas, durante esse tempo, fui americana, e com isso caí de cabeça na música cantada em inglês, e descobri o rock, com toda minha força. E o próximo disco que me marcou foi o primeiro vinil que comprei, sozinha, e que carregava debaixo do braço, mostrando discretamente, porque me sentia cool com aquele vinil. Sentia-me transgressora... *Exit...Stage Left* do Rush. Ah, era o meu passaporte para ser considerada *fucking cool*, sem saber que os caras na época eram tudo menos *cool*. Genial. Morro de orgulho e amo Rush, chorei ao vê-los indicados para o Rock and Roll Hall of Fame, e o Dave Grohl babando neles, contando que eles nunca foram capa de nenhuma revista especializada, nunca foram levados a sério pela crítica. Foda-se, eles são fundamentais na minha vida.

Com 15 anos me apaixonei pelo Roger Daltrey. Pois é, não foi pelo Pete Townshend, nem pelo John Entwistle, nem pelo Keith Moon. Achava o Roger gato, e achava que *Hooligans* era incrível. Ouvi "Baba O'Riley" tão alto num verão em East Hampton que baixou polícia lá em casa. Assisti *Tommy* 18 vezes no verão de 1983 e quase morri, literalmente, quando soube que eles fariam sua última turnê, *Who's Last*, em setembro, no X Stadium. Consegui convencer minha mãe, que me fez ir com um adulto. Fomos literalmente quase esmagados na entrada. Quando finalmente entrei, tinha um saco de banda de abertura, o tal do Clash. Fala sério! "EU QUERO VER O THE WHO. SAI DAÍ SACO DE BANDA PUNK".

Depois disso me apaixonei loucamente pelo Oliver, que era um DeadHead, e por conta disso queria mais que tudo seguir o Grateful Dead com ele mundo afora. Queria ser hippie e ter ido para Woodstock, queria ter nascido de pais que tinham ido a Woodstock pelo menos... saco! Mas *American Beauty*, do Grateful Dead, ainda toca meu coração, mesmo com Oliver tendo renegado todo o passado dele, e ido trabalhar no Bank of Boston...

Algum tempo depois, descobri o AC/DC. *Back in Black* virou o hino contra tudo e contra todos. Achava que só o fato de ouvir AC/DC já era um antídoto contra qualquer caretice vigente. Eu era rebelde, eu amava *Back In Black*. Do AC/DC para o Led Zeppelin. Não lembro da transição, acho que foi tudo ao mesmo tempo agora. Eu sempre tive certeza que ia entrar na igreja ao som de "The Rain Song". *Houses of The Holy*, número 6, apesar de na verdade ser quase uma escolha de Sophia isso. Meu filho, que não é bobo nem nada, sempre me pergunta qual é a minha banda favorita, Led Zeppelin ou Rolling Stones. E isso leva então a um momento muito importante da minha vida: a volta ao Brasil, a entrada na Escola Americana de São Paulo e meu encontro com o Brian, o pai do meu filho, que era um maníaco pelos Stones e me influenciou profundamente. Número 7: The Rolling Stones – *Exile on Main St.*

Daí confesso que finalmente dei uma abrasileirada. Já era tempo. Eu nunca tinha dado muita bola para a música brasileira e achava tudo chato. Principalmente tudo o que a minha mãe gostava, tipo Roberto Carlos, Tom Jobim, Vinicius De Moraes, Nara Leão... a ignorância da juventude. Mas, por algum milagre dos deuses, e também sob influência da minha turma carioca (que aos 17 anos era um tanto quanto riponga e curtia Caetano, Gil, Gal), eu me entreguei à Bethania e Caetano. *Álibi*, da Bethânia, e *Outras Palavras*, do Caetano, foram a porta de abertura para esse mundo vasto, interessante e plural da música brasileira.

E, para minha tristeza, só tenho direito a mais um álbum... Isso é horrendo! Minha vontade é de parar aqui e nunca fechar essa lista... Não vou fechar, não consigo. Ou vou ter que fazer empate técnico entre vários no 10º lugar: Nirvana, Guns N' Roses, Beto Guedes, Black Crowes, Marvin Gaye, Neneh Cherry, Patti Smith, Jeff Buckley... e agora???

LED ZEPPELIN
HOUSES OF THE HOLY
(1973)

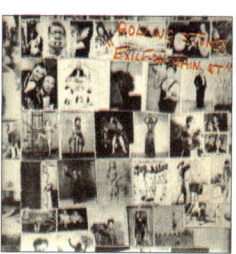

THE ROLLING STONES
EXILE ON MAIN ST.
(1972)

MARIA BETHÂNIA
ÁLIBI
(1978)

CAETANO VELOSO
OUTRAS PALAVRAS
(1981)

ARNALDO BAPTISTA

Um dos músicos mais importantes do rock brasileiro, Arnaldo foi autor, baixista e tecladista de Os Mutantes. Deixou a banda em 1973. Desde então, lançou oito álbuns, entre eles os solos e clássicos *Lóki?* e *Singin' Alone*, no qual toca todos os instrumentos. Hoje continua compondo e se dedicando à pintura.

DUANE EDDY
THE BEST OF
(1965)

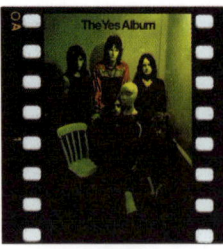

YES
THE YES ALBUM
(1971)

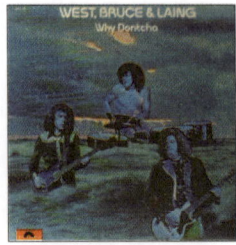

WEST, BRUCE & LAING
WHY DONTCHA
(1972)

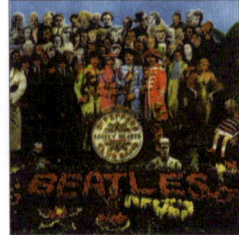

THE BEATLES
SGT. PEPPER'S LONELY HEARTS CLUB BAND
(1967)

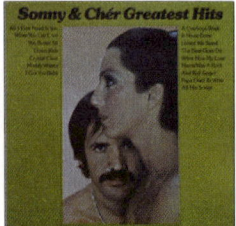

SONNY & CHER
SONNY & CHER'S GREATEST HITS
(1968)

DUANE EDDY – *THE BEST OF* (1965)
Foi uma grande influência pra mim. Quando eu era criança, adorava o som do Duane Eddy. Foi dele o primeiro solo de guitarra que eu copiei, da música "(Dance With The) Guitar Man". Ele usava uma guitarra Guild. Eu sempre elogio as Gibson, mas o som penetrante da Guild se equipara.

YES – *THE YES ALBUM* (1971)
Nesse disco eles conseguem, de uma certa forma, superar quase tudo o que existia no som de um conjunto, acompanhamento ou de um solista. Fizeram uma espécie de revolução total na música, como se cada um estivesse improvisando. Além disso, o tecladista Tony Kaye tem um som que eu invejo quando ouço, sempre bom.

WEST, BRUCE & LAING – *WHY DONTCHA* (1972)
Jack Bruce (Cream) e Leslie West (Mountain) tocando juntos. Gosto desse disco pelo som das guitarras Gibson e dos amplificadores valvulados. Dá uma espécie de alívio. Eu fico gostando do som no total!

THE BEATLES – *SGT. PEPPER'S LONELY HEARTS CLUB BAND* (1967)
Ouvi esse álbum no hotel Danúbio, quando conheci o Gilberto Gil. Ele tinha o LP importado. Pra mim foi uma coisa maravilhosa. Os Beatles fizeram uma espécie de concerto de tudo, juntaram música de câmara com banda, pessoas falando e histórias com letras bonitas como "She's Leaving Home" e "Lucy In The Sky With Diamonds". Foi marcante para mim.

SONNY & CHER – *SONNY & CHER'S GREATEST HITS* (1968)
Eles formam uma dupla que eu adoro no sentido que se completam em uma espécie de amor. Eles cantam "I got you" de uma maneira maravilhosa e eu me apaixonei pelo som deles.

THE VENTURES – *WALK, DON'T RUN* (1960)
Quando comecei a estudar guitarra e contrabaixo, eu não acreditei como o guitarrista Don Wilson tocava tão bem essa música, "Caravan". Ele era melhor até que o Hendrix, no sentido de técnica de guitarra. Tive no passado um relacionamento profundo com essa banda e esse é o melhor disco deles.

STEPPENWOLF – *STEPPENWOLF* (1968)
O Steppenwolf deu uma certa cor ao lado Hippie da vida. Ouvir "Born to be wild" no filme Sem Destino (*Easy Rider* – 1969) foi marcante na minha formação como músico.

THE JIMI HENDRIX EXPERIENCE – *AXIS: BOLD AS LOVE* (1967)
Às vezes, quando ouço esse disco, eu penso que Hendrix veio de outro planeta. Ele fala de uma maldição que cobre a terra, algo sobre "queimar"... Isso tem a ver com poluição, mas ele diz que podemos mudar o modo de fazer isso, como se fosse "queimar" outra coisa. Esse disco dá uma visão do quanto ele era independente, ele fazia o que queria com a guitarra. Vejo um sentido de adoração na técnica que ele tinha.

JANIS JOPLIN – *18 ESSENTIAL SONGS* (1995)
Eu gostava da Janis por ser adorada como Hendrix e Bob Dylan, mas tinha um lado livre. Ela se enchia de bebida e cantava até não poder mais. Lembro de uma entrevista na TV em que ela estava fumando, falando altíssimo e xingando. Era uma pessoa tão original! Eu amo a Janis Joplin.

THE DAVE BRUBECK QUARTET – *TIME OUT* (1959)
Esse LP tem o mesmo nome de uma revista londrina... *Time Out*. Ele leva a música a ritmos complexos em 9/8, 5/4, 7 por 4 no sentido em que o tempo está fora, como sugere o título do disco. E tem a "Take Five" que é uma canção muito bonita.

THE VENTURES
WALK, DON'T RUN
(1960)

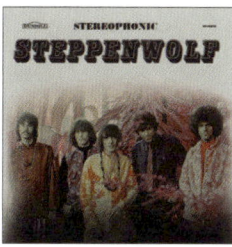

STEPPENWOLF
STEPPENWOLF
(1968)

THE JIMI HENDRIX EXPERIENCE
AXIS: BOLD AS LOVE
(1967)

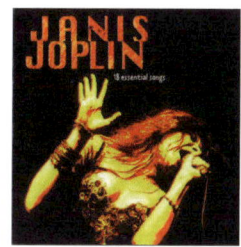

JANIS JOPLIN
18 ESSENTIAL SONGS
(1995)

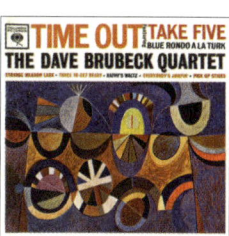

THE DAVE BRUBECK QUARTET
TIME OUT
(1959)

ASTRID FONTENELLE

Jornalista e apresentadora de programas importantes de várias emissoras, Astrid inaugurou as transmissões da MTV Brasil (em 20 de outubro de 1990). Hoje comanda os programas *Saia Justa* e *Chegadas e Partidas*, na GNT.

Fiz essa lista com um apreço muito grande, e depois de muito pensar, fui dar uma olhada nas capas mais detonadas. Foram os que mais ouvi. E não tem uma ordem exata; fiz esse Top 10 pensando no que eu queria que o meu filho ouvisse. É claro que tenho discos antológicos, dos Rolling Stones, Beatles, Michael Jackson, que eu já até apresentei pra ele. Mas eu tenho uma coisa de brasilidade muito presente em mim, e o que mais ouço hoje em dia é MPB.

JOÃO GILBERTO – *JOÃO GILBERTO* (1973)
João Gilberto está na cabeça desta lista porque, de certa forma, ele está presente em muita gente que aparece aqui. E o João, pra mim, é um cara que não está nesta estratosfera, um cara meio psicodélico, que está sempre numa viagem pessoal que de alguma forma se encaixa com a minha história. O álbum que escolhi é de 1973. Eu ouvia na época, com 13 anos. Não que eu fosse uma menina que gostava de bossa nova: eu me interessava por Novos Baianos, Tropicália, Mutantes, ouvia Rita Lee desesperadamente, e foi a partir deles que eu descobri João Gilberto. E esse é um disco que eu persigo, volta e meia quero ouvir. O João estava na minha vida em um dia importante. Fui assistir ao último show que ele fez no Brasil, em 2008. E foi exatamente no mesmo dia em que recebi a notícia de que o meu filho ia chegar; nasceria no meu coração no dia seguinte.

RITA LEE & TUTTI FRUTTI – *FRUTO PROIBIDO* (1975)
Esse disco pra mim foi a descoberta da Rita Lee. Eu tinha 15 anos e vivia todo o drama da menina carioca adolescente procurando o seu lugar. Meu quarto era forrado com um papel de parede muito parecido com a capa desse disco, todo estampado em tons de rosa. E, se hoje eu acho algo todo rosa muito cafona, na época era um jeito de me afirmar como menina, como feminina. O poder da Rita Lee com aquela guitarra, a sensualidade da capa era tudo o que eu queria na vida. Pra mim, a Rita era até referência de moda, e as canções desse disco eram minha trilha sonora. "Fruto Proibido", "Ovelha Negra", essa música era a cara de uma adolescente. E esse é o disco da minha adolescência, sei até onde tem um rasgadinho na capa, lembro de tudo. E, durante toda a vida, ela é uma das artistas das quais eu mais me aproximei. Ficamos próximas mesmo... A única coisa que não fiz foi tocar guitarra mesmo.

TROPICALIA OU PANIS ET CIRCENSES (1968)
Eu tenho a imagem deles no Festival da Record,

JOÃO GILBERTO
JOÃO GILBERTO
(1973)

RITA LEE & TUTTI FRUTTI
FRUTO PROIBIDO
(1975)

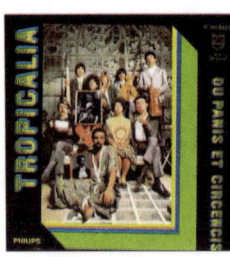
TROPICALIA OU PANIS ET CIRCENSES
(1968)

SECOS & MOLHADOS
SECOS & MOLHADOS
(1973)

LEGIÃO URBANA
LEGIÃO URBANA
(1985)

de 1967. Eu não sou crítica, sou uma adoradora de música, gosto de ouvir, falo do que bate no meu coração, mas sei da relevância de ter sido a base de lançamento do tropicalismo que foi um movimento importante, até na televisão, com Chacrinha, Mutantes, aquelas guitarras todas. E dentro disso tudo tem o Tom Zé, que eu acho gênio. Às vezes não entendo muito, mas respeito imensamente. Esse disco tem muita gente que eu considero demais, e foi o ponto de partida para ótimos álbuns do Gil e Caetano que também fazem parte da minha vida.

SECOS & MOLHADOS – *SECOS & MOLHADOS* (1973)

O primeiro show que eu vi, a primeira interrogação da minha vida. O que era aquilo? Sexualmente era um disco importante em 1973... sem falar na capa, que já era uma coisa que instigava bastante. E foi um disco que arrebentou em vendas em meio à ditadura. Mas, na época, eu apenas gostava. Eu era uma pessoa muito ausente da dureza da ditadura, classe média, zona norte do Rio, sem ninguém muito politizado na família, então pouco se falava sobre isso. Só depois percebi o quanto foi importante minha mãe me deixar ir ao show deles no Maracanãzinho, porque aquilo foi um grito de liberdade de expressão. "Rosa de Hiroshima" é uma música linda. Foi a primeira música que me fez chorar pelos outros, e não por mim mesma.

LEGIÃO URBANA – *LEGIÃO URBANA* (1985)

É difícil escolher qual álbum da Legião colocar aqui, porque a gente tem aí um dos maiores letristas da música popular brasileira. Acho que optei por esse disco por ter alguns dos maiores clássicos da banda: "Será", "Geração Coca-Cola", "Ainda é Cedo", tudo isso estava ali, vindo de Brasília com a história do cara sendo mostrada pra gente aos poucos. E, profissionalmente, foi o artista mais difícil que eu encarei. Era o medo diante do respeito: um cara muito hermético, muito inteligente, alguém que me instigava.

NOVOS BAIANOS – *ACABOU CHORARE* (1972)

João Gilberto está nesse disco, que traz aquela mistura do som dele com as guitarras à la Jimi Hendrix rasgado. E tem uma das músicas que eu mais gosto, "Preta Pretinha". Não sou saudosista, mas hoje, vendo de longe... que saudades desse tempo em que se podia fazer esse esquema de criação coletiva, de troca que hoje não se permite mais.

JORGE BEN – *SAMBA ESQUEMA NOVO* (1963)

Gosto de qualquer coisa do Jorge Ben Jor, mas fui nos mais antigos. Ben Jor tem uma magia que faz com que esses clássicos se perpetuem. Você vai ao show e quer ouvir aquilo tudo de novo, e quase do mesmo jeito. A gente não reclama que ele está fazendo a mesma coisa. Ele muda o nome mas não muda a pegada, eu gosto dele pra c... No último álbum que ele gravou, tem uma música feita pra mim, "Funk Astrid". Acho que isso é um reflexo de tantas vezes que ele me viu falando que o amo, de estar nos shows, de sambar com ele, de entender as mudanças. E essa música foi feita com ele me vendo na TV, no dia do meu aniversário, em que devia estar muito feliz cantando alguma música dele.

TITÃS – *CABEÇA DINOSSAURO* (1986)

Eles eram muito fortes no palco, e é uma banda que marcou toda a minha carreira, desde o início sempre estava presente. Tive com eles minha primeira rusguinha profissional. Eu estava na Rede Globo, apresentando o Hollywood Rock, e o meu texto, escrito por mim e pelo Pedro Bial, dizia que eles eram melhores no palco do que no disco. Eles ficaram meio bravinhos, mas no final isso passou e marcou o começo de uma bela amizade. Além do *Cabeça Dinossauro*, também gosto muito do *Õ Blésq Blom*, que foi quando eles descobriram uma sonoridade do nordeste.

RACIONAIS MC'S – *SOBREVIVENDO NO INFERNO* (1997)

Um marco muito importante. Era um disco que se ouvia muito alto, tenho essa memória da rua. Mano Brown é um cara que tinha uma atitude que há muito não se via. Acho que o rock trouxe muito essa atitude, e não se perdeu, mas precisava de uma revolução que veio com esse disco. Ele conseguiu quebrar a barreira da periferia, e fez a classe A cantar sobre desigualdade e pobreza.

RAUL SEIXAS – *KRIG-HA, BANDOLO!* (1973)

Talvez naquele momento dos anos 1970, da minha adolescência, esse tenha sido o álbum do rock. Esse disco tem "Metamorfose Ambulante", "Good Rockin' Tonight", "Ouro de Tolo" e o início de uma parceria com o Paulo Coelho, de uma forma inusitada. É o álbum em que Raul se firma, vira o Maluco Beleza de verdade, e o Paulo Coelho começa a mostrar o que viria a ser.

NOVOS BAIANOS
ACABOU CHORARE
(1972)

JORGE BEN
SAMBA ESQUEMA NOVO
(1963)

TITÃS
CABEÇA DINOSSAURO
(1986)

RACIONAIS MC'S
SOBREVIVENDO NO INFERNO
(1997)

RAUL SEIXAS
KRIG-HA, BANDOLO!
(1973)

BETO BRUNO

Cantor e compositor gaúcho, Beto Bruno é o vocalista do Cachorro Grande. Na estrada desde o começo dos anos 2000, a banda já lançou sete álbuns de estúdio. O mais recente chama-se *Costa do Marfim* (2014).

THE BEATLES – *A HARD DAY'S NIGHT* (1964)
Foi o meu primeiro disco. Ganhei com oito anos. Eu ia para a escola com esse disco e com o álbum de figurinhas da Copa de 1982 debaixo do braço, ao invés de livros e cadernos. Foi o primeiro disco em que uma banda de rock compôs todas as músicas. Fato inédito e muito inovador até então. O disco também é trilha sonora do primeiro filme dos Beatles, intitulado no Brasil como *Os Reis Do Iê Iê Iê*. O filme marca o início da beatlemania no resto do mundo e incita os jovens do mundo inteiro a montar uma banda de rock and roll. No meu caso, quase vinte anos depois, isso teve o mesmo efeito. Desde então, nunca mais tirei as botinhas e o chapéu estilo Bob Dylan que o John usa no filme.

BUFFALO SPRINGFIELD – *LAST TIME AROUND* (1968)
A banda tinha acabado, e esse disco reúne as últimas coisas que eles gravaram juntos. Definitivamente eles tiraram os pés da psicodelia, como muitas bandas importantes o fizeram no ano de 1968. Esse disco foi uma deixa para entender o tipo de som que Neil Young e Stephen Stills fariam na próxima década, juntos ou separados. Esse disco é fantástico e mostra o caminho. Eu gostaria de andar com ele pendurado por aí.

JEFF BECK – *TRUTH* (1968)
Para não ir à aula, eu ficava doente sempre que passavam filmes do Jerry Lewis ou dos Trapalhões na Sessão da Tarde. Para completar a trama, me davam Dramin, que numa criança bate feito uma paulada. Então, logo depois do filme, eu gostava de ouvir esse disco sensacional do Jeff Beck Group. Com Rod Stewart nos vocais e Ronnie Wood no baixo, o ex-Yardbirds elevou o blues a um nível estrondoso, junto às bandas contemporâneas como o Cream e o The Jimi Hendrix Experience. Mostraram o caminho para diversos grupos dos anos 1970. Um deles foi o Led Zeppelin.

CAETANO VELOSO – *CAETANO VELOSO* (1969)
De tempos em tempos, uma nova geração de roqueiros redescobre essa fase do Caetano. Para mim, é algo de berço mas ao mesmo

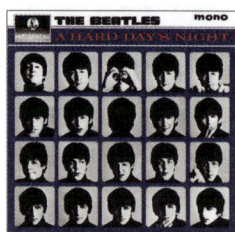
THE BEATLES
A HARD DAY'S NIGHT
(1964)

BUFFALO SPRINGFIELD
LAST TIME AROUND
(1968)

JEFF BECK
TRUTH
(1968)

CAETANO VELOSO
CAETANO VELOSO
(1969)

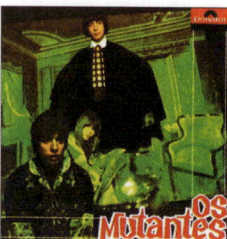
OS MUTANTES
OS MUTANTES
(1968)

tempo não é minha fase preferida, porque fica difícil escolher uma específica do Caetano. A diversidade é um ponto forte desse disco, e tudo feito com muita propriedade. É uma verdadeira seleção das músicas mais lindas e bem arranjadas que já ouvi. Tem aquele peido em "Acrilírico" que sempre achei ser do Gil, mas que depois assisti em um documentário (*Tropicália*, 2012) o Rogério Duprat assumir o feito. A obra de Caetano (talvez uma das melhores do mundo) é a trilha sonora da minha vida.

OS MUTANTES – *OS MUTANTES* (1968)

Para mim, é o melhor disco do rock nacional de todos os tempos. Parece impossível acreditar que foi gravado aqui em São Paulo, em 1968. Meu velho me mostrou o disco, e quando entraram as vozes eu não acreditei. Pensei: Caralho! Eles estão cantando em português, mas parece som de gringo! Eu acho pequeno dizer que os Mutantes foram a nossa melhor e mais criativa banda. Na verdade, eles foram uma das maiores e mais criativas bandas do mundo. E é isso mesmo.

GEORGE HARRISON – *ALL THINGS MUST PASS* (1970)

Demorou um pouco para eu ouvir esse disco porque eu tinha medo da capa. Aquela foto preta e branca com um cara cabeludo envolto por anões me assustava um pouco. Logo depois me dei conta de que aquele cara era o guitarrista dos Beatles, e então me encorajei a ouvir o disco que acabaria sendo meu parceiro para a vida toda. Nos melhores e principalmente nos piores momentos. Harrison vinha estocando músicas havia mais de dois anos por não ter espaço nos álbuns dos Beatles. Então lançou um disco triplo que acabou atingindo o primeiro lugar nas paradas dos EUA e da Inglaterra. E só podia mesmo. Afinal, todas as músicas desse disco caberiam perfeitamente em qualquer álbum da fase final da sua ex-banda. A faixa título é um bom exemplo disso.

DEREK & THE DOMINOS – *LAYLA AND OTHER ASSORTED LOVE SONGS* (1970)

É o disco mais apaixonante que já ouvi. Apaixonado por blues, por rock e pela Pattie Boyd, mulher do seu grande amigo George Harrison, Eric Clapton nunca tocou de maneira tão profunda e emocionada. A faixa título talvez seja uma das melhores músicas de amor já feitas. Foda, né? "Something", dos Beatles, também foi composta para ela. Esses dias a vi na TV. E continua gostosa!

SEX PISTOLS – *NEVER MIND THE BOLLOCKS, HERE'S THE SEX PISTOLS* (1977)

Os Pistols assaltaram o mundo e apavoraram todas as bandas que vieram antes deles com um álbum recheado de singles já lançados no Reino Unido, e completado com um material até então inédito. Ele demorou a ser lançado por conta de problemas com as gravadoras. Por isso, pode-se dizer que esse disco deu início e fim ao movimento punk. Quando eu não tenho show no sábado e posso acordar cedo no domingo, *Nevermind The Bollocks* é perfeito para começar o dia com uma dose de um bom whisky antes do almoço. Até porque domingo é uma merda mesmo.

THE CLASH – *SANDINISTA!* (1980)

É incrível a evolução que o Clash teve em tão pouco tempo. É só o quarto álbum deles, e não parece em nada com aquela banda crua e garageira que aparecera três anos antes. A fase era tão criativa que rendeu um disco triplo. Não esquecendo que *London Calling*, o álbum anterior, já era duplo e até hoje aparece entre os dez maiores discos de todos os tempos. Mesmo assim, prefiro o *Sandinista!*. Mais inovador, maluco e abrangente musicalmente. Esse é meu disco de cabeceira.

DAVID BOWIE – *SCARY MONSTERS* (1980)

Acho que o Bowie encontrou o som dele na trilogia de Berlim: *Low/Heroes/Lodger*. Não era mais o Ziggy Stardust ou Thin White Duke. *Scary Monsters* veio logo em seguida e não perde em nada para os seus antecessores. Inclusive vai além. O cara mais apaixonado por Bowie que eu conheço é o meu irmão Marcelo, e o disco preferido dele também é esse.

GEORGE HARRISON
ALL THINGS MUST PASS
(1970)

DEREK & THE DOMINOS
LAYLA AND OTHER ASSORTED LOVE SONGS
(1970)

SEX PISTOLS
NEVER MIND THE BOLLOCKS, HERE'S THE SEX PISTOLS
(1977)

THE CLASH
SANDINISTA!
(1980)

DAVID BOWIE
SCARY MONSTERS
(1980)

BETO LEE

Guitarrista paulistano, é filho de Rita Lee e Roberto de Carvalho, com quem toca desde 1995. Ele ganhou um Grammy Latino de melhor álbum de rock brasileiro com seu terceiro disco solo, *Celebração & Sacrifício*, de 2011. Beto também é apresentador de TV, atualmente do canal Multishow. ¶

THE ROLLING STONES
EXILE ON MAIN ST.
(1972)

SLY STONE
HIGH ON YOU
(1975)

JIMI HENDRIX
BAND OF GYPSYS
(1970)

LED ZEPPELIN
HOUSES OF THE HOLY
(1973)

MICHAEL JACKSON
THRILLER
(1982)

Não é fácil listar 10 discos prediletos. High Fidelity é o caralho!

THE ROLLING STONES – *EXILE ON MAIN ST.* (1972)
Por pouco não escolhi o *Tattoo You*, outro disco que amo dos Stones.

SLY STONE – *HIGH ON YOU* (1975)
Esse disco solo do Sly tem um acabamento mais refinado do que os discos com o Family Stone. Genial do começo ao fim.

JIMI HENDRIX – *BAND OF GYPSYS* (1970)
Esse disco é ao vivo e captura muito bem o entrosamento mais suingado do Hendrix com o Buddy Miles e o Billy Cox.

LED ZEPPELIN – *HOUSES OF THE HOLY* (1973)
O Jimmy Page faz a guitarra ganhar uma dimensão tridimensional nesse disco, com texturas e misturas e Crowley.

MICHAEL JACKSON – *THRILLER* (1982)
Melhor disco de música pop da década de 1980. Uma verdadeira obra-prima produzida por Quincy Jones e a cereja no bolo é o solo de Eddie Van Halen em "Beat It".

ALICE COOPER – *BILLION DOLLAR BABIES* (1973)
A produção cinematográfica do Bob Ezrin transformou o Alice Cooper em um dos melhores vilões do rock de todos os tempos!

VAN HALEN – *VAN HALEN* (1978)
Em 1978, Eddie Van Halen lançou seu *tour de force* e mudou para sempre o mundo das seis cordas. Sem contar que ele construiu sua própria guitarra. Quer algo mais punk rock que isso?

DUANE ALLMAN – *AN ANTHOLOGY* (1972)
Duane Allman era o cara. O CARA.

ROBERT JOHNSON – *THE COMPLETE RECORDINGS* (1990)
Pela sua lendária obra musical.

T-REX – *THE SLIDER* (1972)
Quem é o rei do glam rock? Bolan ou Bowie? Bom, dessa vez o Marc levou a melhor!

ALICE COOPER
BILLION DOLLAR BABIES
(1973)

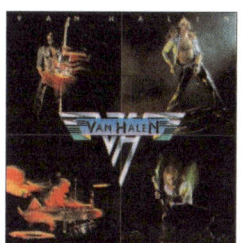

VAN HALEN
VAN HALEN
(1978)

DUANE ALLMAN
AN ANTHOLOGY
(1972)

ROBERT JOHNSON
THE COMPLETE RECORDINGS
(1990)

T-REX
THE SLIDER
(1972)

BLUBELL

Cantora e compositora paulistana bastante elogiada pela crítica. Blubell já tem quatro álbuns lançados, três solo e um ao lado da banda Black Tie. ¶

THE BEATLES – *THE BEATLES* (1968)
Sou beatlemaníaca diagnosticada. Se não me falha a memória, o primeiro disco deles que ouvi, ainda na infância, foi o vinil de *Help*, dos meus pais. Mas fui mordida pelo "mosquito da Beatlemania" quando, na adolescência, meu irmão mais velho me apresentou o *Álbum Branco*, em formato de "fita dupla", que rodou até literalmente partir no meu walkman. Quais são as chances de uma banda fazer um disco com 30 faixas e as 30 serem maravilhosas? Como poderia haver tanta modernidade num disco lançado há tantos anos? Canções primorosas, tantas histórias, tantas personagens... Esse álbum é uma viagem astral. Ou melhor, uma viagem na terra. As histórias de "Bungalow Bill", de "Rocky Raccoon", de Desmond e Molly em "Ob-La-Di, Ob-La-Da", da "Sexy Sadie", da "Dear Prudence"... E fica difícil saber quem compõe melhor. John ("Happiness Is a Warm Gun", "I'm So Tired", "Yer Blues"), Paul ("Martha My Dear", "Wild Honey Pie", "Helter Skelter") ou George ("While My Guitar Gently Weeps", "Long, Long, Long", "Savoy Truffle")?? O que importa é que temos que ler a Bíblia! O *Álbum Branco*, essa relíquia, e os outros álbuns/relíquias dos Beatles estão entregues à eternidade e merecem ser tratados como bíblias na minha religião, a Beatlemania.

ELLA FITZGERALD & LOUIS ARMSTRONG – *ELLA AND LOUIS* (1956)
Meu pai costuma dizer que se Deus cantasse, ele teria a voz da Ella Fitzgerald. Faz sentido. Sua voz e sua interpretação chegam muito perto da perfeição divina. Louis Armstrong, que praticamente inventou o jazz com seu trompete, também tem uma voz "do além". Neste disco eles cantam juntos canções de compositores emblemáticos do jazz como George & Ira Gershwin, Irving Berlin e Cole Porter, acompanhados pelo Oscar Peterson Quartet. Como se isso não bastasse, existe um outro elemento que o torna irresistível e obrigatório para qualquer amante do jazz: a química e o astral entre os dois. Incomparável.

TOM JOBIM – *PASSARIM* (1987)
Tom Jobim tocou muito na vitrola de casa. Eu gostava tanto que, quando ele se foi, parecia que tínhamos perdido um parente próximo. A obra dele é vasta e rica para se ir descobrindo e estudando ao longo da vida, e eu sigo fazendo isso. Entre muitas outras coisas, Tom me ensinou que a música popular pode se misturar com o jazz e o clássico e continuar popular. Acho que ninguém nunca entendeu essa alquimia tão bem quanto ele. Talvez por isso ele tenha sido o artista brasileiro de maior impacto na música internacional. Escolhi *Passarim* porque foi com esse disco que eu me apaixonei pelo Tom, mas *Elis & Tom* e *Getz/Gilberto* não me são menos caros.

OS MUTANTES – *JARDIM ELÉTRICO* (1971)
Os Mutantes – e futuramente a Rita Lee – foram de uma importância tremenda na minha formação, principalmente como compositora. Eles me mostraram que é possível não se levar a sério. Digo isso no melhor sentido, afinal, musicalmente, eles se levaram muito mais a sério que muitos artistas. Claro que se olharmos o "big picture" vamos ver que eles também foram diretamente

THE BEATLES
THE BEATLES
(1968)

ELLA FITZGERALD & LOUIS ARMSTRONG
ELLA AND LOUIS
(1956)

TOM JOBIM
PASSARIM
(1987)

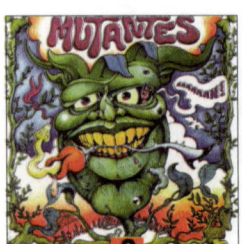
OS MUTANTES
JARDIM ELÉTRICO
(1971)

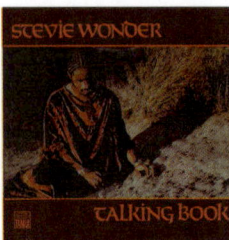
STEVIE WONDER
TALKING BOOK
(1972)

influenciados pelos Beatles, mas no caldeirão dos Mutantes tinha muito mais. Tinha música latina, clássica, samba e o infinito. O *Jardim Elétrico* tem essa liberdade escancarada. Nada mais inspirador...

STEVIE WONDER – *TALKING BOOK* (1972)

O jornalista Rafael Garcia – meu irmão mais velho – me apresentou muitos artistas sem os quais eu não seria quem sou hoje. Stevie Wonder foi um deles. Numa tarde do final dos anos 1990, Rafa chegou com o *Talking Book* em casa e o CD passou a morar no nosso player... Isso me dá saudades do tempo em que a gente tinha acesso a pouca música e quando achava algo muito bom, ouvia até aquilo entrar debaixo da sua pele. Acho que com esse disco Stevie chegou num grau avançadíssimo tanto musicalmente quanto espiritualmente, como fica claro nas letras. Por isso, Stevie debaixo da minha pele foi e é um santo remédio para meu corpo e minha alma.

ERYKAH BADU – *MAMA'S GUN* (2000)

Depois de ouvir muito Stevie Wonder, Aretha Franklin, Etta James, Otis Redding, Al Green, e todo um batalhão de mestres da música negra americana (sem contar a turma do jazz), a impressão é que depois dos anos 1980 ninguém nunca mais chegaria a fazer essa tal música negra chegar aos pés do que ela já foi nos anos 50, 60 e 70. Mas não é que conseguiram? Chegaram a apelidar o estilo de neo-soul. E faz sentido. Erykah Badu é um desses seres iluminados que ajudaram a ressuscitar o soul. E por isso ela é um dos santinhos no meu altar da música. Tá bom, se ela não morreu não dá pra canonizá-la ainda, mas então pelo menos me deixe chamá-la de minha guru... *Mama's Gun* é o seu segundo disco de estúdio. Esse álbum é especial para mim, porque além de ela ter chegado no auge da sofisticação, ele é também muito pessoal. É nítido que ela está falando da própria separação na música "Green Eyes" e é lindo vê-la cantando para o filho em "Orange Moon". Essa combinação de primazia com humanidade é que faz uma obra-prima.

CHET BAKER – *IT COULD HAPPEN TO YOU* (1958)

Chet Baker foi um dos poucos músicos brancos da era do jazz que provaram tocar tão bem quanto negros. Mas não foi só seu trompete que me encantou. Chet foi meu professor de canto. Ele me ensinou que não é preciso ter uma voz potente para se cantar jazz. *It Could Happen To You* é meu preferido porque todas as faixas são derretedoras e porque um dia eu derreti com ele ainda morando na casa de mamãe, sentada na poltrona, tomando a vodca de mamãe escondida. Uma vez derretida com Chet, para sempre derretida com Chet...

ETTA JAMES – *AT LAST!* (1960)

Só fui descobrir Etta James um pouco antes dos 30... e ela me arrebatou como se eu fosse uma adolescente. Minha mãe dizia que "cantora pra ser boa tem que ter sarjeta". Etta é um exemplo perfeito disso. Dá pra ouvir o sofrimento e a "sarjeta" na sua voz retumbante. E parece que como recompensa ganhou *debut* perfeito. *At Last!* é seu disco de estreia, e que estreia, com um repertório que parece ter sido feito para ela, com arranjos impecáveis. Pra mim, esse é um dos encontros do Jazz com o Soul e o Blues mais felizes da história.

GAL COSTA E CAETANO VELOSO – *DOMINGO* (1967)

Gal e Caetano entraram na minha vida nos anos 1980, já com suas carreiras estabelecidas, e rapidamente ocupando lugar cativo no meu altar da música. Quando *Domingo* foi relançado em CD, tive finalmente a felicidade de ouvi-lo, e foi como encontrar uma pedra preciosa. Os dois novíssimos estreando na gravadora Philips, praticamente só com composições de Caetano, numa atmosfera de bossa nova... isso entrou como o mais macio dos veludos nos meus ouvidos. Aconselho levar a sério o fato da canção "Domingo" dar título ao disco: suas qualidades terapêuticas são melhor aproveitadas se o disco for ouvido num domingo de manhã.

BJÖRK – *DEBUT* (1993)

Eis que em 1993, uma pequena grande islandesa muda o rumo da música pop com sua voz excêntrica e sua liberdade estilística. Ao contrário do que sugere o título, este não é o primeiro disco solo de Björk. Ela já havia gravado um disco de standards, *Gling-Gló*, com o trio de jazz Guðmundar Ingólfssonar. Por isso, não foi à toa que ela quis arranjos acústicos para algumas faixas de *Debut*, como "The Anchor Song" (apenas com metais e madeiras) e "Like Someone in Love" (harpa e efeitos). Nas demais faixas, reina a produção de Nellee Hooper, que já havia produzido o Massive Attack. Pra mim esse disco foi um choque. E um lembrete de que "tudo pode". Pode cantar jazz sem ter voz de diva, pode cantar dance music e pode misturar isso tudo num só disco. Que alívio...

ERYKAH BADU
MAMA'S GUN
(2000)

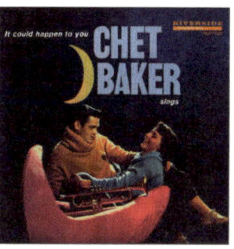

CHET BAKER
IT COULD HAPPEN TO YOU
(1958)

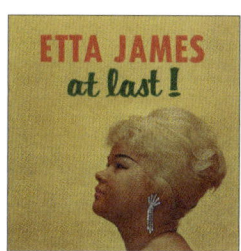

ETTA JAMES
AT LAST!
(1960)

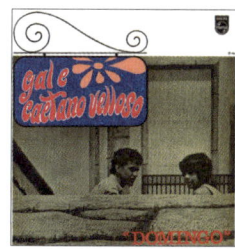

**GAL COSTA E
CAETANO VELOSO**
DOMINGO
(1967)

BJÖRK
DEBUT
(1993)

CACO DE CASTRO

Natural de Três Lagoas (MS), Caco de Castro mudou-se para São Paulo em 2005 para se dedicar ao teatro. Na televisão, descobriu que se interessava mais por ser comunicador do que atuar. Já foi VJ da MTV Brasil, e desde 2007 trabalha na Mix TV, onde atualmente apresenta o programa Mix Diário. ¶

Minha vida musical sempre foi uma bagunça. Eu me interessei cedo por esse universo e minhas referências sempre foram as mais variadas possíveis. Sou sul-mato-grossense – natural de Três Lagoas – e por lá ouvíamos muita música raiz. Lembro bem de ter conhecido muitos punks, metaleiros e pessoas que gostavam de fugir à regra cabocla e que me apresentaram discos incríveis. Vamos a eles...

CHITÃOZINHO & XORORÓ – *NOSSAS CANÇÕES PREFERIDAS* (1989)

Essa é a primeira lembrança que tenho quando penso em um álbum em minhas mãos. Meu pai tinha o vinil e eu, na época com 8 anos, adorava ouvi-lo. Ficava ouvindo "Galopeira", um dos maiores sucessos da dupla, incansavelmente. Meu pai era político e, sempre que havia algum comício, lá estava eu cantando "Galopeira". MICO! Quando fiquei mais velho comecei a entender que Chitãozinho & Xororó não era apenas mais uma dupla, e sim "Os Caras" responsáveis por revolucionar toda a música cabocla do país. Eles tinham um visual completamente diferente das outras duplas, cabelos com belos "mullets" e foram os primeiros a colocar uma banda acompanhando uma dupla caipira. Gosto até hoje...

THE BEATLES – *THE BEATLES* (1968)

Eu sempre escutava meu pai falando dos Beatles como os "reis do iê iê iê", mas com este disco duplo eu percebi que eles eram realmente os reis do que quisessem. Olha, eu "queimei" muita agulha de vitrola com os dois discos e valeu a pena.

GUNS N' ROSES – *APPETITE FOR DESTRUCTION* (1987)

O primeiro disco de rock que ouvi. Meu irmão mais velho adorava esse disco do Guns e colocava na vitrola o tempo todo. Comecei a gostar do gênero porque tive a oportunidade de ouvir o *Appetite for Destruction*. E, na boa, se eu conheci Metallica, Iron Maiden, Helloween, Led Zeppelin e bandas mais antigas, eu devo isso ao Guns, que despertou em mim a vontade de conhecer o tal do rock and roll.

CHITÃOZINHO & XORORÓ
NOSSAS CANÇÕES PREFERIDAS
(1989)

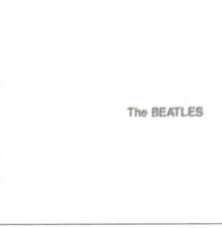

THE BEATLES
THE BEATLES
(1968)

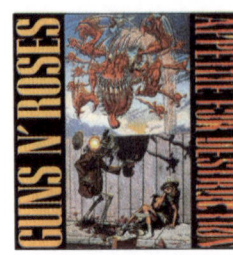

GUNS N' ROSES
APPETITE FOR DESTRUCTION
(1987)

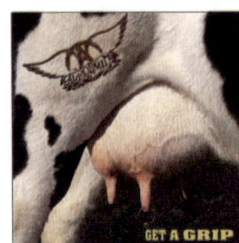

AEROSMITH
GET A GRIP
(1993)

RAIMUNDOS
RAIMUNDOS
(1994)

AEROSMITH – *GET A GRIP* (1993)

No auge da adolescência e com toda pancada hormonal deste período eu conheci Aerosmith! Sabe como? Frequentando aquelas festinhas nas casas dos amigos nas quais as meninas ficavam juntas e os meninos ficavam tentando tirar alguém pra dançar. Eu não fazia muito sucesso com as meninas, mas lembro bem de uma noite em especial em que dancei pela primeira vez ao som de "Crazy". Sabe o que mais gostava e gosto até hoje na banda? A voz do Steven Tyler e sua postura no palco. Com certeza é um dos maiores *frontman* que já vi em ação.

RAIMUNDOS – *RAIMUNDOS* (1994)

O que era esse disco? De repente, você é apresentado a uma banda com muita personalidade, misturando hardcore com forró, guitarra com triângulo e um vocal acelerando de zero a cem em cinco segundos. Se você desse bobeira, perdia o andamento num piscar de olhos. Esse era o Raimundos. A primeira vez que ouvi "Selim" foi sensacional, eu não conseguia parar de rir da letra, que era super pesada para a época e muito engraçada. Eles não eram a melhor banda do mundo, muito pelo contrário, tinham várias deficiências de execução, mas tinham uma parada que hoje em dia falta muito: personalidade.

ANGRA – *ANGELS CRY* (1993)

Taí: o disco que, ironicamente, me apresentou ao metal melódico. Falo ironicamente porque não é uma grande referência mundial no estilo, mas foi exatamente ali, quando um amigo me mostrou "Carry On", que fiquei curioso para saber mais sobre os caras que cantavam como "mulher" (no auge dos meus 17 anos era assim que eu definia o uso do falsete), e depois acabei encontrando com bandas incríveis do gênero, como o Helloween.

QUEEN – *A NIGHT AT THE OPERA* (1975)

Esse álbum me apresentou o maior vocalista de todos os tempos. Como eu gostei de conhecer Freddie Mercury. Obrigado, Deuses do rock! Como uma banda conseguia misturar música clássica (ópera) com rock e ainda deixar aquilo pop? Foi isso que me perguntei ao ouvir "Bohemian Rhapsody". "Love of my Life" é a minha preferida. Foi a música que ouvi durante meu primeiro beijo. O cara consegue me emocionar até hoje com a interpretação que ele colocou na música.

CHARLIE BROWN JR. – *TRANSPIRAÇÃO CONTÍNUA PROLONGADA* (1997)

Um disco que começa com "Tributo ao Frango da Malásia" já não pode ser certo, não é? Até hoje o "O Coro Vai Comê!" é a minha preferida. Cada música do disco é especial pra mim, pois embalou alguns dos melhores momentos de minha vida. Ir à praia no começo dos anos 2000 e não ir ouvindo CBJR era a mesma coisa que não ir.

JOTA QUEST – *DE VOLTA AO PLANETA* (1998)

Os anos 1990 foram muito importantes para mim musicalmente. Conheci várias bandas legais nessa época e não poderia deixar de citar o Jota. A primeira música que cantei (em um palco profissional) foi "Fácil". Eu começo a escrever e dou risada da situação... Fui convidado para tocar em uma banda de baile do interior, daquelas que tocam em casamento, formaturas, velórios, etc, e eu era percussionista. Na frente de umas 5 mil pessoas, eu saí de trás do trio de congas, peguei o mic e comecei a cantar. O pior é que as pessoas gostaram! Foi uma das melhores sensações da minha vida.

SKANK – *O SAMBA POCONÉ* (1996)

Além de saber cantar todas as músicas de trás pra frente, esse é um disco muito importante para mim por um motivo: ganhei de aniversário e não tinha CD player. Todos os meus amigos tinham o tal "tocador" de CD e eu não, e isso me marcou muito. O que eu fiz? Na época, ainda não tinha dinheiro pra comprar porque era "uma bala" de caro, então resolvi investir as minhas merrecas em minha primeira coleção de CDs. Não foi lá grande coisa, mas gostei da ideia. Nessa época, a Revista Caras lançou uma coleção de discos de música clássica, que vinha com a revista. Comprava o que podia e o resto pedia para os pais de meus amigos que assinavam a revista. Foi um começo meio chato, mas depois a minha família ganhou o nosso CD player e eu pude ouvir o Skank em casa.

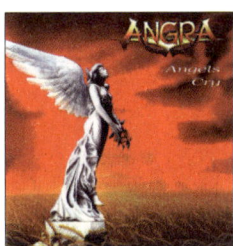

ANGRA
ANGELS CRY
(1993)

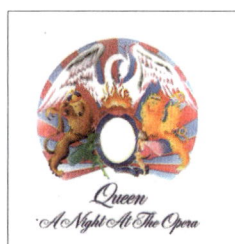

QUEEN
A NIGHT AT THE OPERA
(1975)

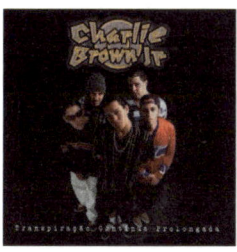

CHARLIE BROWN JR.
TRANSPIRAÇÃO CONTÍNUA PROLONGADA
(1997)

JOTA QUEST
DE VOLTA AO PLANETA
(1998)

SKANK
O SAMBA POCONÉ
(1996)

CAMILO ROCHA

Jornalista musical e DJ, Camilo Rocha já assinou colunas em importantes jornais e revistas e se tornou uma figura-chave na divulgação da música eletrônica no Brasil. Como DJ, Camilo já se apresentou em importantes festivais no Brasil e no exterior, e lançou duas coletâneas de música eletrônica. ¶

MARVIN GAYE
WHAT'S GOING ON
(1971)

SLY & THE FAMILY STONE
THERE'S A RIOT GOIN' ON
(1971)

CAN
EGE BAMYASI
(1972)

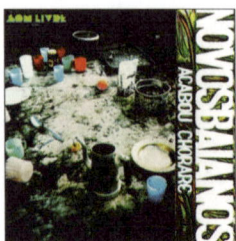

NOVOS BAIANOS
ACABOU CHORARE
(1972)

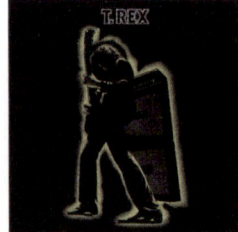

T-REX
ELECTRIC WARRIOR
(1971)

MARVIN GAYE – *WHAT'S GOING ON* (1971)
SLY & THE FAMILY STONE – *THERE'S A RIOT GOIN' ON* (1971)
Tenho que começar com soul, que é o gênero para onde sempre corro quando nada mais me serve. O fim dos anos 1960 e o começo dos 1970 foi o tempo de alguns dos maiores álbuns do gênero. Desse período entram dois discos na lista: a pergunta atordoada de Marvin Gaye, *What's Going On*, seguida da resposta niilista de Sly & The Family Stone, *There's A Riot Goin' On*. Introspectivos e perturbados, são a música da América negra caída no desgosto e na desilusão.

CAN – *EGE BAMYASI* (1972)
Vamos lembrar que, além da experimentação e da hipnose, o Can era uma banda obscenamente funky?

NOVOS BAIANOS – *ACABOU CHORARE* (1972)
Acabou Chorare, dos Novos Baianos, é a vitória da agregação de gente, de influências, de estilos, de intros que começam quietinhas, só com voz e violão, e se abrem para receber batuques colossais que tiram todo mundo de dentro de casa. Brasileiro? Com muito orgulho? Essa é a música certa.

T-REX – *ELECTRIC WARRIOR* (1971)
Quando eu era um adolescente com propensões indie roqueiras, me exibia falando de Marc Bolan, que quase ninguém conhecia nas Perdizes. Já na Inglaterra, Bolan foi herói do rock e rapaz de pôster de quarto de menina. O calor e o brilho do seu som me pegam até hoje.

GIORGIO MORODER – *FROM HERE TO ETERNITY* (1977)
Pense em tudo que viemos ouvindo, dançando, remixando e colocando para tocar naquelas horas em que queremos dar um salto na estratosfera com os pés e a mente. Esse é o manual de instruções, lançado em 1977.

YOUNG MARBLE GIANTS – *COLOSSAL YOUTH* (1980)
Um álbum que parece ter sido gravado dentro de um pequeno quarto sem janelas. Lo-fi, lo-tech, uma obra-prima de pós-punk espartano. Não dizem que escrever bem é cortar palavras? Aqui está a mesma ideia aplicada na música.

TALKING HEADS – *SPEAKING IN TONGUES* (1983)
Difícil decidir por esse aqui, considerando que David Byrne e companhia estavam continuamente inspirados entre 1977 e 1983, mandando um bom álbum atrás do outro. Grooves límpidos, synths surpreendentes, refrãos de massa. Sei que existe uma realidade paralela mais legal onde os Talking Heads são conhecidos como os Beatles.

BOARDS OF CANADA – *MUSIC HAS THE RIGHT TO CHILDREN* (1998)
A década de 1990 preenche uma prateleira de bons álbuns eletrônicos. Pra hoje, ficamos com o BoC, que sempre desorienta meus mecanismos internos com suas texturas e ritmos. Uma combinação de super 8 amarelado com as promessas tecnológicas de um novo amanhã.

LCD SOUNDSYSTEM - *SOUND OF SILVER* (2007)
Nem preciso repetir o que tanto já foi dito sobre as virtudes deste álbum. Em vez disso, me permita falar sobre a mensagem motivacional que a carreira de James Murphy nos oferece. Entre sua primeira banda, aos 18, e o reconhecimento com o LCD se passaram 15 anos. Em outras palavras, não fuja à luta.

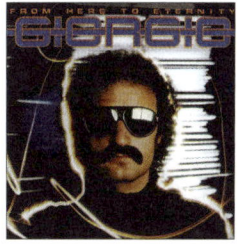

GIORGIO MORODER
FROM HERE TO ETERNITY
(1977)

YOUNG MARBLE GIANTS
COLOSSAL YOUTH
(1980)

TALKING HEADS
SPEAKING IN TONGUES
(1983)

BOARDS OF CANADA
MUSIC HAS THE RIGHT TO CHILDREN
(1998)

LCD SOUNDSYSTEM
SOUND OF SILVER
(2007)

CANISSO

Baixista da banda brasiliense Raimundos.

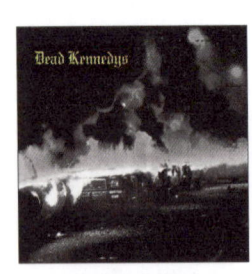

DEAD KENNEDYS
FRESH FRUIT FOR ROTTING VEGETABLES
(1980)

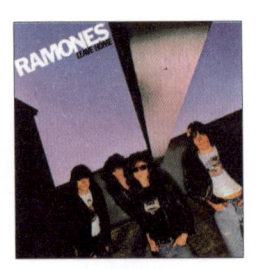

RAMONES
LEAVE HOME
(1977)

DEAD KENNEDYS
BEDTIME FOR DEMOCRACY
(1986)

METALLICA
KILL 'EM ALL
(1983)

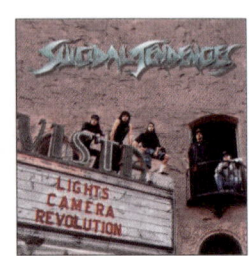

SUICIDAL TENDENCIES
LIGHTS...CAMERA... REVOLUTION!
(1990)

DEAD KENNEDYS – *FRESH FRUIT FOR ROTTING VEGETABLES* (1980)
Primeiro disco da banda que saiu no Brasil, e saiu em vinil branco! Quando encontrei na coleção de uma gatinha o mesmo disco, casei com ela...

RAMONES – *LEAVE HOME* (1977)
Uma coleção de hits em três acordes que me ensinaram a tocar baixo.

DEAD KENNEDYS – *BEDTIME FOR DEMOCRACY* (1986)
Como deu para perceber são meus favoritos. Depois dos processos que a banda sofreu por causa do pôster que vinha junto com o *Frankenchrist*, destilaram toda a revolta e decepção com o sistema no álbum seguinte. Uma AULA de hardcore.

METALLICA – *KILL 'EM ALL* (1983)
Esse disco é um marco na história e retrata muito bem as fronteiras entre o punk e o metal começando a desaparecer; talvez a primeira junção da velocidade do HC com o peso do metal, dando origem ao thrash, o melhor de dois mundos...

SUICIDAL TENDENCIES – *LIGHTS...CAMERA...REVOLUTION!* (1990)
Com a entrada de um novo baixista, Robert Trujillo, a banda passa a explorar novas sonoridades e influências, pavimentando o que seria um novo estilo, que foi seguido por várias outras bandas: o funk metal.

PANTERA – *FAR BEYOND DRIVEN* (1994)
Nesse disco os texanos alcançaram o auge, e por muito tempo serviram como um padrão de som a ser alcançado para nós do Raimundos no estúdio.

FAITH NO MORE – *KING FOR A DAY... FOOL FOR A LIFETIME* (1995)
Meu cantor favorito num disco excepcional. Essa banda não tem disco ruim, difícil escolher um. Fico com esse pela superação da saída do figuraça da guitarra e bom gosto das canções, vários clássicos reunidos.

SUBLIME – *SUBLIME* (1996)
Outro clássico contemporâneo, que inspirou várias músicas nossas, como "Reggae do Manero", entre outras... Reggae com espírito punk e tempero californiano.

ALICE IN CHAINS – *DIRT* (1992)
Os melhores de Seattle. Na minha opinião, ninguém canta como o Layne Staley. Nesse disco ele dá show.

QUEENS OF THE STONE AGE – *SONGS FOR THE DEAF* (2002)
Apesar de curtir a banda desde o primeiro álbum e acompanhar o Josh Homme desde o Kyuss, acredito que nesse álbum eles chegaram ao melhor resultado. Talvez as presenças do Nick Oliveri no baixo e do mito Dave Grohl nas baquetas tenham alguma parte da culpa...

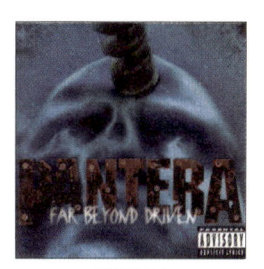

PANTERA
FAR BEYOND DRIVEN
(1994)

FAITH NO MORE
KING FOR A DAY... FOOL FOR A LIFETIME
(1995)

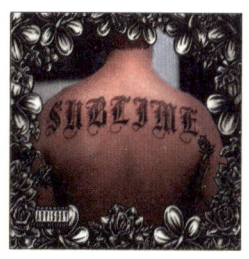

SUBLIME
SUBLIME
(1996)

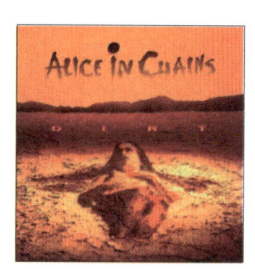

ALICE IN CHAINS
DIRT
(1992)

QUEENS OF THE STONE AGE
SONGS FOR THE DEAF
(2002)

CARLOS DIAS

Considerado um dos principais artistas plásticos da nova geração, o gaúcho Carlos Dias (a.k.a. ASA) também é músico. Foi guitarrista/vocalista das bandas paulistanas Tube Screamers, Againe e Polara, e também integrou o projeto eletrônico Caxabaxa ao lado de Adriano Cintra. ¶

AC/DC – *BACK IN BLACK* (1980)
Foi meu primeiro disco de heavy metal, presente de natal da minha tia comprado no Supermercado Zaffari. Pude comprar dois discos e escolhi esse e o *Killers* do Kiss. Imediatamente escondi o disco da Blitz, B-52's e The Cure só ouvia meio escondido.

BLACK SABBATH – *SABOTAGE* (1975)
As capas que eu mais gostava eram aquelas que me intrigavam de alguma maneira, que tinham detalhes que eram descobertos aos poucos. E essa capa era totalmente enigmática, o Ozzy de bata e sapato de salto, o detalhe do espelho... Eu gostava dos nomes das músicas e dos temas abordados: loucura, universo, buracos no céu e por aí vai.

WEST, BRUCE AND LAING – *WHY DONTCHA* (1972)
Eu ouvia esse disco com meu pai. Eles foram precursores dos sons mais pesados, e sempre lembro da capa, com os caras saindo de dentro da água. Eram os backing vocals e os primeiros riffs mais agressivos que eu havia escutado.

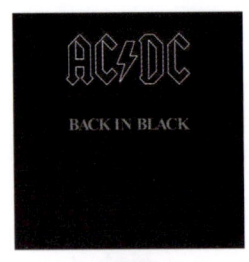

AC/DC
BACK IN BLACK
(1980)

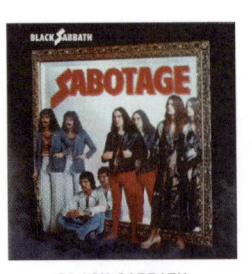

BLACK SABBATH
SABOTAGE
(1975)

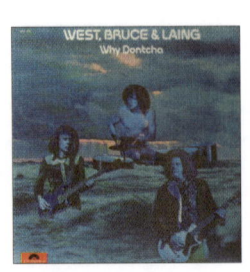

WEST, BRUCE AND LAING
WHY DONTCHA
(1972)

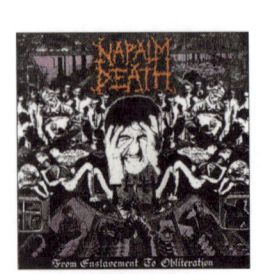

NAPALM DEATH
FROM ENSLAVEMENT TO OBLITERATION
(1988)

SONIC YOUTH
GOO
(1990)

NAPALM DEATH – *FROM ENSLAVEMENT TO OBLITERATION* **(1988)**
Segundo disco deles. Comprei na época em que vieram ao Brasil. A colagem da capa, o desespero, a contracapa rosa, lembro de ficar procurando quais pedais eles usavam (e descobrir que era o Distortion laranja da Boss), lembro também de achar que o Lee Dorrian tinha três braços, mesmo sabendo que era só a manga da camiseta... E eles eram de Birmingham, assim como o Black Sabbath. Chuvas de granizo, cada uma na sua época.

SONIC YOUTH – *GOO* **(1990)**
Na verdade, nem sei se esse é o meu preferido, porém tomei como regra escolher discos que tive em vinil, que manuseei bastante, que gravei em fita, que tenha uma arte que seja tão boa quanto o disco... E eu ainda tinha uma fita de vídeo com todos os clipes do álbum. Conjunto completo, praticamente um manual.

BEASTIE BOYS – *PAUL'S BOUTIQUE* **(1989)**
Mesmo sabendo que muitos consideram o *Check Your Head* um álbum mais influente, e de eu ter comprado apenas o primeiro álbum em vinil, *Paul's Boutique* foi um disco que passou bastante pelas minhas mãos. Nem lembro se cheguei a ter esse disco, acho que sim. Mas, se eu mesmo não comprei, o tive pelos lugares que passei.
Tinha vontade de ir àquele lugar da foto da capa, e os samples que eles usaram abriram minha mente para muita coisa diferente.

JOHN COLTRANE – *A LOVE SUPREME* **(1965)**
Assim como aconteceu com os Beastie Boys, não me lembro exatamente como Coltrane acabou chegando às minhas mãos. O formato da música, com vocal só no final, os climas, a história dele... tudo fez sentido.
E junto a isso, todo o design das capas da Blue Note, muito revisitado, até por mim mesmo, ainda que de forma porca em colagens de cartazes nos anos 1990.

CAP'N JAZZ – *ANALPHABETAPOLOTHOLOGY* **(1998)**
Compilação lançada originalmente em CD, mas peguei o vinil só pelo prazer de abrir a capa dupla e ver as fotos maiores e para poder colocar em uma lista na qual só estariam vinis.

CARTOLA – *CARTOLA* **(1974)**
Pelo modo de escrever, de cantar, pela capa do disco, todo o conjunto.

DESCENDENTS – *ALL* **(1987)**
Algumas capas que eu nem achava bonitas, com o tempo se tornaram parte da minha vida. Simples como desenhos de caderno de escola. Cheguei a ter uma camiseta com a van pintada à mão.

BEASTIE BOYS
PAUL'S BOUTIQUE
(1989)

JOHN COLTRANE
A LOVE SUPREME
(1965)

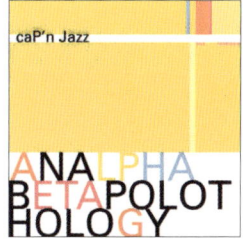

CAP'N JAZZ
ANALPHABETAPOLOTHOLOGY
(1998)

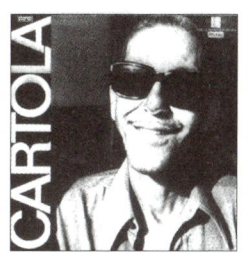

CARTOLA
CARTOLA
(1974)

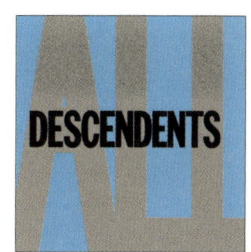

DESCENDENTS
ALL
(1987)

CARLOS EDUARDO MIRANDA

Jornalista, músico, diretor artístico e produtor na ativa desde os anos 1980, Miranda foi o responsável por lançar artistas como Raimundos e Gaby Amarantos no cenário nacional. Já trabalhou com artistas como Skank, O Rappa, Mundo Livre S/A e CSS, além de ser um grande fomentador do rock gaúcho.

Quando eu era moleque, só ganhava compactos. Estava com 11 ou 12 anos, lá por 1974, e queria ganhar um LP porque já me achava marmanjo, fumava cigarro escondido, bebia, tinha tomado vários porres, achava que já era gente. E estava doido pra experimentar maconha! E eu queria um LP porque achava que um adulto tinha que ter um LP e fazer tudo isso: beber, fumar cigarros e maconha, sair sozinho e fazer merda.

Era perto do Natal e meu pai prometeu que me daria o meu primeiro LP. Insisti com ele pra gente ir até uma antiga loja, chamada *Mesbla*, e ele disse que não, pois já era noite e a loja fechava no máximo às 20h. Expliquei pra ele que tinha uma inovação: agora a loja só fechava às 22h por conta do Natal. A gente foi, mas durante todo o caminho ele duvidava dizendo "Não tem como isso acontecer". E eu respondia: "Pai, tem!". Ele tinha tanta certeza que a loja estaria fechada que prometeu que se estivesse aberta me daria dez discos. Meu pai nunca me deu nada na vida, nunca. Mas chegamos lá e a loja estava aberta. E ele se fodeu. Esses discos formam outra lista de 10 álbuns importantes pra mim: *Goats Head Soup* dos Rolling Stones, *Atom Heart Mother* do Pink Floyd, *Old New Borrowed and Blue* do Slade, *Hello!* do Status Quo, *The Blue Ridge Rangers* do John Fogerty, *The Slider* do T.Rex, *Pin Ups* do David Bowie, *Muscle Of Love* do Alice Cooper, e tinha mais dois que esqueci... Mas essa lista foi fundamental na minha vida. Foi quando comecei a ter uma coleção e daí passei a comprar discos mesmo!

THE BEACH BOYS – *PET SOUNDS* (1966)

Outro momento importante foi há pouco tempo quando peguei o *Pet Sounds*, 180 gramas, zeradinho na loja. Nunca deixei de ter LPs, mas ficava com raiva de ter discos pulando, com capa suja... Odeio disco sujo, disco velho, e o *Pet Sounds* eu tenho todas as versões: a capella, estéreo, mono, quadrifônico, 5.1, todas que você puder imaginar. Conheço o disco de cabo a rabo. Mas quando coloquei essa versão nova no toca-discos, logo que começou a tocar, eu caí de joelhos chorando no chão, fiquei louco... me chapou demais. E aí começou um novo momento na minha vida, e voltei a comprar discos, mas só edições novas ou versões japonesas e alemãs da época (desde que estejam intactas). Adotei um critério pra comprar, hoje prefiro

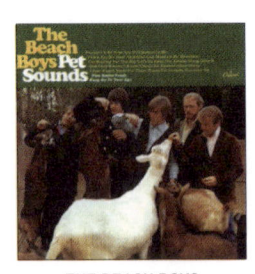

THE BEACH BOYS
PET SOUNDS
(1966)

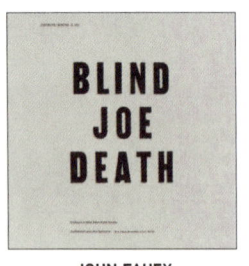

JOHN FAHEY
BLIND JOE DEATH
(1959)

SOFT MACHINE
THE SOFT MACHINE
(1968)

DR. FEELGOOD
DOWN BY THE JETTY
(1975)

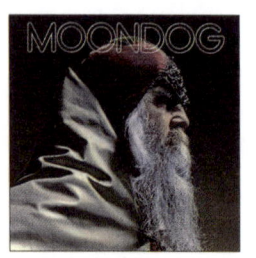

MOONDOG
MOONDOG
(1969)

ter menos discos bem selecionados, pra curtir o som a sério.

JOHN FAHEY – *BLIND JOE DEATH* (1959)
Escolho *Blind Joe Death*, do John Fahey, pra representar uma vertente muito grande das coisas que eu gosto de folk e música de violão. Pode botar nessa lista gente como Roy Harper, que é um ídolo para o Jimmy Page, e é citado na música do Led Zeppelin. Faço uma homenagem também ao John Martyn. Com John Fahey eu acho que dá pra homenagear muita coisa que eu gosto.

SOFT MACHINE – *THE SOFT MACHINE* (1968)
Quando eu falo do primeiro álbum do Soft Machine, na verdade falo de toda uma cena que eu chapo: a cena de Canterbury. Sou doido pelas coisas do Kevin Ayers, do Robert Wyatt, gosto muito dos primeiros do Caravan, e dos desdobramentos que vieram daí. O Gong, do Daevid Allen, é um bom exemplo. Ele era do Soft Machine, mas era um imigrante australiano ilegal. Eles viajaram para fazer shows na França e não deixaram ele voltar. Daí ele formou o Gong que é outra banda que eu adoro, acho uma das melhores coisas que existem. Por isso, falando de Soft Machine eu também falo de tudo isso, e ainda Syd Barret, Pink Floyd, John Cale, Chris Spedding, que é um dos meus guitarristas prediletos... enfim, presto uma homenagem a toda uma vertente musical.

DR. FEELGOOD – *DOWN BY THE JETTY* (1975)
Eu sou doido pelo Wilko Johnson... nem sei se coloco esse ou o *Stupidity*, que é ao vivo... nem sei escolher um disco deles. Sei que Wilko Johnson é um dos maiores gênios da guitarra em todos os tempos. E citando esse disco também estou falando do punk rock, do rock nervoso, da música pra brigar no bar, pra fazer zoeira. Uma das coisas que eu mais prezo no rock é essa coisa destrutiva, essa coisa de fazer merda, então eu falo dessa onda toda.

MOONDOG – *MOONDOG* (1969)
Moondog é a loucura, representa o encontro da música erudita com a música de rua. Com esse disco represento o hip hop, a música erudita, experimental, todas as coisas que se misturam no trabalho dele e a ousadia musical que é algo que eu prezo muito.

BRIAN ENO - *HERE COME THE WARM JETS* (1974)
Here Come The Warm Jets foi o disco que me mostrou que não é preciso ser músico para fazer música. O Brian Eno foi o meu maior mestre profissional... mas estou falando dessa fase, e não quando ele virou pau no cu carequinha, produzindo disco para U2, essas bostas que todo mundo gosta. E esse negócio de *ambient* pra mim é música pra dormir. Já o *Here Come The Warm Jets* é música nervosa, viva, inesperada, música feita sem conceito musical, quase coisa do acaso. Os instrumentos são tocados da maneira mais errada possível, gerando um som mais criativo e inovador. Acho que esse é o disco mais importante da minha vida como profissional.

TODD RUNDGREN – *SOMETHING/ANYTHING?* (1972)
Todd Rundgren é outro produtor que sabe ser pop e muito criativo. Ele coloca uma forte carga emocional na música, tem muito sentimento, mas também muita elaboração. Esse foi um dos primeiros discos gravados em casa, em um multitrack, e ele fez tudo praticamente sozinho. O álbum tem hits do tamanho de "I Saw The Light" misturados com coisas mais estranhas. Pra mim é um disco muito completo, e também fez muito minha cabeça. Quando cito esse disco estou colocando junto Ramones, Blondie, toda a cena de Nova York que veio depois dele. E também representa essa coisa de música pop com influência de soul, tipo Hall & Oates que eu também adoro.

DAVID AXELROD – *SONGS OF EXPERIENCE* (1969)
O David Axelrod eu incluo pensando que junto com ele vem o jazz, a música erudita e a música negra. Ele foi muito sampleado pelo hip hop e ao mesmo tempo ele tinha grande influência do funk dos anos 70. Com isso fez uma ponte, que de certa forma vem e devolve pra música negra. A mesma coisa com os arranjos de cordas, jazz. Enfim, representa três vertentes da música que me interessam muito e queria colocar aqui de alguma maneira.

continua na página 214

BRIAN ENO
HERE COME THE WARM JETS
(1974)

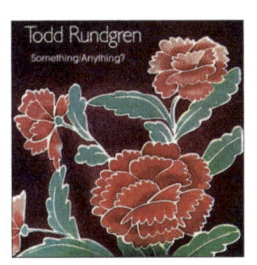

TODD RUNDGREN
SOMETHING/ANYTHING?
(1972)

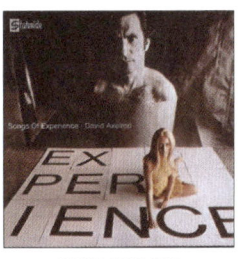

DAVID AXELROD
SONGS OF EXPERIENCE
(1969)

KRAFTWERK
COMPUTER WORLD
(1981)

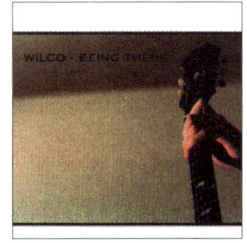

WILCO
BEING THERE
(1996)

CARLOS ISSA

Músico, designer e artista plástico, Carlos Issa é o criador do projeto experimental Objeto Amarelo, com o qual já se apresentou em vários países e dividiu o palco com Kevin Drumm, Dan Bitney, Damo Suzuki, Maurício Takara, Guilherme Granado, entre outros. ¶

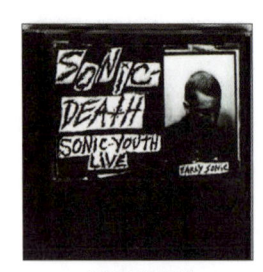

SONIC YOUTH
SONIC DEATH
(1984)

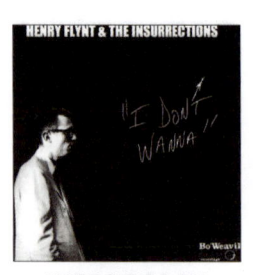

HENRY FLYNT & THE INSURRECTIONS
I DON'T WANNA
(2004)

KEVIN DRUMM
RELIEF
(2012)

THE DEAD C
HARSH 70'S REALITY
(1992)

WOLF EYES
DEAD HILLS
(2002)

SONIC YOUTH – SONIC DEATH (1984)
Esse disco tem o melhor encarte de todos. O som e os registros dos shows são bastante abrasivos, mas por isso mesmo são incríveis. Hoje em dia ele está soando melhor do que nunca. No final das contas, acho que *Sonic Death* é o disco mais influente da banda.

HENRY FLYNT & THE INSURRECTIONS – *I DON'T WANNA* (2004)
Vi um show do Henry Flynt no The Stone. A base que ele usou pra tocar guitarra era um som pré-gravado. Ele cortou cinco segundos de uma virada de bateria de algum heavy metal que ficou se repetindo por 20 minutos. Sobre essa base, aquelas guitarras hillbilly meio abstratas que são sua marca registrada, e que foram contrabandeadas para o Velvet Underground pelo Lou Reed. Sim, existe essa polêmica. Foi memorável.

KEVIN DRUMM – *RELIEF* (2012)
Sheer Hellish Miasma é mais marcante. Junto com Merzbow foi o disco que me trouxe pra ruidagem e pra música abstrata. Mas *Relief* tem a festa porque meu nome está nos agradecimentos.

THE DEAD C – *HARSH 70'S REALITY* (1992)
Um dos shows mais absurdos e inspiradores que vi foi o show do Discarga Violenta. O Dead C é um Discarga Violenta funcionando agora, do outro lado do mundo, com capas mais bonitas.

WOLF EYES – *DEAD HILLS* (2002)
Fui no último No Fun Fest que aconteceu em Nova York... C. Spencer Yeah, Skull Flower, o pessoal do Wolf Eyes, Black Pus, e vários outros que definiram a trilha sonora da guerra ao terror. Mas posso afirmar que isso começou na Santa Cecília, em São Paulo, com o Prendedor.

CLUSTER – *CURIOSUM* (1981)
Acho que um amigo me falou sobre o Cluster depois de escutar o primeiro disco do Objeto Amarelo. Naquela época não dava pra encontrar essas bandas obscuras com facilidade. Eu só instalei a Internet em 2001. Com a Internet instalada, tudo passou a fazer parte de um estado hipercontemporâneo, e a história da música na sua totalidade ficou congelada no presente imediato. Daí sim, escutei o *Curiosum* e entendi a relação... e fiquei contente com a relação.

THE FALL – *GROTESQUE* (1980)
O Fall mostrou que é possível criar um mundo próprio, longe de cenas ou movimentos. O Fall também legitima uma vida inteira dedicada à música independente. Foi o primeiro exemplo que eu tive de uma vida musical duradoura. É como ver hoje um show do Yasunao Tone, da Pauline Oliveros, Cecil Taylor ou Alvin Lucier... Tive a sorte de ver todos eles ao vivo. Muitas vezes, durante esses shows, meu pensamento era dominado pela imagem de um futuro igual. De chegar aos setenta, oitenta anos de idade como eles chegaram, produzindo essa magnífica música de invenção, não devendo absolutamente nada a ninguém, só girando uns botões, mudando uns parâmetros e fazendo uma imensa e envolvente ruidagem.

PETER BRÖTZMANN – *MACHINE GUN* (1968)
O Jazz.

DEREK BAILEY – *SOLO GUITAR VOL 1* (1971)
Não acredito muito na improvisação. Na verdade, não dá pra fugir da composição. Basta simplesmente definir o lugar, o momento e o equipamento, e a composição começa a se estabelecer. Por outro lado, sempre vai existir algo fora da grade em uma apresentação ao vivo, ou em uma sessão de gravação. Essa dialética é a condição de onde o músico não escapa.

NO NEW YORK (1978) *
Um pouco difícil entender o Brian Eno.

* *O músico e produtor inglês Brian Eno foi o curador dessa coletânea que reuniu quatro artistas: James Chance and the Contortions, Mars, D.N.A e Teenage Jesus and the Jerks.*

CLUSTER
CURIOSUM
(1981)

THE FALL
GROTESQUE
(1980)

PETER BRÖTZMANN
MACHINE GUN
(1968)

DEREK BAILEY
SOLO GUITAR VOL 1
(1971)

NO NEW YORK
(1978)

CAROLINE BITTENCOURT

Dedicada a fotografar músicos e artistas há mais de uma década, Caroline Bittencourt já trabalhou com nomes importantes como Pitty, Nação Zumbi, Marcelo Jeneci, Los Hermanos e Cibelle, além de ter fotografado inúmeros shows de artistas estrangeiros e festivais musicais. ¶

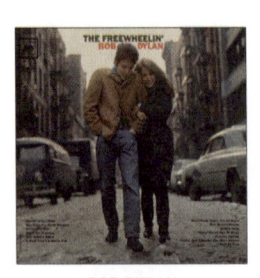

BOB DYLAN
THE FREEWHEELIN' BOB DYLAN
(1963)

BOB MARLEY
EXODUS
(1977)

BUDAPEST STRING QUARTET
QUARTET NO. 14 IN C SHARP MINOR, OP. 131
(1961)

CAETANO VELOSO
TRANSA
(1972)

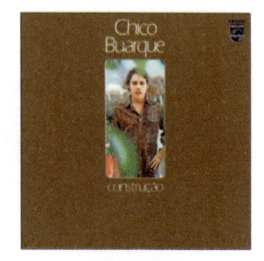

CHICO BUARQUE
CONSTRUÇÃO
(1971)

Depois de passar horas pensando em tudo o que ouvi, decidi listar os 10 discos que sobreviveram às minhas andanças. Quando a vida te move para outro país, rola um desapego natural de deixar para trás hábitos, símbolos, objetos e até pessoas que acumulamos. Esse exercício nos faz selecionar o que irá nos acompanhar. Quais símbolos, num primeiro momento, são capazes de me representar para o mundo e para mim mesma? Desapegar significa um efetivo desejo por liberdade. Por mais que deixar ir, esvaziar, signifique estar aberto e apto a receber o novo e transformador, quem me conhece sabe o quanto gosto de colecionar pequenas coisas, que remetem diretamente à minha história. É por esse motivo que esses discos tomam uma dimensão ainda maior nesse momento da minha vida, não só pelo conteúdo musical, mas por tudo o que representam, as marcas que deixaram, as capas, os shows, meus amigos...

Esses são os álbuns que eu trouxe na mala, no melhor estilo 10 discos que eu levaria para uma ilha deserta junto com uma vitrola a pilha.

FUGAZI
13 SONGS
(1989)

JOÃO GILBERTO
CHEGA DE SAUDADE
(1959)

LED ZEPPELIN
LED ZEPPELIN II
(1969)

MR. BUNGLE
DISCO VOLANTE
(1995)

NOVOS BAIANOS
ACABOU CHORARE
(1972)

CHECHO GONZALES

Chef boliviano radicado no Brasil, Checho começou trabalhando em bares para comprar instrumentos pensando em ser músico. Logo percebeu que era melhor na cozinha. Especializou-se, fez cursos no exterior e é um dos criadores do festival gastronômico O Mercado. ¶

TEARS FOR FEARS
THE HURTING
(1983)

ECHO & THE BUNNYMEN
OCEAN RAIN
(1984)

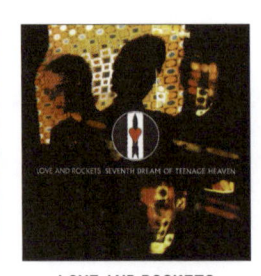

LOVE AND ROCKETS
SEVENTH DREAM OF TEENAGE HEAVEN
(1985)

NICK CAVE & THE BAD SEEDS
KICKING AGAINST THE PRICKS
(1986)

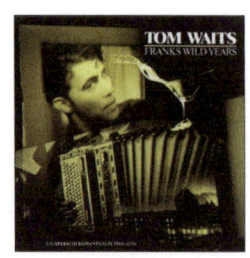

TOM WAITS
FRANKS WILD YEARS
(1987)

TEARS FOR FEARS – *THE HURTING* (1983)
Um novo mundo se abriu. Até então a música era dividida principalmente entre o rock pesado e o rock progressivo, mas as novas tendências que surgiram após o punk rock afloraram… Um contraste sedutor (lembro muito das mulheres, de como era…).

ECHO & THE BUNNYMEN – *OCEAN RAIN* (1984)
Aqui entendi que virtuosismo e genialidade são caminhos diferentes. A construção das músicas era bem mais simples, com harmônicas e sem solos chatos, além de ser completamente existencialista (era adolescente).

LOVE AND ROCKETS – *SEVENTH DREAM OF TEENAGE HEAVEN* (1985)
Já escutava Bauhaus, gosto muito… mas esta formação é menos séria, sóbria, bem psicodélico. Porra, tem "Saudade"!

NICK CAVE & THE BAD SEEDS – *KICKING AGAINST THE PRICKS* (1986)
Um disco de versões, com pegadas de country, blues e muito rock! Creio que foi aqui que entrou maldade no meu coração.

TOM WAITS – *FRANKS WILD YEARS* (1987)
O terceiro disco de uma trilogia fantástica, uma celebração. Creio que aqui virei alcoólatra.

GRANT LEE BUFFALO – *FUZZY* (1993)
Fiquei atordoado por alguns anos. No final da década de 1980 e início dos 1990 aconteceram muitas tendências, que culminaram com um movimento pesado. Creio que precisava descansar, relaxar, nem que fosse por pouco tempo…

MASSIVE ATTACK – *PROTECTION* (1994)
Deixei de ficar seguindo estilos, resolvi escutar o que acho bom e pronto!

PJ HARVEY – *STORIES FROM THE CITY, STORIES FROM THE SEA* (2000)
A reflexão de toda a mudança de vida pela qual passei.

ZERO 7 – *SIMPLE THINGS* (2001)
A poesia voltou para a minha vida assim, casei-me pela segunda vez, talvez com este álbum como trilha sonora diária…

ELBOW – *THE SELDOM SEEN KID* (2008)
Em plena crise da meia idade, volto às minhas reflexões da juventude e me apaixono por uma menina 21 anos mais nova…

GRANT LEE BUFFALO
FUZZY
(1993)

MASSIVE ATTACK
PROTECTION
(1994)

PJ HARVEY
STORIES FROM THE CITY, STORIES FROM THE SEA
(2000)

ZERO 7
SIMPLE THINGS
(2001)

ELBOW
THE SELDOM SEEN KID
(2008)

CHINA

Músico pernambucano, China foi vocalista da banda Sheik Tosado e atualmente canta na banda Del Rey, ao lado dos integrantes do Mombojó. Também lançou vários discos em carreira solo. Na TV, China já foi VJ da MTV e apresentador na Rede Bandeirantes.

CHICO SCIENCE & NAÇÃO ZUMBI – *AFROCIBERDELIA* (1996)
Esse disco resume o sentimento dos anos 1990. Mudanças, transformações no cenário musical e a certeza do quo a música brasileira consegue dialogar com o mundo todo independentemente da língua. Foi depois que vi o show desse disco que resolvi ser músico.

ERASMO CARLOS – *CARLOS, ERASMO...* (1971)
Um disco que sintetiza a Jovem Guarda e a Tropicália num trabalho primoroso. Até berimbau tem gravado. As canções são excelentes e super bem arranjadas, além da voz de Erasmo, que inunda nossos ouvidos na primeira audição.

ELIS REGINA E JAIR RODRIGUES – *DOIS NA BOSSA VOL 2.* (1966)
Por se tratar de um disco ao vivo, dá pra sentir todo o clima do show, Elis e Jair desafinam em vários momentos, mas é muito bonito isso, pois dá pra sentir toda a emoção que eles estavam vivendo cantando essas músicas naquele momento. E nem mesmo a afinação se segura com tanta emoção. Que seja assim sempre.

CHICO SCIENCE & NAÇÃO ZUMBI
AFROCIBERDELIA
(1996)

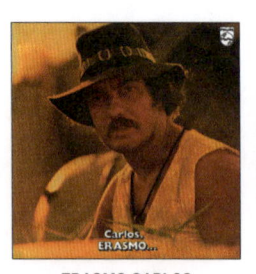

ERASMO CARLOS
CARLOS, ERASMO...
(1971)

ELIS REGINA E JAIR RODRIGUES
DOIS NA BOSSA VOL 2.
(1966)

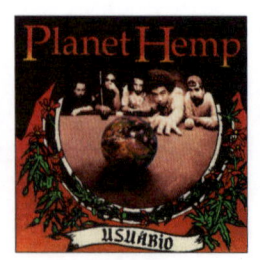

PLANET HEMP
USUÁRIO
(1995)

THE BEATLES
RUBBER SOUL
(1965)

PLANET HEMP – *USUÁRIO* (1995)
A melhor junção do rap com o rock brasileiro está nesse disco. Letras polêmicas e riffs de guitarra alucinantes. Até quem não fuma maconha fica chapado ouvindo o *Usuário*.

THE BEATLES – *RUBBER SOUL* (1965)
Esse foi o primeiro disco que ouvi dos Beatles. Um momento de transição marcante nos rumos da banda. Acho que esse álbum é o embrião do que eles viriam a se tornar mais pra frente. Meu inglês é péssimo, mas sempre que eu escuto o Rubber Soul, tenho a impressão que entendo tudo o que os quatro cabeludos querem dizer nas canções.

MUNDO LIVRE S/A – *CARNAVAL NA OBRA* (1998)
Na minha opinião esse é o melhor disco dos caras. Tem as melhores letras de Fred 04 e o cuidado com as canções é de uma beleza incrível. Foi a primeira vez que vi quatro produtores diferentes trabalhando num álbum, e, apesar disso, a sonoridade é única. Acho que é o disco que mais dá pra entender o conceito do Mundo Livre.

RATOS DE PORÃO – *CRUCIFICADOS PELO SISTEMA* (1984)
O meu irmão mais velho me apresentou esse disco do Ratos. Lembro que levei uma fita pra escola e mostrei para as meninas da classe. Todas elas odiaram, e foi aí que eu percebi que não dava pra pegar mulher mostrando esse disco de cara. Porém, você ganhava até uma moral na escola por ser um cara que escutava uns sons mais porrada. A capa desse disco é muito foda. Tentei ser aquele punk da capa a vida toda, e as canções tem uma raiva e uma agonia que me cativaram.

OS MUTANTES – *OS MUTANTES* (1968)
Quando ouvi pela primeira vez, achei que era uma banda nova por causa das experimentações. Era tudo muito moderno aos meus ouvidos. Custei a acreditar que era a Rita Lee cantando. Falava pro amigo que me mostrou: "Mas Rita Lee é uma senhora com roquinhos chatos dos anos 80, impossível ela ter feito esse som". Mas depois que conheci Os Mutantes também fui atrás da obra da tia Rita e curti muito.

JARDS MACALÉ – *JARDS MACALÉ* (1972)
Já tinha ouvido o *Transa* de Caetano Veloso e gostado bastante, mas depois que conheci essa pérola de Jards descobri que o álbum de Caetano fica no chinelo perto desse. Ainda mais sabendo que Jards Macalé ajudou na produção do *Transa* e não foi creditado. Esse disco é para ser ouvido à meia luz, curtindo cada nota do violão e as linhas de baixo sensacionais. Sem falar nas letras, que são obras-primas.

JORGE BEN – *FORÇA BRUTA* (1970)
Começando pela capa, com a foto de Jorge fazendo aquela pose do assobio que só malandro sabe fazer, esse disco é irretocável. Prefiro ele ao *Tábua de esmeralda*, que também é um grande disco. Mas só a capa desse disco já me conquistou de primeira. As músicas são grandiosas, os arranjos idem, mas é um disco simples, com músicas que te pegam pelo braço e te levam pra passear.

MUNDO LIVRE S/A
CARNAVAL NA OBRA
(1998)

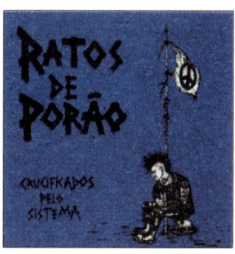

RATOS DE PORÃO
CRUCIFICADOS PELO SISTEMA
(1984)

OS MUTANTES
OS MUTANTES
(1968)

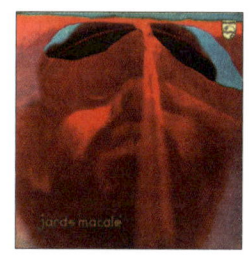

JARDS MACALÉ
JARDS MACALÉ
(1972)

JORGE BEN
FORÇA BRUTA
(1970)

CHRIS COUTO

Atriz, apresentadora e repórter, Chris Couto participou de inúmeros filmes, novelas, peças de teatro e programas de TV. Ela também foi VJ na MTV Brasil. ¶

JORGE BEN
A TÁBUA DE ESMERALDA
(1974)

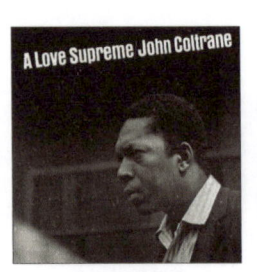

JOHN COLTRANE
A LOVE SUPREME
(1965)

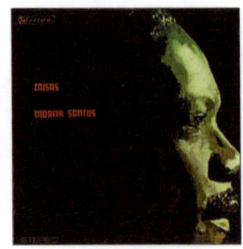

MOACIR SANTOS
COISAS
(1965)

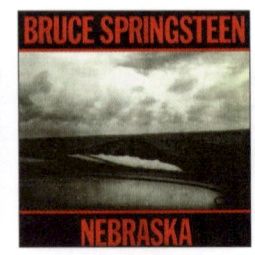

BRUCE SPRINGSTEEN
NEBRASKA
(1982)

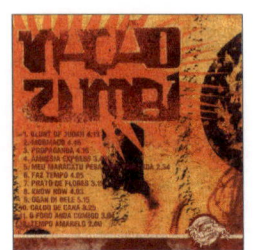

NAÇÃO ZUMBI
NAÇÃO ZUMBI
(2002)

JORGE BEN – *A TÁBUA DE ESMERALDA* (1974)
A *Tábua de Esmeralda* é um disco que sintetiza tudo o que gosto no Jorge Ben, aquele casamento perfeito entre melodias, letras, e você enxerga o cara. É muito criativo, um dos melhores dele, um dos mais lindos, bem da época que eu gostava mais. Tenho memórias daquela época. Foi o Yuka quem me chamou muito a atenção para esse disco.

JOHN COLTRANE – *A LOVE SUPREME* (1965)

MOACIR SANTOS – *COISAS* (1965)
São daqueles discos que você escuta uma vez e diz "Meu Deus"... Você ouve e fica se perguntando como alguém fez algo tão lindo. Os dois entram para aquela lista de impacto logo na primeira audição. Sou fã do maestro Moacir. Vi show, tirei foto...Dois discos que aumentaram a minha percepção.

BRUCE SPRINGSTEEN – *NEBRASKA* (1982)
Eu adoro porque é um disco totalmente diferente do que eu imaginava em relação ao Bruce Springsteen. Só conheci esse disco nos anos 1990, depois que estava na MTV, e foi uma revelação pra mim. Um disco muito lindo.

NAÇÃO ZUMBI – *NAÇÃO ZUMBI* (2002)
Sou muito fã, desde quando tinha o Chico. E esse disco, depois dos grandes, é o que eu mais gosto da Nação. Disco especial de uma época em que a gente tinha algum contato, e é musicalmente muito rico. Gosto muito deles.

PRIMAL SCREAM – *ECHO DEK* (1997)
Primal Scream é uma banda que eu adoro. E esse disco de remixes tem "Revolutionary", uma das músicas mais lindas, versão dub de "Star". Foi o Yuka quem me apresentou, e esse disco é um daqueles que mexe profundamente com aquilo que eu gosto na música.

OUTKAST – *SPEAKERBOXXX/THE LOVE BELOW* (2003)
Um álbum que eu ouvi muito, adoro o Big Boi e o André 3000. É um disco que não canso de ouvir, grandes canções e melodias. Gosto muito.

BEASTIE BOYS – *PAUL'S BOUTIQUE* (1989)
Eles representam um movimento muito forte, fiquei impressionada como eram amados nos EUA. Lembro de estar em Los Angeles, para um VMAs, e saí para fazer umas compras. Várias lojas estavam fechadas com plaquinhas "Fomos aos Beasties". Esse disco é um dos mais antigos, e gosto muito.

RACIONAIS MC'S – *SOBREVIVENDO NO INFERNO* (1997)
Outro disco que me marcou muito. Ouvi seguidamente por um ano e meio, destruindo aquelas letras, amando. Ele é um poeta, acho que esses caras são muito importantes e esse disco muito marcante. Me dava aquela mesma sensação dos meus 18 anos quando via o Lula, uma coisa muito política que me atraía. E o Mano Brown tem essa força impressionante, esse poder de comunicar. Um disco bem representativo.

SERGE GAINSBOURG – *HISTOIRE DE MELODY NELSON* (1971)
Amo esse disco, amo Gainsbourg. Esse disco está aqui como homenagem a Daniel Benevides.

PRIMAL SCREAM
ECHO DEK
(1997)

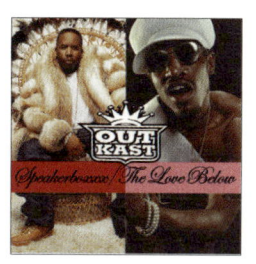

OUTKAST
SPEAKERBOXXX/ THE LOVE BELOW
(2003)

BEASTIE BOYS
PAUL'S BOUTIQUE
(1969)

RACIONAIS MC'S
SOBREVIVENDO NO INFERNO
(1997)

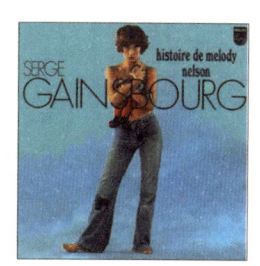

SERGE GAINSBOURG
HISTOIRE DE MELODY NELSON
(1971)

CHUCK HIPOLITHO

Ex-VJ da MTV, Chuck é músico e produtor musical. Já teve várias bandas e hoje é o guitarrista do Vespas Mandarinas. Além disso, mantém um canal sobre música no YouTube, chamado *Gato & Gata*, ao lado de sua companheira Gaía Passarelli.

TRILHA SONORA DO FILME – *LA BAMBA* **(1987)**
Na época em que meus pais se separaram, eu fui morar em Pirassununga, cidade natal da minha mãe, e ocasionalmente meu pai ia – ainda sem jeito – pegar os filhos para passar uns dias. Em geral, ficávamos na hospedagem da base aérea fazendo nada. No rádio sempre tocava "La Bamba", que era um hit porque o filme tinha acabado de ser lançado. Meu pai me pegou curtindo a música algumas vezes e me deu o disco de presente. Sou viciado nesse disco e creio que ele foi uma das coisas que abriram minha cabeça para o pop e o rock and roll. Só tem pedrada, a maioria das versões do disco são interpretadas no maior veneno pelo grupo Los Lobos. Tenho o LP até hoje.

RAIMUNDOS – *RAIMUNDOS* **(1994)**
Não sei direito como e quando esse disco apareceu. Eu já era fã de Ramones e, de repente, Raimundos! Ainda em Pirassununga, eu ficava esperando chegarem as fitas de VHS com material gravado da MTV para a gente conseguir ver alguma coisa deles. Ocasionalmente passava algo na TV aberta... eu juro que ficava zapeando na TV o dia inteiro para ver se em algum momento a banda seria mencionada na Globo, por exemplo, e de vez em quando era mesmo. Ouvi esse disco com meus amigos até cansar, mas até hoje não nos cansamos. Acho que nunca um som tão pesado havia tocado em rádios. Tive banda cover e o caralho.

OS PARALAMAS DO SUCESSO – *O PASSO DO LUI* **(1984)**
Eu estava na terceira série do ensino fundamental e morava em Brasília. No intervalo da escola tocavam vários sucessos do rock nacional da época, acho que me lembro de ouvir e conhecer todas as músicas do disco desse jeito. Só mais tarde fui ter o disco de verdade e constatar que já conhecia tudo ali. Ouvir aquelas músicas naquela idade foi muito importante para mim. Tive a oportunidade de conhecer os Paralamas pessoalmente e gostei ainda mais de tudo.

TITÃS – *CABEÇA DINOSSAURO* **(1986)**
Eu passava alguns dias das férias na casa de

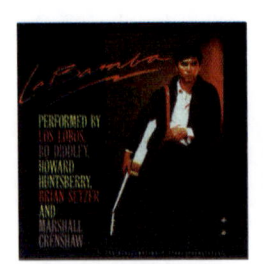

TRILHA SONORA DO FILME
LA BAMBA
(1987)

RAIMUNDOS
RAIMUNDOS
(1994)

OS PARALAMAS DO SUCESSO
O PASSO DO LUI
(1984)

TITÃS
CABEÇA DINOSSAURO
(1986)

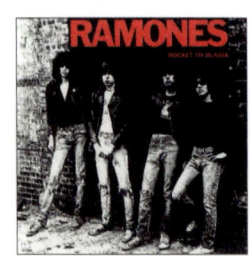

RAMONES
ROCKET TO RUSSIA
(1977)

um primo que nem era primo de verdade, e lá tinha um toca discos e o *Cabeça*. Tenho a impressão de que era o único disco que havia na casa dele junto com um do Abba e outro do Carpenters. Enquanto a rapaziada se queimava no sol tomando banho de piscina, eu ficava escutando o disco. Acho que é o melhor disco de rock/pop já lançado no Brasil.

RAMONES – *ROCKET TO RUSSIA* (1977)
Na oitava série eu montei uma banda de cover de Guns N' Roses com meus amigos, mas eu não sabia tocar nada e sobrou para mim a bateria. Logo ficou claro que seria mais fácil tocar Ramones e eu fui possuído pelo punk rock desde então. Eu ouvia o disco em todas as rotações possíveis do toca discos. Passava o dia olhando os desenhos no encarte e reproduzindo em meus cadernos escolares. Nessa época, eu imaginava como seriam aqueles quatro se mexendo, uma vez que eu nunca tinha visto um clipe ou vídeo da banda. Tempos difíceis. Mas os Ramones me ajudaram muito a passar pela fase mais rebelde da minha vida.

BILLY BRAGG & WILCO – *MERMAID AVENUE VOL 1* (1998)
Meu disco favorito. Logo que entrei na MTV, o pessoal mais velho do departamento me aplicou essa obra-prima. Eu copiei o CD em uma fita cassete, fiz uma capinha na máquina de xerox e comecei a ouvir em meu walkman enquanto andava pela cidade. Não sei explicar... até hoje sou transportado para um estado de espírito toda vez que ouço o disco. Pode jogar minha coleção de discos no lixo e me proibir de ouvir toda a obra já produzida pela raça humana, mas me deixe continuar ouvindo esse disco, por favor.

MADONNA – *LIKE A PRAYER* (1989)
Eu troquei por um vale disco que ganhei na escola, coisa de amigo secreto. Eu poderia ter escolhido o *Arise* do Sepultura, mas escolhi o novo da Madonna. Eu já era adolescente, então acho que foi o meu alter ego viado quem comprou o disco. Eu tinha até um pouco de vergonha de escutar aquilo, mas me amarrava muito. Acredito que foi um disco importante para abrir minha cabeça.

TRILHA SONORA DO FILME – *WILD STYLE* (1983)
Um dia me deparei com um DVD, era um filme, que pelo jeito falava de grafite, hip hop e afins... legal que a trilha sonora era dirigida pelo Chris Stein. Parecia algo bem tosco, mas ao mesmo tempo *roots*. Fumei um baseado e fui assistir. Quem conhece o filme sabe do que estou falando. A trilha sonora traz todas as performances ao vivo do filme para um disco. No meu caso é um LP lindo, importado, que comprei em uma feira de discos dessas que estão rolando em São Paulo. Minha faixa favorita é: "Basketball Throwdown" – Cold Crush Brothers Vs. Fantastic Freaks. Foda foda foda. Rap old school de NY.

FLEETWOOD MAC – *RUMOURS* (1977)
Esse é um daqueles meu e da gata. Um dia a Gaía me perguntou se eu manjava do Fleetwood Mac, eu fui honesto e disse que não muito... Não é aquela banda que tem um disco clássico do mesmo ano que a gente nasceu? Ela disse que sim, que era uma novidade pra ela também, e colocou pra rodar. Acho que passamos uns 5 meses ouvindo direto. O disco vai do genial ao cafona pra caralho com uma elegância única. Poucos discos são impecáveis do começo ao fim. Esse é um deles. Bem de tiozão, mas qualquer um é capaz de se apaixonar, vale a pena tentar.

THE ROLLING STONES – *BLACK AND BLUE* (1976)
Poderia ser qualquer um outro melhor, mas acabou sendo esse o meu favorito. É o primeiro com o Ron Wood. Os melhores momentos se confundem com os piores, sei lá. Ouvi pra caralho quando era criança pequena lá em Pirassununga. A turma toda curtia Stones e desse disco a minha banda mandava "Crazy Mama", a última do lado B. Não ligo muito para valor artístico e histórico na hora de deixar entrar no meu coração... meu disco favorito dos Beatles é o *With The Beatles*. Acontece.

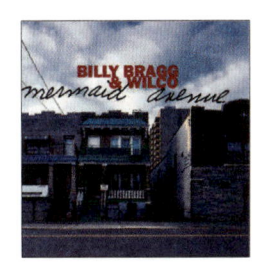

BILLY BRAGG & WILCO
MERMAID AVENUE VOL 1
(1998)

MADONNA
LIKE A PRAYER
(1989)

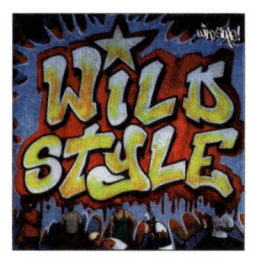

TRILHA SONORA DO FILME
WILD STYLE
(1983)

FLEETWOOD MAC
RUMOURS
(1977)

THE ROLLING STONES
BLACK AND BLUE
(1976)

CLARA AVERBUCK

Escritora, já publicou seis livros e teve obras adaptadas para o teatro e cinema. Clara também é uma das criadoras do blog *Lugar de Mulher*. Apaixonada por música desde sempre, pretende lançar pelo menos um disco antes de morrer. ¶

THE ROLLING STONES
LET IT BLEED
(1969)

THE VELVET UNDERGROUND
LOADED
(1970)

IKE & TINA TURNER
WORKIN' TOGETHER
(1971)

TOM WAITS
BLUE VALENTINE
(1978)

NINA SIMONE
LITTLE GIRL BLUE
(1958)

THE ROLLING STONES – LET IT BLEED (1969)
Um dos meus discos preferidos de todos os tempos, tem uma das melhores sequências de música da história, em minha opinião, é claro. Discaço.

THE VELVET UNDERGROUND – LOADED (1970)
Esse foi o primeiro disco que minha filha, então com quatro anos, gostou de ouvir inteiro, com destaque para "Cool it down", que ela cantava de ouvido.

IKE & TINA TURNER – WORKIN' TOGETHER (1971)
Não dá pra não pensar na história horrível desses dois, mas também não dá pra deixar de dizer que esse é um dos grandes discos de soul da história. Bom demais.

TOM WAITS – BLUE VALENTINE (1978)
Tom Waits tem o dom de ser melancólico sem ser deprê e pra mim esse disco é um dos melhores dele. "Christmas card from a hooker in Minneapolis" poderia ser um curta-metragem, né não?

NINA SIMONE – LITTLE GIRL BLUE (1958)
Num tempo em que as cantoras de jazz e de soul acabam todas sendo brancas, é imprescindível conhecer esse disco da maravilhosa Nina.

ARETHA FRANKLIN – ARETHA NOW (1968)
Arethinha nunca decepciona e "Think" é provavelmente uma das melhores músicas já compostas para abrir um disco.

PAUL McCARTNEY – RAM (1971)
Composto inteiramente por Paul, ao lado de Linda numa fazendinha, esse disco é de uma maravilhosidade ímpar. Dá pra sentir o cheirinho de grama quando toca "Heart of the Country".

ELLA FITZGERALD – ELLA FITZGERALD SINGS THE COLE PORTER SONGBOOK (1956)
Se eu pudesse escolher apenas um disco para ouvir pelo resto da vida, seria esse. As músicas de Cole Porter caem tão bem na voz de Ella que dá pra acreditar que foram compostas especialmente para que ela cantasse.

AMY WINEHOUSE – BACK TO BLACK (2006)
O segundo disco dessa mulher incrível que fez uma passagem meteórica pelo planeta é todo perfeitinho. Me corta o coração imaginar quanto mais ela poderia ter deixado para nós.

FAITH NO MORE – ANGEL DUST (1992)
Marcou a minha adolescência e vai marcar a de qualquer um que se debruce sobre ele com atenção. Mike Patton é um dos gênios desses tempos e quem discordar não sabe o que está dizendo.

ARETHA FRANKLIN
ARETHA NOW
(1968)

PAUL McCARTNEY
RAM
(1971)

ELLA FITZGERALD
ELLA FITZGERALD SINGS THE COLE PORTER SONGBOOK
(1956)

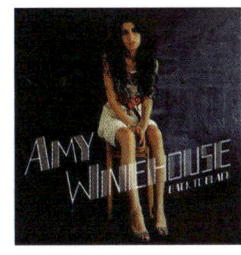

AMY WINEHOUSE
BACK TO BLACK
(2006)

FAITH NO MORE
ANGEL DUST
(1992)

CLEMENTE

Um dos pioneiros do movimento Punk no Brasil, Clemente foi baixista do Restos de Nada, primeira banda do estilo no país. Desde os anos 1980 lidera outra banda lendária, o Inocentes. Clemente também foi diretor artístico do extinto programa Musikaos, da TV Cultura, e hoje é apresentador do programa Estúdio Showlivre.

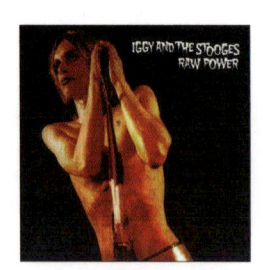

IGGY AND THE STOOGES
RAW POWER
(1973)

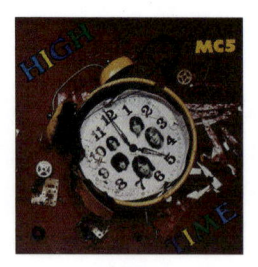

MC5
HIGH TIME
(1971)

NEW YORK DOLLS
NEW YORK DOLLS
(1973)

MADE IN BRAZIL
MADE IN BRAZIL
(1974)

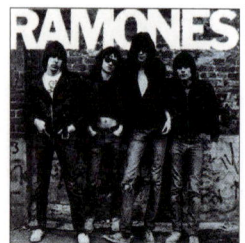

RAMONES
RAMONES
(1976)

IGGY AND THE STOOGES – *RAW POWER* (1973)
Esse foi o primeiro disco do Stooges que ouvi, em 1976, três anos depois de ser lançado. Foi a coisa mais excitante que ouvi, me deu rumo na vida, descobri que havia outros caminhos a serem explorados.

MC5 – *HIGH TIME* (1971)
Esse foi um daqueles discos que eu ouvi quase até furar. Todo sábado de manhã, ao acordar, eu colocava esse disco enquanto me preparava para o rolê. Em plena ditadura, uma banda como o MC5 era inspiradora, tinha postura política, além de uma qualidade sonora absurda. Fred Sonic Smith e Wayne Kramer são os guitarristas mais injustiçados da história do rock.

NEW YORK DOLLS – *NEW YORK DOLLS* (1973)
Era a volta da simplicidade e da energia para o rock'n'roll, sem falar no visual, que era de uma coragem aviltante. Eles foram inspiradores, ninguém ficava parado, e me encorajaram a montar uma banda.

MADE IN BRAZIL – *MADE IN BRAZIL* (1974)
O famoso "disco da banana". O Made era a banda cultuada pela rapaziada de jaquetas pretas de couro, que sempre causavam confusão por onde passavam. Esse disco é um verdadeiro clássico. "Anjo da Guarda" foi a primeira música que toquei na guitarra.

RAMONES – *RAMONES* (1976)
Foi um verdadeiro soco na cara! A energia do Stooges podia ser elevada à potência máxima e com melodias assobiáveis.

THE CLASH – *LONDON CALLING* (1979)
Ouvi esse disco logo que saiu e foi uma decepção, pois eu era apenas um garoto de 16 anos cheio de energia pra queimar e não estava preparado para suas sutilezas. Com o tempo, tornou-se um dos meus discos preferidos.

THE SPECIALS – *THE SPECIALS* (1979)
Ska, reggae, Two Tone, eles são a banda que estava à frente de tudo isso, e até hoje é uma das minhas bandas preferidas. No palco são imbatíveis, energia pura.

THE CRAMPS – *SONGS THE LORD TAUGHT US* (1980)
Foi meu segundo soco no estômago. Nunca imaginei que era possível tocar rockabilly daquele jeito, sem baixo, com duas guitarras e uma delas tocada por uma mina. Eles cunharam o termo psychobilly.

DEAD BOYS – *YOUNG, LOUD AND SNOTTY* (1977)
Foi o primeiro disco importado que eu comprei, em 1978. Ouvir "Sonic Reducer" pela primeira vez foi libertador. Nem é tecnicamente um disco perfeito, mas marcou minha introdução ao punk rock.

INOCENTES – *ADEUS CARNE* (1987)
Sem dúvida é o meu disco preferido do Inocentes. É todo conceitual do início ao fim, o nome é o significado da palavra Carnaval. Tem alguns dos grandes clássicos da banda como "Pátria Amada", "Cidade Chumbo" e "Tambores". É daqueles discos que se descobre uma coisa diferente a cada ouvida.

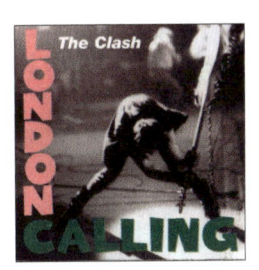

THE CLASH
LONDON CALLING
(1979)

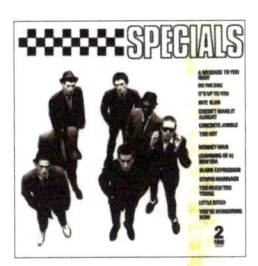

THE SPECIALS
THE SPECIALS
(1979)

THE CRAMPS
SONGS THE LORD TAUGHT US
(1980)

DEAD BOYS
YOUNG, LOUD AND SNOTTY
(1977)

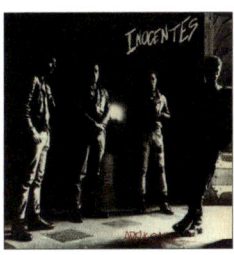

INOCENTES
ADEUS CARNE
(1987)

DANIEL BENEVIDES

Jornalista, já colaborou com inúmeras publicações ao longo de sua carreira. Foi diretor e VJ na MTV Brasil. É vocalista da banda Três Hombres e grande conhecedor de música e cultura pop. Atualmente, Daniel está trabalhando na tradução do livro *Beautiful Losers* (1966), segundo romance de Leonard Cohen. ¶

DISCOTECA BÁSICA

L'ORQUESTRE DES CONCERTS COLONNE/ PIERRE DERVAU
DEBUSSY / LA MER
(1972)

BILLIE HOLIDAY
THE QUINTESSENCIAL BILLIE HOLIDAY VOL 3 (1936-37)
(1988)

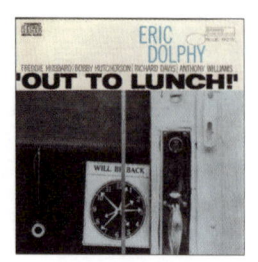

ERIC DOLPHY
OUT TO LUNCH
(1964)

BOB DYLAN
BLONDE ON BLONDE
(1966)

GILBERTO GIL
GILBERTO GIL
(1968)

L'ORQUESTRE DES CONCERTS COLONNE/ PIERRE DERVAUX – *DEBUSSY / LA MER* (1972)
Música sensorial e experimental. Ouço com veneração e espanto, desde pequeno. David Toop afirma que influenciou de Velvet Underground aos eletrônicos. Faz sentido.

BILLIE HOLIDAY – *THE QUINTESSENCIAL BILLIE HOLIDAY VOL 3 (1936-37)* (1988)
Mãe de todos os sonhos, cantava como se a voz fosse mais um instrumento da banda. Com músicos como Lester Young, abria uma clareira de felicidade em meio à selva do sofrimento.

ERIC DOLPHY – *OUT TO LUNCH* (1964)
Tudo nesse disco me atrai: os climas, a genialidade das composições, a diversidade das texturas e ritmos, as surpresas a cada compasso.

BOB DYLAN – *BLONDE ON BLONDE* (1966)
Walt Whitman com gaita e guitarra, Dylan mostrou que o rock pode ter a profundidade da literatura. Basta ouvir "Visions of Johanna" e "Just Like a Woman".

GILBERTO GIL – *GILBERTO GIL* (1968)
Rita Lee e Arnaldo Baptista comovem nos corinhos. Voz e violão de Gil são coisa de gênio, e os arranjos de Duprat juntam baião com Beatles, frevo com Stravinski.

SERGE GAINSBOURG – *HISTOIRE DE MELODY NELSON* (1971)
Disco conceitual, traz a mistura sexy de baixo, guitarra e bateria funk com cordas do romantismo clássico. Por cima, a voz sussurrada de Serge e os gemidos de Jane.

CAETANO VELOSO E CHICO BUARQUE – *CAETANO E CHICO JUNTOS E AO VIVO* (1972)
Chico incorpora a sensualidade de Caetano. Este interpreta músicas do amigo, quebrando a dicotomia entre o rapaz de família, politizado, e o hippie baiano, pop e experimental.

LEONARD COHEN – *NEW SKIN FOR THE OLD CEREMONY* (1974)
Dois anjos trepam no céu. Um cantor é condenado à morte. Fidel Castro e Garcia Lorca convivem em meio aos fantasmas do amor. O melhor Cohen, dividido entre a guerra, a família e o casanovismo.

SHUGGIE OTIS – *INSPIRATION INFORMATION* (1974)
Combinando bateria eletrônica e cordas exuberantes, esse disco faz você mexer os quadris sem perceber. O passado, o presente e o futuro do soul.

FELA KUTI – *ZOMBIE* (1976)
O criador do afrobeat já tinha sido preso e, por isso, quando cruzavam um policial na rua, seus fãs andavam como um morto-vivo. Revolta e celebração no mais alto grau.

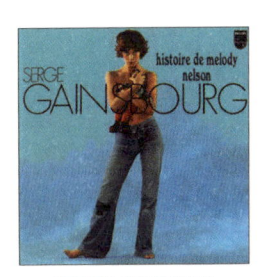

SERGE GAINSBOURG
HISTOIRE DE MELODY NELSON
(1971)

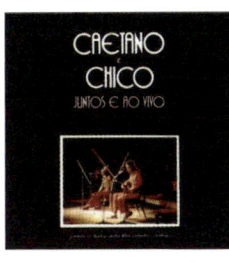

CAETANO VELOSO E CHICO BUARQUE
CAETANO E CHICO JUNTOS E AO VIVO
(1972)

LEONARD COHEN
NEW SKIN FOR THE OLD CEREMONY
(1974)

SHUGGIE OTIS
INSPIRATION INFORMATION
(1974)

FELA KUTI
ZOMBIE
(1976)

DAVID COURT

Profissional de mídia, David é criador de vários formatos de programas de TV. Ele é um dos fundadores do *SupaJam*, um dos principais sites de música da Europa.

ELTON JOHN – *GOODBYE YELLOW BRICK ROAD* **(1973)**
Lembro que meu irmão o comprou em 1973, quando eu tinha cinco anos. Do meu quarto eu o ouvi tocar "Funeral For A Friend" e aquilo foi como um raio me acertando. Toque essa em um aparelho de som decente e você entenderá o que quero dizer. Roubei o disco dele e o ouvi de cabo a rabo por uns quatro meses. Acho que o escutei umas 30 vezes por ano desde então. Não há uma faixa ruim no álbum. Principais faixas: "Funeral For A Friend" e "Roy Rogers" (a preferida para cantar junto com a família).

THE CURE – *DISINTEGRATION* **(1989)**
Nunca houve uma banda como esta antes, nem depois – sobre quantas bandas dá para dizer isso?! Para mim, os anos dourados foram entre 1985 e 1989, quando eles lançaram *The Head On The Door*, *Kiss Me Kiss Me Kiss Me* e este, *Disintegration*. Eu assisti vários shows da turnê do *Disintegration* e, toda vez, a banda começava com a etérea "Plainsong". É um jeito tão ousado de abrir um show e era a primeira faixa do disco. Majestosa e inspiradora, mas também incrivelmente de cortar o coração. Para tocar quando você está se sentindo uma droga e a chuva está caindo.
Principal faixa: "Plainsong".

RADIOHEAD – *OK COMPUTER* **(1997)**
Parece bizarro pensar agora que as pessoas falavam que o Radiohead era uma banda de um sucesso só com "Creep". Eu os vi como banda de abertura do James em Brixton, em 1994, e achei péssimo! Um amigo meu me trouxe The Bends no ano seguinte e fiquei obcecado. Quando eles apresentaram ao mundo o primeiro single de *OK Computer*, "Paranoid Android", foi uma mudança muito ousada e brilhante em relação a tudo o que havia acontecido antes. Seis minutos e meio de duração e parecia ter três músicas diferentes misturadas. Embora não ache que a banda tenha atingido esse auge novamente (*In Rainbows*

ELTON JOHN
GOODBYE YELLOW BRICK ROAD
(1973)

THE CURE
DISINTEGRATION
(1989)

RADIOHEAD
OK COMPUTER
(1997)

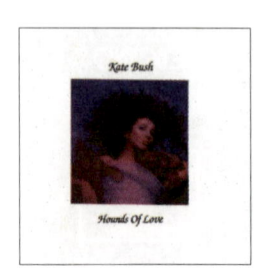

KATE BUSH
HOUNDS OF LOVE
(1985)

PRINCE
SIGN O' THE TIMES
(1987)

chegou perto), ela faz música comercial, desafiadora e cool de um jeito muito consistente.
Principal Faixa: "Paranoid Android".

KATE BUSH – *HOUNDS OF LOVE* (1985)

Ela soa como nenhum outro artista e sua composição é incrível. Este álbum veio depois de *The Dreaming*, que foi um fracasso comercial. Eu me lembro de vê-la no [*programa de TV do*] Wogan cantando o single "Running Up That Hill" e pensar que era a melhor coisa que ela tinha feito. A primeira metade do disco era basicamente de singles e o lado dois ("The Ninth Wave") era uma história de músicas sobre uma mulher entrando em depressão. Eu ouvia "The Ninth Wave" repetidamente no meu walkman e me perdia em sua narração.
Principal Faixa: "Running Up That Hill".

PRINCE – *SIGN O' THE TIMES* (1987)

Este atingiu o ponto mais alto de seu auge comercial e de crítica. Consigo me lembrar de ouvir o single "Sign o' the Times" pela primeira vez e ficar absolutamente espantado – era tão simples, mas tão tremendamente brilhante. Cobria de tudo, da guerra à AIDS. Prince é responsável pelo meu show preferido de todos os tempos (no Festival Hop Farm, em 2011) – três dias depois eu ainda estava extasiado. Na verdade, vi mais shows dele do que de qualquer outro artista – mais de 30 no total. Quando ele tocou 13 datas no Wembley em sua turnê *Lovesexy*, fui a sete delas. Acho que é justo dizer que fui um geek pelo Prince!
Principais faixas: "Sign o' the Times" e "Housequake".

ARCADE FIRE – *FUNERAL* (2004)

Foi meu companheiro quando eu estava rodando um filme no Canadá e fiquei longe de casa por cinco meses. Ele me manteve são e soava muito diferente e novo para a época. Ainda soa. Lembro que a primeira vez que vi um show da banda e ela tocou "Wake Up" foi como uma experiência religiosa.
Principal faixa: "Rebellion (Lies)".

THE BEATLES – *THE BEATLES* (1968)

Este me fez enfrentar a faculdade. Cheguei a ele através da versão de Siouxsie and the Banshees para "Dear Prudence". Soava diferente de tudo o que a banda tinha feito antes, era uma mistura de cool e kitsch. Pensando nele agora, foi a masterclass da banda em composição.
Principal faixa: "Blackbird".

THE NATIONAL – *TROUBLE WILL FIND ME* (2013)

Um álbum que queima lentamente. Suceder *High Violet* era uma tarefa quase impossível e, à primeira ouvida, ele nem chega perto. Só que ouvir várias vezes compensou e, 18 meses depois, acho que ele ultrapassou seu antecessor.
Principais faixas: "Graceless" e "I Should Live In Salt".

MACCABEES – *GIVEN TO THE WILD* (2012)

Provavelmente o único álbum que tenho que não parece fazer sentido até que você o escute do começo ao fim. Se ouvir uma faixa só, ela parecerá perdida. Toque todas juntas e elas formam um laço de música tão forte que não se desfaz. A última faixa, "Grew Up At Midnight", entra no meu top 20 de todos os tempos. Ela me faz sentir nostálgico e eufórico ao mesmo tempo.
Principal faixa: "Grew Up At Midnight".

GRANDADDY – *THE SOPHTWARE SLUMP* (2000)

É visto por alguns como um álbum conceitual sobre a relação de um homem com a tecnologia. Lembro que fiquei boquiaberto com a primeira faixa, "He's Simple, He's Dumb, He's the Pilot" – soava como se tivesse vindo de outro planeta e era a música mais deprimentemente brilhante que tinha ouvido. Tem melodias incríveis e hinos etéreos.
Principal faixa: "He's Simple, He's Dumb, He's The Pilot".

ARCADE FIRE
FUNERAL
(2004)

THE BEATLES
THE BEATLES
(1968)

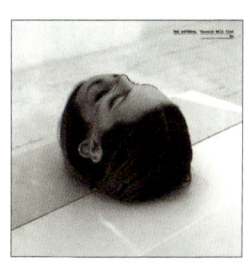

THE NATIONAL
TROUBLE WILL FIND ME
(2013)

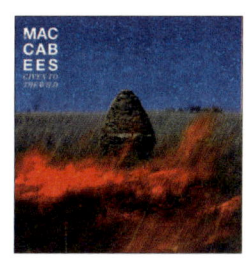

MACCABEES
GIVEN TO THE WILD
(2012)

GRANDADDY
THE SOPHTWARE SLUMP
(2000)

DIDI EFFE

Criador do site *Te Dou um Dado?*, Didi Effe tornou-se VJ da MTV onde apresentou diversos programas. Hoje faz parte do elenco da Rede Globo.

Foda escolher 10, então parti do princípio da importância emocional dos álbuns, mais do que se são os meus preferidos ou não.

FIONA APPLE – *TIDAL* (1996)
Eu devia ter uns 12, 13 anos, e tinha uma coleção de CDs que não era nem um pouco significativa. Era uma coleção qualquer. Um dia cheguei da escola e a nossa casa tinha sido roubada; levaram todos os meus CDs. Eu fiquei arrasado, claro, e o da Fiona foi o primeiro que eu comprei depois do roubo. Lembro que nem tinha esse CD no Brasil e tive que comprar em uma loja de importados. Estava pirando no clipe que passava na MTV e comecei a pirar na Fiona. Até hoje eu gosto. Por muito tempo, pelo menos por alguns meses, esse foi o único CD que eu tinha, então ouvi bastante.

CAETANO VELOSO – *TRANSA* (1972)
Esse é aquele CD que você ouve no último ano do colegial, quando está entrando na faculdade, meio obrigatório pra todo mundo. Redescobri esse álbum no ano passado (2013), quando estava saindo da MTV, bom né? Porque uma hora você tem aquela impressão de que esse disco é coisa de hippie, bicho grilo de faculdade, mas quando perde o preconceito bobo, percebe o quanto esse álbum é bom. Acho que é o melhor do Caetano. Sofisticado, chique, sexy e brasileiro, mesmo tendo sido gravado em Londres.

OS PARALAMAS DO SUCESSO – *SELVAGEM?* (1986)
Trilha sonora da minha infância. Meus pais tinham esse álbum e eu ouvi minha infância inteira indo para o colégio. Eles colocavam

FIONA APPLE
TIDAL
(1996)

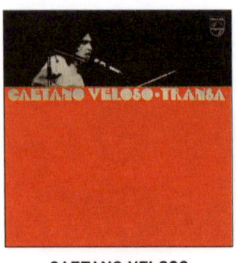

CAETANO VELOSO
TRANSA
(1972)

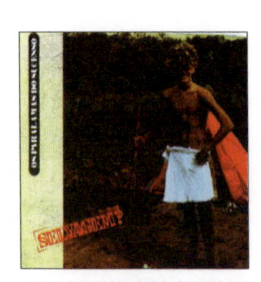

OS PARALAMAS DO SUCESSO
SELVAGEM?
(1986)

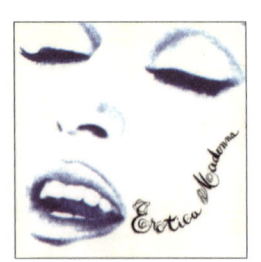

MADONNA
EROTICA
(1992)

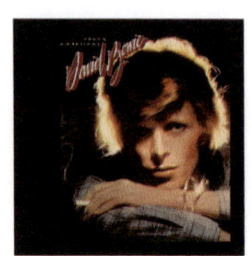

DAVID BOWIE
YOUNG AMERICANS
(1975)

a fita cassete no carro e eu conheço esse disco de cor e salteado. Nós morávamos em Brasília, então mesmo que não ouvisse no carro, ouviria nas rádios.

MADONNA – *EROTICA* (1992)
Esse nem é considerado um dos melhores discos da Madonna. Acho que foi a pior fase de crítica dela, todos a odiavam, achavam que ela era uma piranha que fazia qualquer coisa para se vender, uma gênia do marketing, etc. Mas eu estava na adolescência e sempre gostei de gente que ninguém gosta. Acho esse disco muito bem produzido, um pop caminhando pro jazz, e as letras têm metáforas com sexo. "Rain", por exemplo, pode se referir à porra ou chuva dourada, mas obviamente que quando eu ouvia achava que era uma música romântica. Mas eu gostava da safadeza, do som sujo... acho esse álbum subestimado. Ela nem deve achar isso e nenhum fã deve concordar comigo, mas pra mim esse é o melhor álbum, é o som, o hip hop, jazz, underground de NY.

DAVID BOWIE – *YOUNG AMERICANS* (1975)
Outro álbum que não é considerado o melhor mas para mim é. Não gosto daquela fase Stardust do Bowie, prefiro os álbuns entre a fase alemã e o *Let's Dance*. Esse disco é mais pop, um branco tentando soar black music, mas funcionou.

BLONDIE – *PARALLEL LINES* (1978)
THE PRETENDERS – *PRETENDERS* (1980)
Quando mudei para Nova York, meu namorado daquele tempo tinha esses discos. Era época do Discman e eu ia para o colégio ouvindo isso... ouvi até furar. E esses discos despertaram a minha curiosidade para a cena musical de Nova York, não para a cena disco, mas para as bandas mais rock.

BONDE DO ROLÊ - *WITH LASERS* (2007)
Tenho uma relação muito forte com o Bonde do Rolê, porque morei com eles, entrei na MTV por causa deles. Na época, eles estavam ensaiando para a turnê desse disco, então ouvi muito. E eles têm uma coisa que dividem comigo: a "falastrice", essa obsessão pelo trash, pelo sexual.

LIZ PHAIR – *EXILE IN GUYVILLE* (1993)
Álbum de adolescência. Quando estava crescendo e amadurecendo, *pero no mucho*, ouvi muito. Poucas pessoas ouviam, mas tive a sorte de ter muitos amigos que tinham esse disco e dividiram a obsessão comigo. E ela é outra que fazia umas letras safadinhas e adoro isso. Ela era muito despretensiosa, mas depois virou uma coisa horrorosa, acho que queria ganhar dinheiro e contratou os produtores da Avril Lavigne tentando parecer com ela. Mas esse álbum ainda é muito foda. Continuo ouvindo muito e ainda parece atual.

ERYKAH BADU – *BADUIZM* (1997)
Amo música negra e a Erykah Badu é uma deusa! Teve uma vez que eu a entrevistei para a MTV. Foi a artista com a qual eu tremi nas bases, acho que por conta desse álbum, que era tão perfeito, impecável, e ela não parecia uma pessoa normal, tanto que a entrevista ficou uma bosta, fiquei traumatizado. Mas o álbum é tão bom que nem uma entrevista merda me fez gostar menos dela.

BLONDIE
PARALLEL LINES
(1978)

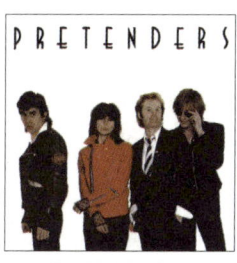

THE PRETENDERS
PRETENDERS
(1980)

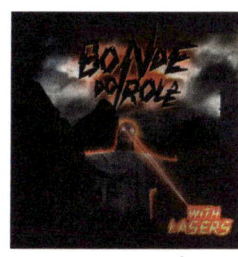

BONDE DO ROLÊ
WITH LASERS
(2007)

LIZ PHAIR
EXILE IN GUYVILLE
(1993)

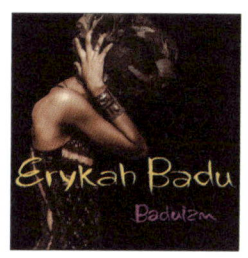

ERYKAH BADU
BADUIZM
(1997)

DIDI WAGNER

Apresentadora do canal Multishow, Didi já foi modelo e VJ da MTV Brasil. Atualmente comanda o programa *Lugar Incomum*, e recentemente lançou a segunda edição do guia *Minha Nova York*.

BRUCE SPRINGSTEEN – *BORN IN THE USA* (1984)
Eu tinha 8 anos quando este disco foi lançado. Só depois de muito (e põe "muito" nisso! #abafa) tempo me dei conta de que "Born in the USA" não era uma ode nacionalista aos EUA, e sim uma crítica contundente do cantor ao seu país de origem. Confusões à parte, esta é apenas uma das obras-primas deste disco, entre tantas outras como "Cover Me", "I'm on Fire" e "Dancing in the Dark". Posso não ter entendido de cara a profundidade de todas as letras, mas quando a música é boa, os ouvidos percebem logo, e o vínculo com o álbum está feito. Só mais uma coisinha... E aquele bumbum do Bruce na capa? OMG!

LAURYN HILL – *THE MISEDUCATION OF LAURYN HILL* (1998)
Sou fã total das figuras femininas no Hip Hop. Até a Lauryn Hill despontar, o gênero já tinha boas representantes – como Queen Latifah e Salt-N-Pepa, só para citar dois exemplos. Mas nunca houve uma mulher como Lauryn Hill – negra, cabelo blackpower (ou rasta), linda de morrer, boa compositora, ótima cantora. Ela já tinha chamado atenção como vocalista do Fugees, mas quando lançou este disco, abalou geral. Excelente do começo ao fim. As músicas são super autorais – entre elas, "To Zion", na qual ela descreve sua emoção ao se descobrir grávida de um menino. Os clipes também são incríveis – amo "Everything is Everything", que transforma Nova York em um disco de vinil com direito a vários scratches pelas ruas da cidade. *The Miseducation of Lauryn Hill* é uma "falta de educação" com as convenções e com o *establishment*. Um marco na história do Hip Hop e na minha vida também.

DAFT PUNK – *RANDOM ACCESS MEMORIES* (2013)
Um dos melhores discos lançados nos últimos tempos. Dá vontade de dançar, dançar e dançar. O mais incrível é como os dois franceses do Daft Punk conseguem fazer música eletrônica ao mesmo tempo "phyna" e super pop. Esse álbum tem várias participações especiais – e essenciais para o sucesso do disco – como Pharrell, Julian Casa-

BRUCE SPRINGSTEEN
BORN IN THE USA
(1984)

LAURYN HILL
THE MISEDUCATION OF LAURYN HILL
(1998)

DAFT PUNK
RANDOM ACCESS MEMORIES
(2013)

MICHAEL JACKSON
THRILLER
(1982)

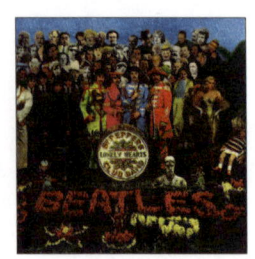

THE BEATLES
SGT. PEPPER'S LONELY HEARTS CLUB BAND
(1967)

blancas e Giorgio Moroder – aliás, a faixa com o "pai da electronic music", na qual ele fala com seu inglês com forte sotaque italiano, é genial. #amo

MICHAEL JACKSON – *THRILLER* (1982)

Até hoje, nenhum álbum vendeu tanto quanto *Thriller*, e isso por si só já é um dado e tanto. Acontece que *Thriller* não é apenas um disco – é um acontecimento cultural, e deflagrou uma comoção mundial, um frenesi generalizado. Todos (eu, inclusive) queriam ser Michael Jackson, cantar, dançar e se vestir como ele. As músicas, produzidas com maestria por Quincy Jones, são excelentes, mas cada faixa ganhou relevância ainda maior por conta de seus videoclipes – todos, sem exceção, antológicos.

THE BEATLES – *SGT. PEPPER'S LONELY HEARTS CLUB BAND* (1967)

Tudo o que sei sobre Beatles eu aprendi com o meu pai, que era fã fervoroso e tinha t-o-d-o-s os discos da banda. Eu passava tardes e tardes ouvindo o meu pai, enquanto ele me contava as curiosidades sobre os discos, as polêmicas envolvendo cada capa, as histórias por trás das músicas. E nada como aprender tudo isso com o LP original do *Sgt. Pepper's* em mãos. Imagine só: eu, bem pequenininha, ouvindo meu pai explicar que "Lucy in the Sky with Diamonds" era na verdade uma alusão ao LSD! Obrigada, pai, por me contar tantas passagens interessantes sobre os Beatles, e me fazer perceber desde cedo que este é, sem dúvida, um dos melhores discos de todos os tempos!

TIM MAIA – *RACIONAL VOL. 1* (1975)

Não consigo entender como uma pessoa se vê tão encantada com uma religião a ponto de gravar um disco inteiro louvando sua fé, e depois fica tão desiludido com tal filosofia que renega seu próprio álbum e impede que ele continue à venda. Mas a loucura de Tim Maia é só um dos traços de sua genialidade, e o que importa mesmo é que a Cultura Racional inspirou Tim Maia a fazer uma obra-prima, um disco cheio de swing e soul, e letras tão *nonsense* que acabam fazendo sentido até para quem não conhece nada da tal seita. Uh, uh, uh, que beleza!

MADONNA – *TRUE BLUE* (1986)

Tinha que ter Madonna nesse Top 10. Primeiro porque sou fã da cantora, e depois porque ela realmente tem uma importância crucial para a história da música pop – que eu amo! Mas fiquei muito em dúvida entre eleger *True Blue* ou *Madonna*, seu álbum de estreia, como o melhor disco da cantora. Escolha difícil. Acabei ficando com *True Blue*, um disco de uma Madonna já estabelecida no cenário musical, mas ainda cheia de vontade de "causar". "Papa don't preach" não me deixa mentir. Disco ótimo, clipes mais incríveis – e polêmicos – ainda. Fórmula que a Madonna criou e usou à exaustão, com os melhores resultados possíveis.

U2 – *THE JOSHUA TREE* (1987)

As três primeiras faixas de *Joshua Tree* valem pelo álbum inteiro. Não que as outras músicas não sejam boas, não é isso. Mas um disco que abre com "Where the streets have no name", "I still haven't found what I'm looking for" e "With or without you" já sedimentou seu lugar na história do rock mundial para sempre, né? Três hinos da minha geração – respectivamente, um mais político, um filosófico, e outro romântico, sexy. E as três faixas com um teor de sofrimento embutido. Ou seja, a síntese da alma da banda, em sua melhor forma.

MILES DAVIS – *KIND OF BLUE* (1959)

Os críticos de música defendem *Kind of Blue* como um dos álbuns mais emblemáticos da história do jazz. Não quero ser "maria-vai-com-as-outras", nem sou entendida de jazz para entrar no mérito de quão inovador foi para a sua época. Só sei que amo, adoro, venero esse álbum do começo ao fim. Um disco gravado em 1959 e que até hoje mantém uma aura tão chique, refinada e com um quê de improviso a cada faixa. Não sei o que pode definir melhor a alma do jazz do que isso.

ARCADE FIRE – *REFLEKTOR* (2013)

Com música, pra mim é assim: nem sempre sei explicar o motivo, não tenho base para analisar tecnicamente, mas meus ouvidos garantem que o som é bom e eu... confio. Simples assim. E foi o que rolou com *Reflektor* – ouvi, me senti instigada, escutei de novo, gostei ainda mais, e de repente senti que estava diante de um disco dos bons – e ainda por cima, duplo! Rock classudo com uma pegada dançante (graças à produção que contou, inclusive, com James Murphy do LCD Soundsystem) e letras bem pensadas. Longa vida ao Arcade Fire!

TIM MAIA
RACIONAL VOL. 1
(1975)

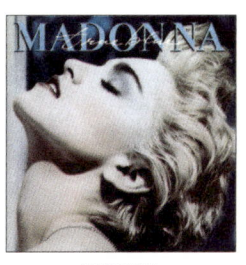

MADONNA
TRUE BLUE
(1986)

U2
THE JOSHUA TREE
(1987)

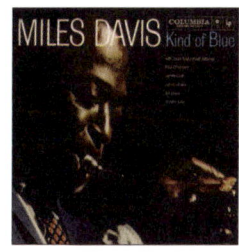

MILES DAVIS
KIND OF BLUE
(1959)

ARCADE FIRE
REFLEKTOR
(2013)

DINHO OURO PRETO

Líder e vocalista da banda Capital Inicial.

BOB DYLAN – *THE FREEWHEELIN' BOB DYLAN* (1963)

Minha primeira lembrança musical é Bob Dylan. Eu devia ter uns 8 anos e ficava na sala ouvindo os discos favoritos da minha mãe, e *Freewheelin'* me emocionava. Ouvíamos muito folk em casa, coisas como Joan Baez, mas nada que me comovesse tanto quanto Dylan. Esse é seu segundo disco, lançado em 63, um ano antes do meu nascimento. Engajado, poético, às vezes simplesmente bizarro, ele foi o primeiro tijolo da minha formação musical.

THE JIMI HENDRIX EXPERIENCE – *LIVE AT WINTERLAND* (1987)

Aos 11 anos comprei meu primeiro disco. O ano era 1975 e a cidade era Brasília. Escolhi, não me lembro mais por que, um disco no qual o Hendrix tocava Cream – talvez porque a loja não tivesse mais o *Axis: Bold as Love*. Eu não tenho mais o disco; procurei, mas nunca mais encontrei. Hoje suspeito que fosse um pirata. Mas achei outras gravações do Hendrix tocando mais ou menos as mesmas canções. Então aqui está, não é o mesmo disco, mas é o mesmo artista tocando o mesmo repertório do primeiro disco que comprei na vida...

LED ZEPPELIN – *PHYSICAL GRAFFITI* (1975)

Led Zeppelin foi uma obsessão por uns bons anos da minha vida. Embora até hoje eu goste muito de quase todos os discos, dos meus 12 aos 16 anos, essa banda era maior do que a vida pra mim. Eu ouvi "Black Dog" tantas vezes que um dia, para meu espanto, minha mãe disse que sabia a letra de cor. Escolho o *Physical Graffiti* por ser uma ótima compilação da riqueza dessa banda. "The Rover", "Kashmir", "Trampled Under Foot"... e isso é só o primeiro disco. Há peso, swing, violões, afinações bizarras e uma pegada sem precedentes na bateria. E como se não bastasse, é um disco duplo.

RAMONES - *IT'S ALIVE* (1979)

Não fui convertido de imediato ao punk rock. Lembro precisamente onde e quando eu ouvi os Pistols pela primeira vez. Eu estava na Europa quando toda essa geração explodiu na mídia. Capas de todas as publicações musicais. Um dia, almoçando com meus pais num bistrô, fui até à jukebox e havia "God Save the Queen" entre as opções. Botei minha moeda na máquina e esperei ansiosamente pra ouvir algo anunciado como explosivamente anárquico e subversivo. Mas não entendi o motivo de tanto estardalhaço. Minhas bandas favoritas continuavam muito melhores. Volto ao Brasil dois anos depois e reencontro o Dado Villa-Lobos e o Pedro Ribeiro, dois amigos de infância. Juntos esbarramos no Aborto Elétrico. Era difícil entender exata-

BOB DYLAN
THE FREEWHEELIN' BOB DYLAN
(1963)

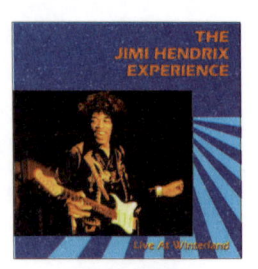

THE JIMI HENDRIX EXPERIENCE
LIVE AT WINTERLAND
(1987)

LED ZEPPELIN
PHYSICAL GRAFFITI
(1975)

RAMONES
IT'S ALIVE
(1979)

THE CURE
BOYS DON'T CRY
(1980)

mente o que eles tocavam (o som era muito ruim), mas começamos a segui-los porque ao menos eram roqueiros como nós. Aos poucos fomos aceitos na turma. Mesmo assim, eu continuava irredutível. Meu amor por Led Zeppelin e AC/DC era incondicional. Curiosamente, a paciência dos punks comigo era ilimitada. Aos poucos, sem que eu desse conta, fui sendo exposto e começando a entender as ideias por trás do "movimento". No final de 1980, no Rio, na companhia dos meus dois grandes amigos (já convertidos), por algum mistério, quase como uma epifania, como se um raio tivesse caído na minha cabeça, não consigo parar de ouvir o It's Alive. Ao voltar pra Brasília eu era outro. Corto o cabelo, jogo fora todos meus discos. Gravo fitas com Clash, Buzzcocks, Slits, Iggy Pop, Gang of Four, X-Ray Spex e Stiff Little Fingers e me torno um fervoroso punk. Viro uma espécie de cristão novo; tão motivado que começo a fazer o fanzine da turma. E toda essa mudança brusca de rumo começa com os Ramones. Gabba Gabba Hey!

THE CURE – *BOYS DON'T CRY* (1980)

Eu estava no estacionamento de um shopping em Brasília quando o André Muller da Plebe Rude chega dizendo que alguém tinha enviado algo revolucionário da Inglaterra. Fiquei estarrecido. Aquilo parecia um divisor de águas. O punk rock era uma ruptura considerável com o que o precedeu, mas muita coisa continuava lá. Guitarras distorcidas, pratos barulhentos e muitas poses. No caso do Cure, não. Tudo era trocado. O modo de se cantar, os efeitos da guitarra, a bateria mais contida. Uma inovação sonora e conceitual, na minha jovem opinião, sem precedentes. Mais uma vez me sinto levado por um furacão. Dessa vez em direção ao gótico. Começo a ouvir Siouxsie and the Banshees e Bauhaus. Eles me pareciam de uma sofisticação à altura de um museu. Ironicamente, mesmo o Cure sendo muito simples, o resto do rock, de uma hora pra outra, começou a me parecer tosco e rudimentar.

NIRVANA – *NEVERMIND* (1991)

No final dos anos 1980, lentamente, pela primeira e única vez na minha vida, vou me afastando do rock. Começo a ouvir jazz e nada do mundo do rock me interessa muito. Ouço Miles, Billie Holiday e Chet Baker. Mas, como se minha vida musical estivesse predestinada a nunca me afastar das minhas origens, um dia vou fazer divulgação na antiga rádio rock de Santo André, a 97. No intervalo da entrevista, alguém me disse que eu precisava ouvir a nova febre vinda de Seattle. E assim ouço "Smells Like Teen Spirit" pela primeira vez. Assim como os Pistols, minha reação não é imediata. Não entendi as implicações do que estava ouvindo e as ramificações que aquele som teria. Indiferente à minha ignorância e falta de sensibilidade, o grunge nos atropelou como um caminhão desgovernado. Era o reencontro com a essência do rock; uma espécie de renascimento. Uma curiosa combinação de opostos: punk e metal. Um tsunami de bandas inunda meus ouvidos. Soundgarden, Mudhoney, Smashing Pumpkins junto com o Nirvana colocaram meus ouvidos de volta nos trilhos.

OASIS - *DEFINITELY MAYBE* (1994)

Eu estava dentro da MTV quando começou a passar o vídeo de "Supersonic". E desta vez minha reação foi de amor instantâneo. Os irmãos Gallagher conseguiam produzir uma música visceral e ao mesmo tempo suave. Uma combinação rara. Um dos melhores discos de estreia de todos os tempos. Irretocável da primeira à última música. Com ele começa mais uma invasão de rock britânico. Blur, Suede, Verve e Radiohead viram o centro das atenções. Sei perfeitamente que o que vou dizer está longe de ser um consenso, mas pra mim, o melhor de toda essa geração é o Noel Gallagher.

MUSE – *ABSOLUTION* (2003)

Quando ouvi falar no Muse, eles já estavam lotando estádios. Para recuperar o tempo perdido, não ouvi outra coisa durante meses. Escolho *Absolution* por ser uma boa síntese do que eles representam. Energia, boas letras e sofisticação. O Muse é, possivelmente junto com o Foo Fighters, uma das últimas bandas a alcançar o status de "superbanda". E pra conseguir entrar nesse pequeno clube é preciso combinar credibilidade, criatividade e apelo popular. Uma equação complicadíssima de resolver.

continua na página 214

NIRVANA
NEVERMIND
(1991)

OASIS
DEFINITELY MAYBE
(1994)

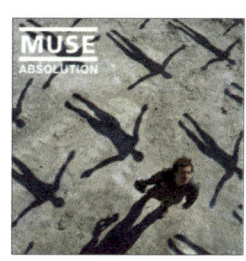

MUSE
ABSOLUTION
(2003)

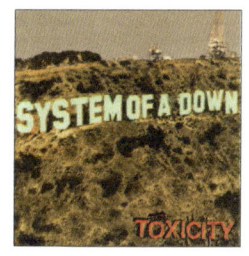

SYSTEM OF A DOWN
TOXICITY
(2001)

JACK WHITE
BLUNDERBUSS
(2012)

DIOGO PORTUGAL

Humorista curitibano, Diogo é um dos pioneiros do stand-up comedy no Brasil. Ele é o fundador do maior festival de humor da América do Sul, o *Risorama*, de Curitiba.

THE BEATLES – *A HARD DAY'S NIGHT* (1964)
Eu ainda era bem garoto, e só conheci o grupo porque meu irmão mais velho já era fã. Quando descobri este disco eles provavelmente já estavam em outra fase, pois na capa deste álbum eles ainda apareciam de cabelo bem curtinho. Eu ficava ouvindo as letras em inglês, dublando e imaginando que na minha frente tinha uma grande plateia, até alguém abrir a porta e me deixar totalmente sem graça!

QUEEN – *THE GAME* (1980)
Foi um presente que ganhei no meu aniversário de 10 anos. Acho que ali peguei gosto pela coisa. O álbum tinha uma capa incrível, prateada, e virei fã eterno da banda, que às vezes misturava ópera rock, às vezes soava meio disco music, e tinha a guitarra de Brian May e a voz inigualável de Freddie Mercury.

KISS – *KILLERS* (1982)
Este também conheci com 10 anos. Fiquei fascinado por aqueles caras com os rostos pintados, um baixo em forma de machado, língua comprida... sonzeira! Curto até hoje o jeitão maluco de Gene Simmons. Ele foi até fritado recentemente no programa Roast e levou super de boa! Fiquei mais fã ainda.

THE ROLLING STONES – *STILL LIFE* (1982)
Este disco foi gravado ao vivo e eu já curtia muito na época. Ter aparelho de vídeo cassete em casa era um luxo para poucos. Fui na casa do meu amigo e ele tinha o mesmo show em VHS! Nunca vou esquecer aquele

THE BEATLES
A HARD DAY'S NIGHT
(1964)

QUEEN
THE GAME
(1980)

KISS
KILLERS
(1982)

THE ROLLING STONES
STILL LIFE
(1982)

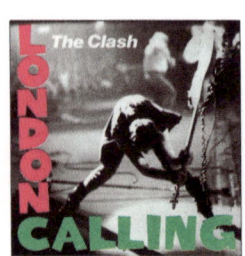

THE CLASH
LONDON CALLING
(1979)

dia. Foi a primeira vez que vi um show dos Stones inteiro, do começo ao fim, e a partir dali virei um fã de carteirinha.

THE CLASH – *LONDON CALLING* (1979)

Era o começo do movimento punk na minha cidade, Curitiba, e nessa época o Clash era a minha maior referência musical. Minhas músicas preferidas eram "Brand New Cadillac" e "London Calling". Mas eu também curtia bandas locais como Beijo AA Força e Os Catalépticos. Existia uma cena muito forte em bares underground, pubs como o Rainha Careca, que era muito tradicional, e o Linos Bar, que era o lugar mais hardcore de todos. A galera sempre cuspia nos músicos de uma banda chamada Paz Armada.

THE SMITHS – *THE QUEEN IS DEAD* (1986)

Sem sombra de dúvida, o melhor álbum do The Smiths. Era 1986, ano em que fui morar nos Estados Unidos como intercambista e levei uma fita cassete deste álbum na mala. Todas as músicas me marcaram muito, especialmente "There is a light that never goes out" com aquela melancolia do Morrissey, aquele jeito maluco de dançar, mas com letras muito profundas, algumas até pesadas, mas sempre com muita poesia.

THE CURE – *BOYS DON'T CRY* (1980)

Até hoje gosto de todas as músicas deste álbum. Acho que não ficaram velhas, nem datadas. Sem falar que eu era louco pelo figurino dark da banda, aquela coisa de sombra nos olhos, gostava muito do estilo de vocal quase chorado do Robert Smith! Nessa época eu tinha uma banda chamada Pele Sintética.

IGGY POP – *BRICK BY BRICK* (1990)

Gosto do dueto com a vocalista do The B-52s, banda que lembra minha adolescência. Uma época em que eu usava cabelo new wave (na verdade um mullet!).

LIVING COLOUR – *VIVID* (1988)

Misturavam rock pesado com funk. O vocalista Corey Glover tinha uma das melhores presenças de palco que já vi e uma voz incrível, e o guitarrista Vernon Reid dava um toque muito especial à banda com suas frases jazzísticas. Eles me chamaram tanto a atenção que cheguei a montar uma banda cover! As letras eram quase sempre sobre temas fortes, como a canção "Funny Vibe", que falava sobre preconceito, e a sensacional "Open Letter (to a Landlord)", sobre valores e simplicidade. E algumas eram apenas canções românticas como "Broken Hearts", pela qual sou apaixonado. Músicas que nunca me enchem o saco, posso ouvir sempre.

THE STYLE COUNCIL – *CAFÉ BLEU* (1984)

Até hoje sou muito fã do cantor Paul Weller, mas considero o Style Council sua melhor fase, em que até a voz parecia ter outro timbre. Algumas músicas, mais calmas, me ajudaram a curtir várias fossas. Eu era fascinado por todas as canções do *Café Bleu*, mas em especial pela música "My Ever Changing Moods". Era uma fase em que eu ouvia bandas como Prefab Sprout e Everything But the Girl, que misturavam melodias suaves e um leve toque de bossa nova. Adoro todas as músicas deste álbum.

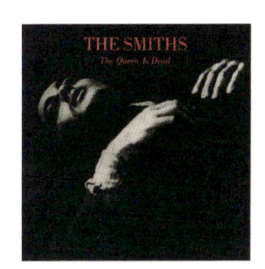

THE SMITHS
THE QUEEN IS DEAD
(1986)

THE CURE
BOYS DON'T CRY
(1980)

IGGY POP
BRICK BY BRICK
(1990)

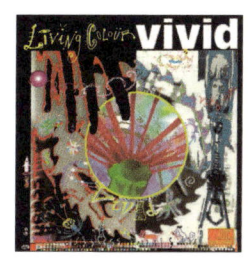

LIVING COLOUR
VIVID
(1988)

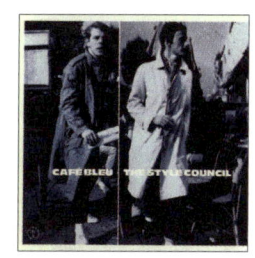

THE STYLE COUNCIL
CAFÉ BLEU
(1984)

DJ MARKY

Considerado um dos melhores DJs do mundo, Marky mistura drum'n'bass com elementos brasileiros. Já se apresentou em alguns dos principais festivais e festas de música eletrônica do planeta. ¶

THE BEATLES – *REVOLVER* (1966)
Revolver é um disco que gosto muito. Meus pais tinham esse álbum. Eu ouvi em um aparelho estéreo e, pela primeira vez, tive a percepção da diferença para o som mono. "Eleanor Rigby" era uma música que eu não entendia. Acho que os Beatles sempre estiveram muito além do seu tempo, eram muito inovadores. Tempos depois fui pesquisar sobre esse disco e percebi o quanto eles eram incríveis. "Tomorrow never knows" e "Taxman" eram minhas faixas prediletas.

MARVIN GAYE – *LET'S GET IT ON* (1973)
Desde pequeno ouvia meu pai tocar esse disco e falar desse cara. *Let's Get It On* foi lançado em 1973, ano em que eu nasci. Uma das faixas que a gente sempre ouvia era "Come Get To This", que tinha um arranjo incrível, que eu não conseguia descrever: não era nem funk nem soul. É uma das faixas mais alegres do disco e uma das que eu mais gosto, junto com "You Sure Love To Ball" e, é claro, "Let's Get It On". Esse disco é muito especial, me lembra muito o meu pai, que faleceu no ano passado [2013].

ZAPP – *ZAPP* (1980)
Esse é outro disco que chama muito a minha atenção. Tem a música "More Bounce To The Ounce". Era 1980 e nessa época tinha uma equipe de som na rua de casa. Se não me engano chamava-se *Starsonic*. Ninguém sabia direito o que era ser um DJ, eles só queriam fazer festas, e tocavam muito funk, músicas do Kurtis Blow, Jimmy Bo Horne, e a música do Zapp, que era uma das que eu mais gostava. Eles tinham vários discos bons, mas apenas um toca discos, por isso não mixavam, era bem engraçado. E eu ficava ouvindo do lado de fora. Minhas irmãs entravam e dançavam, mas eu era proibido por ainda ser criança. Quando tocava "More Bounce To The Ounce", com aquele baixo, eu e meus cinco amigos ficávamos pensando por que não podíamos entrar e ouvir aquela música no gás, naquele volume todo. Depois consegui o disco e ouvi muito na minha casa.

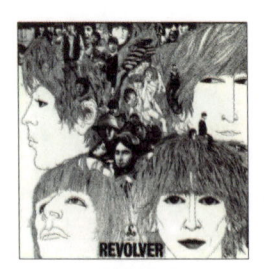

THE BEATLES
REVOLVER
(1966)

MARVIN GAYE
LET'S GET IT ON
(1973)

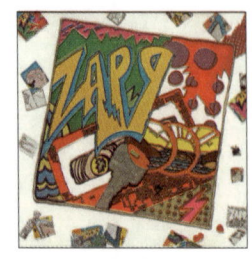

ZAPP
ZAPP
(1980)

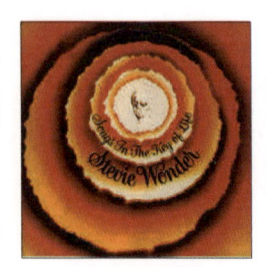

STEVIE WONDER
SONGS IN THE KEY OF LIFE
(1976)

JORGE BEN
FORÇA BRUTA
(1970)

STEVIE WONDER – *SONGS IN THE KEY OF LIFE* (1976)

Na minha opinião, um dos melhores álbuns da história da música. Incrível a maneira como foi feito. Lembro de ficar vendo o encarte, e foi uma das primeiras vezes em que eu comecei a ler em inglês e querer traduzir, e isso com 7 ou 8 anos, na década de 1980. "Pastime Paradise" era uma música que me intrigava: ficava imaginando se era um coral de igreja, a sonoridade era estranha... Só depois soube que Stevie convidou uns devotos de Krishna (que estavam cantando na rua) para gravar essa música. Imagina fazer isso em 1976! A genialidade do cara vai muito além.

JORGE BEN – *FORÇA BRUTA* (1970)

Na minha opinião, o melhor disco do homem. Muita gente discorda, prefere o *A Tábua de Esmeralda*, mas pra mim é o *Força Bruta*, gravado com o Trio Mocotó em 1970, que todo mundo diz que é um disco churrasqueiro, desses que tocam em qualquer churrasco. Além de tudo, lembra a minha infância, as festas de ano novo, meu pai dançando com minha mãe, minhas irmãs, minhas tias. Marcou muito a minha família.

MICHAEL JACKSON – *THRILLER* (1982)

Esse foi outro disco que marcou minha vida. Já conhecia e gostava de "Don't Stop 'Til You Get Enough", mas quando *Thriller* saiu foi uma sensação. Todo menino queria ser Michael Jackson, dançar como ele. E ainda tem um dos duetos mais incríveis do mundo, de Michael com Paul McCartney, na faixa "The Girl Is Mine".

THE POLICE – *GHOST IN THE MACHINE* (1981)

Traz a lembrança da casa em que a gente morava, na Penha. Dormíamos no mesmo quarto, onde havia uma cama de casal, dos meus pais, e um beliche, para as minhas irmãs e eu. Sou o caçula. Nessa época, a gente tinha uma TV preto e branco, e lembro da primeira vez que eu vi o Stewart Copeland tocando bateria, na música "Every Little Thing She Does Is Magic". Naquele momento decidi o que queria para a minha vida: ser músico, tocar bateria. E não toco até hoje! Mas esse é um disco que me inspirou bastante.

SKYY – *SKYYPORT* (1980)

Acho que essa foi uma das primeiras músicas que eu escutei na rádio e perguntei: "Meu Deus do céu, o que é isso? De onde vem essa sonoridade?". Era "Here's To You", uma das minhas faixas prediletas. Lembro que eu já tinha muitos discos e queria esse, mas minha mãe disse que me daria se eu passasse de ano. E eu ganhei o disco! É um álbum muito importante pra mim, sempre que falo das minhas influências toco essa faixa, e não faço festa sem tocar essa música.

MALCOLM MCLAREN – *DUCK ROCK* (1983)

Foi num vídeo tirado deste álbum que eu vi pela primeira vez na vida duas pick-ups Technics, e o cara estava fazendo scratch! Aquilo foi uma piração pra mim, porque aí comecei a pesquisar e decidi: era isso que eu queria fazer! Eu já queria fazer baile, mas não sabia o que era um disc-jóquei, não sabia o que era ser DJ, mas queria ser aquele cara que bota o som nas festas. E daí não teve jeito, corri atrás dos equipamentos e tocava essa música o dia inteiro. A molecada da minha rua amava. Esse disco me lembra meus amigos de infância.

MARCOS VALLE – *MARCOS VALLE* (1970)

Meu pai tinha esse disco, mas ele se perdeu. Demorei muito para achar novamente, e paguei uma fortuna.

Eu poderia citar várias outras bandas, como a Banda Black Rio... mas preferi falar desse álbum. Gostava de como se aproximava do funk e ao mesmo tempo era quase psicodélico, especialmente em faixas como "Ele e Ela" (que ele canta com a irmã e era um pouco mais jazzística) e "Freio Aerodinâmico", a minha predileta. Na época eu não tinha nenhuma noção do que era um freio aerodinâmico. Sabia que tinha a ver com carros, mas não de corrida. E até hoje não sei por que essa faixa tem esse nome. Mas me marcou muito, tenho uma paixão incrível por essa música. Sempre ouço quando estou viajando.

MICHAEL JACKSON
THRILLER
(1982)

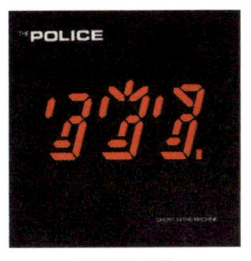

THE POLICE
GHOST IN THE MACHINE
(1981)

SKYY
SKYYPORT
(1980)

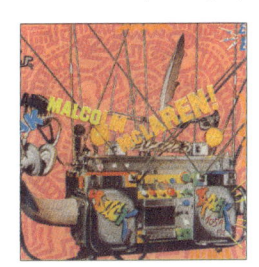

MALCOLM MCLAREN
DUCK ROCK
(1983)

MARCOS VALLE
MARCOS VALLE
(1970)

DON FLEMING

Músico e produtor americano. Don Fleming já tocou nas bandas Gumball, Velvet Monkeys, B.A.L.L. e em projetos ao lado de nomes como Sean Lennon, Dave Grohl, Greg Dulli e Steve Shelley.

THE BEATLES
THE BEATLES
(1968)

THE STOOGES
FUN HOUSE
(1970)

SPIRIT
TWELVE DREAMS OF DR. SARDONICUS
(1970)

BADFINGER
STRAIGHT UP
(1971)

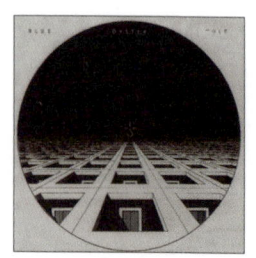

BLUE ÖYSTER CULT
BLUE ÖYSTER CULT
(1972)

Escolher apenas 10 discos é muito difícil, então eu optei por listar alguns dos primeiros álbuns que comprei (à partir dos 12 anos de idade), em geral na mesma semana em que eles foram lançados. Ouvi esses discos sem parar, e continuo gostando muito deles.

TODD RUNDGREN
SOMETHING/ANYTHING?
(1972)

LOU REED
BERLIN
(1973)

SPARKS
KIMONO MY HOUSE
(1974)

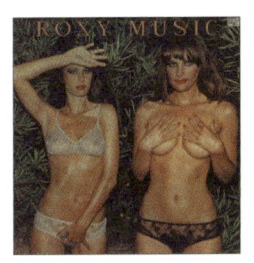

ROXY MUSIC
COUNTRY LIFE
(1974)

DAVID BOWIE
LOW
(1977)

DORA LONGO BAHIA

Artista plástica paulistana, já participou de importantes exposições no Brasil e no exterior. Dora dá aula na FAAP e é ilustradora da Folha de São Paulo. Foi baixista da banda Disk-Putas nos anos 1990 e participou de diversos outros projetos musicais, como Vera Fischer, Os Macaco e Maradonna. Atualmente toca na banda Cão. ¶

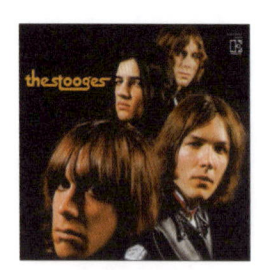

THE STOOGES
THE STOOGES
(1969)

SUB
(1983)

THE VELVET UNDERGROUND
FULLY LOADED
(1997)

CICCONE YOUTH
THE WHITEY ALBUM
(1988)

SONIC YOUTH
GOO
(1990)

THE STOOGES – *THE STOOGES* (1969)
Sou fã do Iggy e acho "I Wanna Be Your Dog" uma das melhores músicas de amor já feitas.

SUB (1983)
Foi meu primeiro disco com bandas que eu já tinha visto tocando ao vivo. Minha banda Cão faz uma versão compacta de "Buracos Suburbanos", do extinto Psykóze.

THE VELVET UNDERGROUND – *FULLY LOADED* (1997)
Acho tudo do Velvet incrível. Foi difícil escolher apenas um álbum. Escolhi o CD duplo lançado em 1997 que tem *Loaded* (1970) e um disco extra (*Alternate Album*) com versões alternativas e demos curiosas.

CICCONE YOUTH – *THE WHITEY ALBUM* (1988)
Gosto do trânsito entre o erudito e o pop que os participantes do Sonic junto com Mike Watt fazem. O álbum tocou tanto na minha "vitrolinha" que quase furou.

SONIC YOUTH – *GOO* (1990)
Goo foi meu primeiro K-7 do Sonic, e me fez tocar baixo e descolorir o cabelo. Quando finalmente comprei o disco, vi que a capa era do artista Raymond Pettibon, de cujo trabalho sou fã.

NAKED CITY – *GRAND GUIGNOL* (1992)
Tenho inveja do Naked City, da série inspiradora de miniaturas hardcore com o vocal de Yamatsuka Eye. É o som que eu queria ter feito.

LE TIGRE – *LE TIGRE* (1999)
O disco foi lançado na época em que eu resolvi (finalmente) ter aula de baixo e eu costumava tocar todas as músicas como exercício.

LOVAGE – *MUSIC TO MAKE LOVE TO YOUR OLD LADY BY* (2001)
Adoro tudo que o Mike Patton faz: Fantômas, Mr. Bungle, Mondo Cane, Faith No More etc. Ele consegue interpretar tipos de som diferentes sempre com um quê de crooner-punk-sexy-malvado-debochado.

TEST – *CARNE HUMANA* (2011)
Assisti a um show-blitz deles recentemente (e por acaso). Gostei tanto que comprei o disco, um vinil 7" com uma capa linda feita por Daniel Cacciatore AKA Danielone.

LEPTOSPIROSE – *TATUAGEM DE COQUEIRO* (2014)
É o último vinil que eu adquiri. O Leptos é uma das minhas bandas preferidas. Além disso, a primeira tatuagem que eu fiz em alguém foi uma tatuagem de coqueiro.

NAKED CITY
GRAND GUIGNOL
(1992)

LE TIGRE
LE TIGRE
(1999)

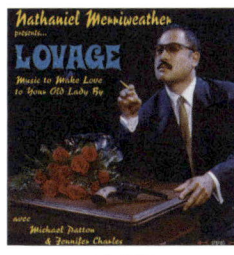

LOVAGE
MUSIC TO MAKE LOVE TO YOUR OLD LADY BY
(2001)

TEST
CARNE HUMANA
(2011)

LEPTOSPIROSE
TATUAGEM DE COQUEIRO
(2014)

DUDU BERTHOLINI

Estilista, Dudu trabalhou com marcas consagradas e criou a grife Neon, ao lado da modelista Rita Comparato. Foi jurado do programa *Brazil's Next Top Model*, e fez uma participação na série *Alice*, da HBO.

PEARL JAM – *TEN* (1991)
Forte do começo ao fim. Um rock complexo, traduzido nas inconfundíveis melodias de canções como "Even Flow" e "Black". Eddie Vedder é um poeta, um dos homens mais interessantes da história da música – são dele as letras tristes e viscerais, que escancaram temas como depressão, abuso e abandono. Basta ouvir "Jeremy" ou "Alive". Ten é o álbum de estreia do grupo e um ícone Grunge, um dos últimos movimentos autênticos do rock. Impressionante como estes meninos oversized, de camisa xadrez e cabelos longos divididos ao meio (reverenciando o look Dogtown), tenham influenciado tribos tão diversas – até mesmo todos os desfiles da Temporada Internacional de Moda de 1992.

ALANIS MORISSETTE – *JAGGED LITTLE PILL* (1995)
Alanis é a melhor tradução da força feminina e da indignação da geração 90. Sua angústia raivosa era autêntica e estava presente em cada letra desse disco, uma espécie de terapia para exorcizar traumas afetivos que havia sofrido. E foi essa verdade que conquistou o mundo. Seu jeito "disléxico" de agir e cantar, seus cabelos displicentes até a cintura, e as letras impressionantes, como as de "You Oughta Know", "All I Really Want" e "Not the Doctor", marcaram uma geração.

SECOS & MOLHADOS – *SECOS & MOLHADOS* (1973)
Um marco na MPB. Grandes sucessos como "Sangue Latino", "O Vira" e "Rosa de Hiroshima" misturavam tradições brasileiras, folclore português e psicodelia. A capa é icônica, com a cabeça dos integrantes servidas em bandejas na mesa de jantar. Ney Matogrosso e seus companheiros romperam o binarismo de gêneros, eram seres fantásticos que transgrediam a definição de masculino e feminino. Uma atitude política a favor da liberdade de expressão, importantíssima em tempos de ditadura militar.

GUNS N' ROSES – *APPETITE FOR DESTRUCTION* (1987)
O primeiro álbum de estúdio do Guns traz o grupo em sua maior força e originalidade. Rock barulhento, pesado, mas muito melódico, repleto de hits. Como esquecer "Paradise City", "Welcome to the Jungle", "You're Crazy" ou "Sweet

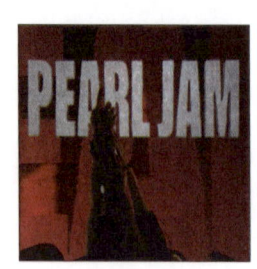

PEARL JAM
TEN
(1991)

ALANIS MORISSETTE
JAGGED LITTLE PILL
(1995)

SECOS & MOLHADOS
SECOS & MOLHADOS
(1973)

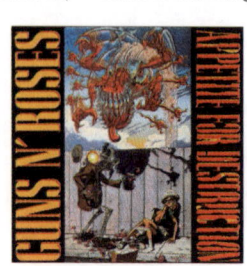

GUNS N' ROSES
APPETITE FOR DESTRUCTION
(1987)

STEVIE NICKS
BELLA DONNA
(1981)

Child o' Mine"? E como esquecer Axl rebolando de bermuda de lycra estampada com a bandeira dos EUA, uma das imagens mais sexy da história do rock? Ambas as capas são geniais! Primeiro foi a ilustração de Robert Williams: um robô estuprador prestes a ser aniquilado por uma máquina vingadora alienígena. Diante da rejeição dos distribuidores, uma nova versão foi criada: a famosa cruz com cada integrante em uma das pontas (inicialmente era um desenho de tattoo). Pure rock and roll drama!!!

STEVIE NICKS – *BELLA DONNA* (1981)

Nem tanto pelas músicas, mais pelo que o álbum representa. É o disco de estreia de Stevie Nicks – uma eterna inspiração para mim – pós-Fleetwood Mac. Uma das minhas capas de disco preferidas, e acredito que as capas desempenham um papel fundamental em nossa relação afetiva com eles. Stevie toda de branco, com uma ave na mão, ao lado de seu pandeiro, rosas e uma bola de cristal – a síntese do look "The White Witch", respeitoso apelido dado por seus fãs.

U2 – *ACHTUNG BABY* (1991)

Para mim, o melhor disco do U2 – e um dos mais emblemáticos dos anos 1990. Sempre politizados, os irlandeses do U2 começaram a gravar o disco em Berlim em 1990, em plena reunificação da Alemanha; o muro começara a ser derrubado no final de 1989. Um pop inteligente que marcou o início da minha adolescência. Meu irmão era fã número 1, e ouvíamos o disco juntos todos os dias. Foi direto para o topo da Billboard americana, com faixas como "One" e "Even Better Than the Real Thing". Adoro a batida multiétnica (e também o clipe) de "Mysterious Ways", minha favorita do álbum.

MADONNA – *LIKE A PRAYER* (1989)

Madonna em seu melhor momento. Sua atitude feminista/feminina dava poder às mulheres, evidente em canções como "Express Yourself". Mas também me libertaram, pois aos 10 anos já via em Madonna uma mensagem de força pessoal e autenticidade. A linguagem do videoclipe estava em plena ebulição, e ela foi pioneira em clipes como "Like a Prayer", que lhe rendeu uma quebra de contrato com a Pepsi por seu conteúdo religioso/erótico. Logo depois, Madonna encena o álbum na turnê mundial Blonde Ambition, para mim o melhor show pop da história, com figurinos lendários de Jean-Paul Gaultier.

FAITH NO MORE – *THE REAL THING* (1989)

Uma das bandas mais autênticas já vistas. Esse álbum marca a estreia de Mike Patton no grupo, e traz uma mistura escandalosa de ritmos – algo como funk metal ou rap rock – que conquistou o mundo com faixas como "From Out of Nowhere". O clipe de "Epic", lançado em 1990 e repetido incansavelmente pela MTV, marcou aquela década. A ironia agressiva e perturbada de Patton é sempre autêntica, genial, nunca óbvia. "Droplets of yes and no / In an ocean of maybe", verso da genial "Falling to Pieces", é um dos melhores já escritos sobre confusão emocional. Quem nunca se sentiu assim?!

JANIS JOPLIN – *PEARL* (1971)

A primeira peça que fiz para mim mesmo foi uma calça de veludo roxa idêntica à de Janis na capa deste disco. Uma das intérpretes femininas mais autênticas do século XX, ela nunca cantou uma canção duas vezes da mesma forma, sempre deixando sua emoção "bluzzy rocker" prevalecer. *Pearl* foi lançado três meses após sua trágica morte, aos 27 anos, e traz hits inesquecíveis como "Cry Baby", "Move Over" e "Mercedes Benz". "I'd trade all of my tomorrows for one single yesterday / To be holding Bobby's body next to mine". Esse verso de "Me and Bobby McGee" – minha "folk song" preferida de todos os tempos – é o mais lindo já cantado sobre saudades.

AMY WINEHOUSE – *BACK TO BLACK* (2006)

Separadas por mais de quatro décadas (e por muitas mudanças históricas), Amy e Janis Joplin têm muito em comum: talento inegável, personalidades brilhantes e autodestrutivas, carreiras breves e geniais. Ambas também são parte do clube dos 27, cujos membros são vários gênios do rock que morreram com a mesma idade. Poucas vezes um disco tão autoral foi também tão comercial. Uma música que parte de um instinto feminino autêntico, mas pode ser compreendida (e consumida) por pessoas do mundo todo. *Back to Black* é sensacional. O som é jazzy-soul-r&b, as referências 50's e 60's são explícitas, mas as letras e a atitude são contemporâneas. "Rehab", o grande hit que a tornou famosa no mundo todo (e também a consumiu até o fim de seus dias), é a prova disso.

U2
ACHTUNG BABY
(1991)

MADONNA
LIKE A PRAYER
(1989)

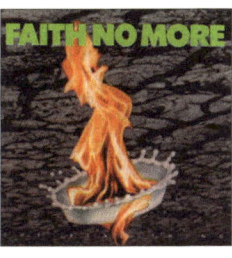

FAITH NO MORE
THE REAL THING
(1989)

JANIS JOPLIN
PEARL
(1971)

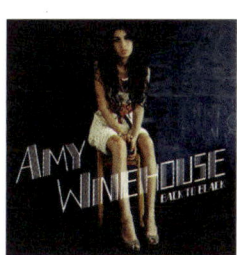

AMY WINEHOUSE
BACK TO BLACK
(2006)

EDGARD PICCOLI

Ex-VJ da MTV, foi apresentador de inúmeros programas nos canais Multishow e Bandeirantes. Com grande experiência em rádio, Edgard já trabalhou na 89 FM de São Paulo e atualmente faz parte da equipe da rádio Jovem Pan.

Quando me convidam a estabelecer listas, independentemente do tipo, gênero e conteúdo abordado, procuro encontrar um critério para nortear a escolha. Aqui não vai ser diferente, logo, aviso que o que segue está relacionado com o lado afetivo da memória. Pra lançar minha lanterna com mais precisão nas minhas lembranças, decidi explorar o espaço dedicado às mulheres que, por algum motivo — mesmo que indecifrável —, tenham atraído a minha atenção em algum momento da vida.

A primeira voz feminina a me atrair de maneira inebriante foi a de Gal Costa, precisamente na enigmática canção "Não Identificado", de Caetano Veloso, que abre seu primeiro disco solo (*Gal Costa*), lançado no sopro de 1969. Os arranjos do mentor sonoro tropicalista Rogério Duprat causavam uma sensação dúbia em sua introdução, algo entre a tensão e a curiosidade. Mas, para o alívio desta então criança de uns 10 anos de idade, o medo causado pelos ruídos e efeitos da introdução logo se dissipava ao som do órgão, das cordas e da voz de Gal.

Coincidentemente ou não, nesta cronologia particular, parte da trupe na segunda escolha é a mesma, mais uma vez Caetano é o dono

GAL COSTA
GAL COSTA
(1969)

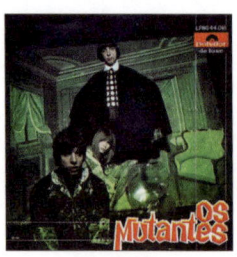

OS MUTANTES
OS MUTANTES
(1968)

UPA NEGUINHO
ELIS REGINA
(1968)

PATTI SMITH
EASTER
(1978)

BILLIE HOLIDAY
DAY IN, DAY OUT
(2003)

da composição e Duprat o arranjador. Achei graça no modo caricato-debochado de Rita Lee entoar com sotaque paulistano "Baby", em *Os Mutantes* de 1968, minha porta de entrada no experimentalismo psicodélico-tropicalista que na época não tinha a menor ideia da importância que tomaria na história.

Desta época, ainda criança, me vem uma memória muito forte de minha mãe cantando "Upa Neguinho" de Edu Lobo e Gianfrancesco Guarnieri, enquanto me preparava pra ir a escola. Gravada por Elis Regina em um compacto simples em 1968, essa música foi responsável pela apresentação de Elis a Europa na passagem da cantora por Cannes.

Sempre me chamou a atenção por sua força, ativismo e talento artístico a cantora Patti Smith, algo que vem dos meus tempos de rádio e do contato mais aproximado com o rock. Toquei muito "Because The Night", uma música dela e do Bruce Springsteen, que está no álbum *Easter*, de 1978.

Billie Holiday, sempre a achei linda e seu canto me encanta. Caminhava de volta pro hotel onde estava hospedado em Los Angeles, depois de gravar uma entrevista para a MTV. Estava melancólico sem razão específica e me lembrei de uma coletânea que acabara de comprar na tarde daquele dia, chamada *Day In Day Out*. Entre um shot e outro de Bourbon, "God Bless The Child" me transportou do bar do lobby para um clube de jazz da década de 1940. Tudo fruto da minha fértil imaginação, obviamente.

Outra gota psicodélica além dos Mutantes nesta sequência de lembranças é uma compilação de sons da banda de São Francisco – The Great Society – que trazia a sua frente uma garota espetacular chamada Grace Slick. *Born To Be Burned* (uma coletânea de gravações dos anos 1960) inclui "Someone To Love", que se transformaria no maior hit do Jefferson Airplane com pequena alteração no nome para "Somebody To Love".

Três décadas depois do verão do amor, ainda situando a história da minha particular lista na Bay Area de São Francisco, fui a convite de um amigo americano até a Universidade da Califórnia, em Berkeley, para o show de uma cantora chamada Ani DiFranco. O ano era 1997, e a apresentação baseada em seu disco *Not A Pretty Girl* me deixou completamente arrebatado. O que vi e ouvi naquela hora e meia, me fez querer pertencer àquilo com todas as minhas forças. Buffalo, cidade de Ani, faz fronteira com o Canadá, terra de Joni Mitchell. Meu primeiro contato com a obra dela de maneira mais completa se deu ao produzir, para a Rádio 89FM de São Paulo, um especial a homenageando em meu programa Happening. Escolher apenas um álbum seria impossível, pelo que essa artista representa para mim; dois álbuns, portanto, deixa a tarefa apenas muito difícil. À eles.

De 1971, *Blue*, sua obra-prima, a mais intensa expressão de sentimentos em forma de músicas a que tive contato em toda minha vida; e *The Hissing Of Summer Lawns*, de 1975, por seus voos experimentais com elementos de jazz, que seguiriam em todos seus outros trabalhos da década de 1970.

Pure Heroine, da Lorde, me faz pensar em uma lógica que a justifique aqui. Desisto ao perceber o óbvio. A emoção não carece desse atributo.

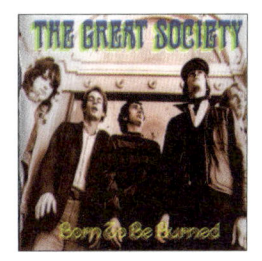

THE GREAT SOCIETY
BORN TO BE BURNED
(1995)

ANI DIFRANCO
NOT A PRETTY GIRL
(1995)

JONI MITCHELL
BLUE
(1971)

JONI MITCHELL
THE HISSING OF SUMMER LAWNS
(1975)

LORDE
PURE HEROINE
(2013)

EDGARD SCANDURRA

Um dos maiores guitarristas do Brasil, Edgard é a figura central da banda Ira!. Sua trajetória inclui colaborações com grandes nomes da música brasileira e também diversos discos solos, com destaque para o projeto Benzina, com experimentações eletrônicas.

MILTON NASCIMENTO
GERAES
(1976)

LED ZEPPELIN
LED ZEPPELIN
(1969)

THE WHO
QUADROPHENIA
(1973)

THE JIMI HENDRIX EXPERIENCE
ARE YOU EXPERIENCED
(1967)

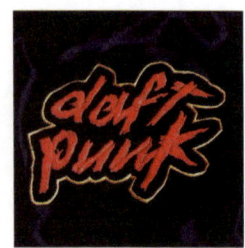

DAFT PUNK
HOMEWORK
(1997)

MILTON NASCIMENTO – *GERAES* (1976)
Disco de sonoridade única, flertando com os ritmos do folclore mineiro, música sacra e o rock progressivo.

LED ZEPPELIN – *LED ZEPPELIN* (1969)
Uma paulada na orelha, mostrando pela primeira vez o quarteto mais incrível do rock.

THE WHO – *QUADROPHENIA* (1973)
Na minha opinião, uma obra-prima de Pete Townshend, que me revelou o que eu sempre senti: um forte espírito mod.

THE JIMI HENDRIX EXPERIENCE – *ARE YOU EXPERIENCED* (1967)
Existiam bons guitarristas (e até alguns excelentes) antes de Jimi Hendrix, mas com sua presença no rock, a guitarra ganhou status de principal instrumento da música pop dos últimos 50 anos.

DAFT PUNK – *HOMEWORK* (1997)
Assim como todos os outros álbuns do Daft Punk, revolucionou a música eletrônica e o pop, com extremo bom gosto e tecnologia.

THE CLASH – *SANDINISTA!* (1980)
Uma banda punk que lança um disco triplo onde tudo acontece, reggae, rock, jazz, poesia, experimentos, deixando pra trás as caras feias e os alfinetes na bochecha.

SEX PISTOLS – *NEVER MIND THE BOLLOCKS, HERE'S THE SEX PISTOLS* (1977)
A grande ruptura entre o rock progressivo e exibicionista, trocado pela pegada e pela ironia. Mudou minha maneira de tocar.

THE BEATLES – *REVOLVER* (1966)
Algo acontecia com os rapazes de Liverpool, tirando o bom-mocismo e entrando na psicodelia e na influência da música oriental, que nunca mais deixaram o pop mundial.

APHRODITE'S CHILD – *666* (1972)
Disco desconhecido para muitos, mostra o poderoso vocal de Demis Roussos e a genialidade de Vangelis, gregos que ficaram por muito tempo no topo das paradas, mas não se contentaram com baladas românticas e partiram para uma leitura corajosa do Apocalipse de João.

BEE GEES – *IDEA* (1968)
Na minha infância, era o meu disco de cabeceira. Mostro para amigos que juram ser Beatles, mas não: Bee Gees experimental, roqueiro e extremamente afinado!

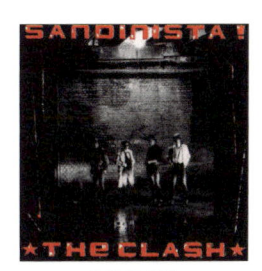

THE CLASH
SANDINISTA!
(1980)

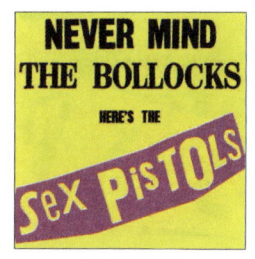

SEX PISTOLS
NEVER MIND THE BOLLOCKS, HERE'S THE SEX PISTOLS
(1977)

THE BEATLES
REVOLVER
(1966)

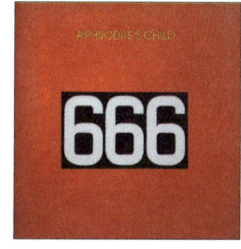

APHRODITE'S CHILD
666
(1972)

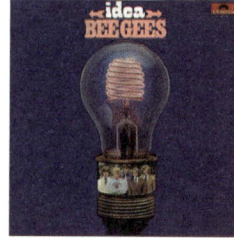

BEE GEES
IDEA
(1968)

ESMIR FILHO

Cineasta, ganhou o prêmio de melhor longa-metragem do Festival do Rio de 2009 com seu filme *Os Famosos e os Duendes da Morte*. É coautor do web hit *Tapa na Pantera*, que teve mais de 10 milhões de acessos no YouTube. Em 2012, foi condecorado com o prêmio de cinema da Academia Brasileira de Letras.

DAVID BOWIE
SPACE ODDITY
(1969)

BOB DYLAN
BRINGING IT ALL BACK HOME
(1965)

CAETANO VELOSO
ARAÇÁ AZUL
(1973)

GAL COSTA
GAL COSTA
(1969)

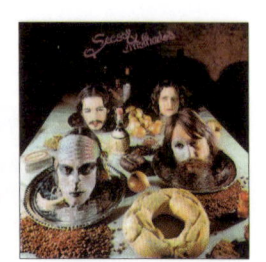

SECOS & MOLHADOS
SECOS & MOLHADOS
(1973)

DAVID BOWIE – *SPACE ODDITY* (1969)

Primeiro vinil que eu comprei em Portugal depois do *revival* das vitrolas. Isso foi em 2006. Comprei antes mesmo de ter uma vitrola. É a fase do Bowie com a qual mais me identifico, um belo diálogo da juventude com o espaço sideral. "Space Oddity" é pra cantar gritando na janela! E eu o faço!

BOB DYLAN – *BRINGING IT ALL BACK HOME* (1965)

Conheci Bob Dylan a fundo durante o processo do meu longa-metragem *Os Famosos e os Duendes da Morte* (lançado no Brasil em 2010 pela Warner Bros.). Nele, o garoto principal de 16 anos sonha em encontrar alguém que possa cantar uma música e levá-lo para longe. "Mr. Tambourine Man" é o *nickname* do personagem do filme. Esse disco me abriu para o fabuloso mundo de Bob Dylan – gosto de todos os discos, todas as fases!

CAETANO VELOSO – *ARAÇÁ AZUL* (1973)

Fiquei impressionado logo de cara com a experimentação do disco. Depois descobri, no livro do próprio Caetano (*Verdade Tropical*), que ele gravou de uma vez só no estúdio. E que várias pessoas – na época em que foi lançado – devolveram o disco por não terem gostado. Gostei ainda mais!

GAL COSTA – *GAL COSTA* (1969)

Quando morei em Berlim, esse disco não saía da vitrola. Era de uma amiga. Combinava com neve! Acabei ficando com o disco, em troca de outro que já não me lembro mais... "Como um objeto não identificado".

SECOS & MOLHADOS – *SECOS & MOLHADOS* (1973)

Um transe. Apenas. "Primavera nos dentes"!

BRIGHT EYES – *LIFTED OR THE STORY IS IN THE SOIL, KEEP YOUR EAR TO THE GROUND* (2002)

Um livro-disco. Com forte referência em Daniel Johnston, o Bright Eyes narra nesse álbum lindas histórias em forma de músicas, que seguem um discurso até o final do lado B. O melhor é colocar o disco pra tocar, abrir o *folder* com as letras das músicas e afundar no abismo. "I want a lover I don't have to love".

JONI MITCHELL – *BLUE* (1971)

Lembro que a primeira vez que vi Joni Mitchell foi no YouTube, tocando sua harpa feito uma louca. Aquilo me encantou. Comprei o álbum em Williamsburg, NY. Junto com uma vitrola portátil. Eu ficava escutando o vinil no topo do prédio onde estava hospedado, perto da Wall Street. "California, I'm coming home" – e eu só pensava que estava na cidade errada!

MARIA BETHÂNIA – *DRAMA* (1972)

Gosto de drama, sou dramático e só Maria Bethânia sofre como eu! haha. Tem uma música desse disco que se chama "Iansã". Quando eu a ouvi pela primeira vez numa pista de dança, quase baixou a "Rainha dos Raios"! Se é que não baixou...

DON MCLEAN – *AMERICAN PIE* (1971)

Esse disco me seguiu por anos, por conta do espetáculo que dirigi, "Kollwitzstrasse 52", uma peça multimídia que ficou em cartaz no MIS em 2012. A história girava em torno de um trio que queria ter um filho dos três e o nome seria "Vincent" – como a música desse disco do Don McLean. O filho nunca nasceu. "This world was never meant for one as beautiful as you."

MARINA LIMA – *MARINA LIMA* (1991)

É o vinil do momento. Escuto o dia inteiro enquanto escrevo meu próximo longa: Baleia [*Verlust*]. "Espero acontecimentos..."

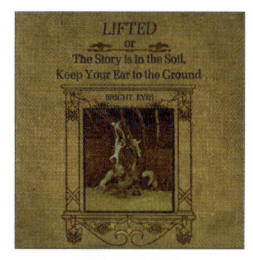

BRIGHT EYES
LIFTED OR THE STORY IS IN THE SOIL, KEEP YOUR EAR TO THE GROUND
(2002)

JONI MITCHELL
BLUE
(1971)

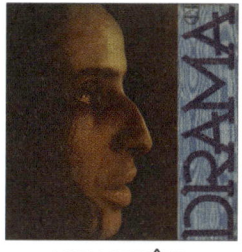

MARIA BETHÂNIA
DRAMA
(1972)

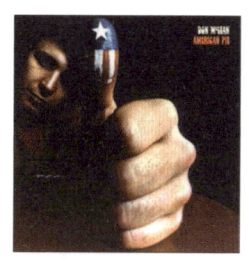

DON MCLEAN
AMERICAN PIE
(1971)

MARINA LIMA
MARINA LIMA
(1991)

FELIPE HIRSCH

Diretor de teatro, cinema e TV, Felipe assinou espetáculos importantes como *Avenida Dropsie*, *A vida é cheia de som e fúria* e *Viver sem tempos mortos*. Também dirigiu a minissérie *A menina sem qualidades*, exibida na MTV, e o filme *Insolação* (em parceria com Daniela Thomas), selecionado para o festival de Veneza.

ELIS REGINA E TOM JOBIM – *ELIS & TOM* (1974)
A primeira onda aconteceu brincando próximo aos pés do meu pai, ouvindo repetidamente suas coletâneas de Bossa Nova. Nesses dias passados nos tacos de madeira dos apartamentos do Rio de Janeiro, com cheiro de uísque e cachimbo no ar, lembro da voz de João Gilberto cantando "Vivendo dessa maneira, continuar é besteira, não adianta não (não, não), o que passou é poeira, chega de asneira, que eu não sou limão". Essa música, salvo falha lamentável, é de Haroldo Barbosa e Lucio Alves. Minha iniciação em Tom Jobim dominou o primeiro período da minha vida.

Lembro do rádio anunciando a morte de Elvis Presley, e lembro de ouvir em seguida o lado B de *Amoroso*: Faixa 1 "Wave", Faixa 2 "Caminhos Cruzados", Faixa 3 "Triste", Faixa 4 "Zíngaro". Todas de Tom Jobim, algumas com parceiros como Newton Mendonça. Na noite de sua morte, a Rede Bandeirantes passou, por completo, aquele especial sobre a gravação do disco *Elis & Tom* em Los Angeles. Um documentário de 1974 com imagens e cor inigualáveis, filmado, eu penso, em 16mm, e inexplicavelmente raro até os nossos dias. Nas bancas de jornal, no dia seguinte, uma matéria da Revista Veja, com a foto mais bonita de Tom, acho que aquela desembarcando de um avião e andando pela pista, com o título "Triste é viver sem Tom".

BOB DYLAN – *BLOOD ON THE TRACKS* (1975)
Arrependimentos, pedidos de perdão e acusações. Um documento confessional perturbador. Gravou o disco duas vezes. Um primeiro mais melancólico. Um outro mais agressivo. Esse último é o oficial. Procure também *Blood On The Tracks Bootlegs*. Ou ouça as três faixas da primeira gravação lançadas oficialmente na *Bootleg Series 1-3*. É interessante saber que, apesar de ser re-

ELIS REGINA E TOM JOBIM
ELIS & TOM
(1974)

BOB DYLAN
BLOOD ON THE TRACKS
(1975)

DAVID BOWIE
LOW
(1977)

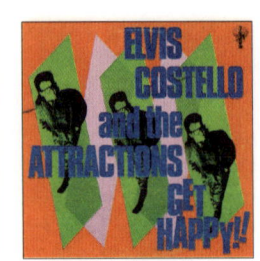

ELVIS COSTELLO
GET HAPPY!!
(1980)

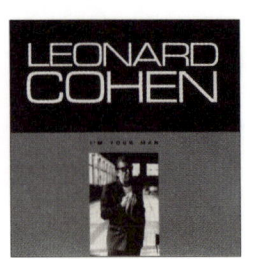

LEONARD COHEN
I'M YOUR MAN
(1988)

conhecido como o disco da separação com Sara, Bob Dylan afirma, nas suas *Crônicas Volume 1*, ter se inspirado nos contos de Tchekhov para criar essas canções.

DAVID BOWIE – *LOW* (1977)

Brian Eno é o homem da trilogia de Berlim de David Bowie. Ele é um *landscaper*. Ou seja, Phil Spector construía paredes de som e Eno, horizontes, paisagens. "Be My Wife" é minha preferida. Recentemente conheci "pessoalmente" o sintetizador, símbolo dessas gravações do *Hansa Tonstudio*, na Köthener Straße, e assobiei à noite toda "Sound and Vision".

ELVIS COSTELLO – *GET HAPPY!!* (1980)

Filho de cantor de big band, parceiro de Roy Orbison, Burt Bacharach, Paul McCartney, Chet Baker; testemunha e personagem da história do punk rock; produtor do disco de estreia do The Specials pelo selo 2 Tone e de *Rum, Sodomy and The Lash* do The Pogues, convidado especial dos Simpsons, os inúmeros projetos de Napoleon Dynamite, outro de seus pseudônimos, poderiam encher esse espaço inteiro. Elvis Costello é conhecido por críticos especializados e por seu público como a "Enciclopédia do Pop". Ele foi o cara que mudou minha cabeça, definitivamente. Isso aconteceu no dia em que eu tirei da capa o vinil 180g de *Get Happy!!*, obra de 1980, coloquei para girar e, com muito cuidado, pousei a agulha em cima do disco.

LEONARD COHEN – *I'M YOUR MAN* (1988)

Acordei em uma cidade portuária estranha, cheia de judeus ortodoxos carregados de diamantes. Nunca pensei passar uma noite na Antuérpia, mas esse era o meu destino. Aproveitei a grana de umas apresentações de Avenida Dropsie no País Basco, para estender meu caminho até as terras Flamencas. Motivo: Alguns dias antes, lera um anúncio que dizia *"assista ao show da turnê que foi avaliada com 5 estrelas em mais de 80 críticas"*. A volta aos palcos, depois de uma ausência de 15 anos, de Leonard Cohen. Após várias batalhas, só consegui ingressos para um show na Antuérpia. Vi um dos shows mais belos e inesquecíveis da minha vida. Três horas, com um pequeno intermezzo. A sabedoria de Leonard Cohen dizendo coisas inesquecíveis: "as coisas vão se mover rapidamente em todas as direções, você não será capaz de mensurar mais nada". Em um dos momentos mais emocionantes, Cohen canta o verso "Eu nasci com o dom de uma voz de ouro" e dez mil pessoas explodem em palmas e gritos. *I'm Your Man* é de 1988. Oito faixas cheias de poesia e humor negro. Perfeito. "First We Take Manhattan" abre o disco. "Tower of Song" fecha.

ORNETTE COLEMAN – *THE SHAPE OF JAZZ TO COME* (1959)

Tenho a nítida lembrança de tê-lo visto entrando no palco pela esquerda com seu saxofone e um skate nos pés. Era 1989 e o show de John Zorn aconteceu no *Free Jazz*, no Hotel Nacional, naquele prédio fantasma que hoje você cruza quando entra em São Conrado. No ano anterior, eu tinha sido arrebatado pela turma de John Lurie e do Lounge Lizards. Essas recordações me tomaram quando coloquei pra tocar a caixa remixada com a obra do Naked City que comprei na Amoeba em Los Angeles. Na época do tal show do skate no hotel fantasma, eles só tinham o primeiro disco, aquele com a lendária foto "Corpse with Revolver C.A. 1940" do fotógrafo policial ucraniano Weegee, que cobria a violência de Chinatown na primeira metade do século XX. O disco era cheio de músicas rápidas, algumas com menos de 1 minuto, outras até com 8 segundos, que no show soavam como meteoros inacreditavelmente pequenos para tanto peso. Eu me lembro que, além de uma dedicatória explícita a Ornette Coleman, as outras influências citadas eram Napalm Death (sim) e Olivier Messiaen. Era agressivo, extremamente complexo conceitualmente, mas explorando matérias vulgares como o hardcore e soundtracks. No ano do show de Zorn em cima do skate ou, sei lá, sem skate, eu tinha 17 anos. Paulo Leminski morreria naquele ano. Portanto, eu já conhecia John Fante, Gregório de Matos, Bashô, Lupicínio Rodrigues. Mas foi uma experiência importante para um jovem. Uma usina de ideias e sensibilidade. Uma experiência impressionante que trouxe para o meu mundo sensações estranhas. Uma delas esse primeiro contato com a obra de Coleman e Albert Ayler.

continua na página 214

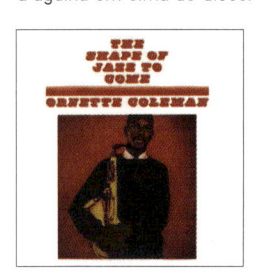

ORNETTE COLEMAN
THE SHAPE OF JAZZ TO COME
(1959)

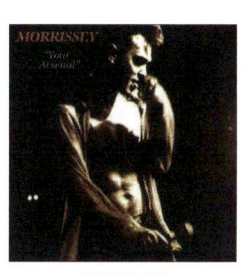

MORRISSEY
YOUR ARSENAL
(1992)

SCOTT WALKER
BISH BOSCH
(2012)

THE STOOGES
FUN HOUSE
(1970)

THE VELVET UNDERGROUND
WHITE LIGHT / WHITE HEAT
(1968)

GASTÃO MOREIRA

Gastão começou sua vida na TV nos anos 1990, como VJ da MTV, emissora na qual apresentou inúmeros programas (com destaque para o lendário *Fúria Metal*). Depois disso comandou o programa *Musikaos* na TV Cultura e atualmente está no rádio, com o *Gasômetro*, na Kiss FM de São Paulo. Gastão também é músico.

QUEEN – *NEWS OF THE WORLD* (1977)

Foi nessa época que descobri o rock. *News of the World* foi o primeiro álbum que comprei na vida, financiado pelo meu saudoso pai. Foi também a primeira vez que entrei numa loja de discos, a extinta Hi-Fi da Rua Augusta. Tinha dez anos, era fã de carteirinha do Queen e andava sob o impacto de "We will rock you" e "We are the champions". Quatro anos mais tarde, testemunhei o histórico show no Morumbi.

THE WHO – *WHO'S NEXT* (1971)

Segundo disco que comprei na vida, rapidamente tornou-se meu álbum favorito. *Who's Next* encontra uma banda fora do comum em seu melhor momento. Pete Townshend é um gênio. Trancado em seu estúdio, extraiu sons inéditos de seus recém chegados sintetizadores. De quebra, compôs preciosidades como "Baba O'Riley", "Behind Blue Eyes" e "Won't Get Fooled Again". Foi o único show que me levou às lágrimas.

KISS – *DESTROYER* (1976)

Nenhum sujeito da minha idade passou incólume ao impacto visual do Kiss. Com pinta dos super-heróis de Stan Lee, atingiram em cheio adolescentes festeiros ao redor do mundo. Todos os meus amigos cultuavam Kiss. Os shows de 1983 foram mais festejados do que Copa do Mundo.

QUEEN
NEWS OF THE WORLD
(1977)

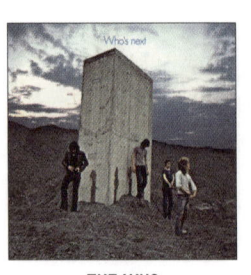

THE WHO
WHO'S NEXT
(1971)

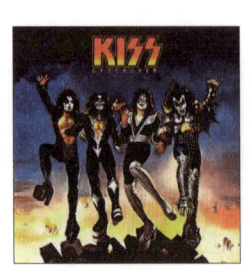

KISS
DESTROYER
(1976)

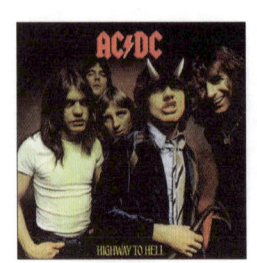

AC/DC
HIGHWAY TO HELL
(1979)

DAVID BOWIE
HUNKY DORY
(1971)

AC/DC – *HIGHWAY TO HELL* (1979)

Álbum que marcou minha adolescência. Rock simples, vibrante e eficaz. A sabedoria das ruas é refletida nas letras de Bon Scott. Na icônica capa, cinco caras que você nunca apresentaria para sua mãe.

DAVID BOWIE – *HUNKY DORY* (1971)

A figura de David Bowie é parte integrante das minhas primeiras incursões no rock. *Hunky Dory* é um dos discos que mais ouvi na vida. Nele, Bowie confirmou as suspeitas de que era um compositor excepcional. Algumas das minhas favoritas estão aqui: "Changes", "Quicksand", "The Bewlay Brothers" e a imbatível "Life on Mars?".

THE DAVE BRUBECK QUARTET – *TIME OUT* (1959)

O jazz passou a integrar meu rol de estilos preferidos por causa deste álbum. A fantástica melodia emitida pelo sax de Paul Desmond em "Take Five" conquistou meus ouvidos incautos na hora.

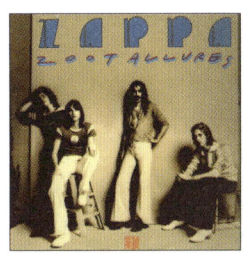

FRANK ZAPPA – *ZOOT ALLURES* (1976)

Nos primeiros contatos com a obra de Frank Zappa, fui seduzido por sua guitarra. Anos mais tarde é que fui sacar seu humor e genialidade. Zappa tinha uma técnica única que o permitia atingir resultados muito originais. Os temas instrumentais de *Zoot Allures* são incrivelmente inspirados. "Black Napkins", "Friendly Little Finger" e a faixa-título, desbravam rotas harmônicas inovadoras, tortuosas e belas.

FUNKADELIC – *MAGGOT BRAIN* (1971)

Comprei *Maggot Brain* no começo dos anos 1990 e ainda o considero um dos álbuns mais surpreendentes já concebidos, a começar pela capa. O Funkadelic encontrou o equilíbrio na encruzilhada entre rock psicodélico e soul music. George Clinton era um maestro às avessas, munido com o dom de extrair o melhor de seus músicos brilhantes. A guitarra de Eddie Hazel na faixa-título é uma obra-prima sem precedentes.

NEIL YOUNG – *TONIGHT'S THE NIGHT* (1975)

Neil Young sempre esteve presente nas minhas trilhas sonoras. Sua fase setentista tem grandes momentos. Naquela década Neil lançou os espetaculares *Harvest*, *After the Gold Rush* e *Zuma*, mas *Tonight's the Night* é o meu preferido. Mr. Young encontrou neste álbum a plataforma para expurgar toda tristeza gerada pela perda de dois grandes amigos e transformou revolta e frustração em músicas bastante inspiradas. Fico arrepiado toda vez que o ouço.

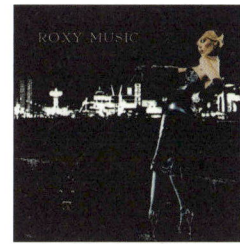

ROXY MUSIC – *FOR YOUR PLEASURE* (1973)

Conheci o Roxy Music no final dos anos 1970, num livro de fotos de Robert Ellis. A banda me chamou a atenção pelo visual espalhafatoso, que os destacava das outras duzentas bandas do livro. Quando *For Your Pleasure* caiu em minhas mãos, descobri um novo sentido para teclados, guitarras e instrumentos de sopro. A voz grave de Bryan Ferry era a cereja do bolo. "Strictly Confidential" me assombra até hoje.

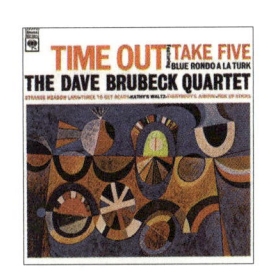

THE DAVE BRUBECK QUARTET *TIME OUT* (1959)	**FRANK ZAPPA** *ZOOT ALLURES* (1976)	**FUNKADELIC** *MAGGOT BRAIN* (1971)	 **NEIL YOUNG** *TONIGHT'S THE NIGHT* (1975)	**ROXY MUSIC** *FOR YOUR PLEASURE* (1973)

GERARD LOVE

Vocalista e baixista da banda escocesa Teenage Fanclub.

Aqui está uma lista dos 10 álbuns que amo atualmente, com um pequeno texto sobre cada um. A lista pode facilmente mudar daqui a algumas semanas.

BUZZCOCKS – *SINGLES GOING STEADY* (1979)

Os Buzzcocks eram os reis da energia melódica direta. Esta coletânea de singles e lados B é uma aula em música pop. Ousado, destemido e inteligente, ele captura a essência da juventude. Ouvi muito Buzzcocks no final da minha adolescência, sua música me deu uma noção de propósito, de poder iminente. Ainda fico maravilhado e energizado com seu brilhantismo claro e definido.

BIG STAR – *THIRD / SISTER LOVERS* (1978)

Este é o primeiro disco do Big Star que ouvi e continua sendo o meu preferido. Inicialmente parece ser muito complicado de ouvir, mas assim que você começa a entender sua natureza, *Sister Lovers* se abre e passa a revelar suas camadas escondidas. Sem dúvida houve grandes momentos do Big Star nos dois primeiros álbuns, mas a complexidade, o mistério e a beleza frágil, perturbada e sombria no coração de *Sister Lovers* rendem uma mistura profundamente atraente e viciante.

CHRIS COHEN – *OVERGROWN PATH* (2012)

Um grande álbum de 2012, perfeitamente calculado e inovador, familiar e esclarecedor, o som do presente, do passado e do futuro. Uma obra de arte.

VAN MORRISON – *ASTRAL WEEKS* (1968)

Uma obra-prima solta. As músicas são tão

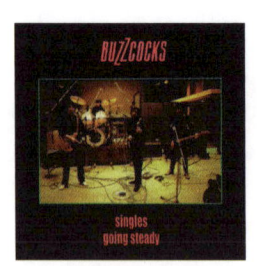

BUZZCOCKS
SINGLES GOING STEADY
(1979)

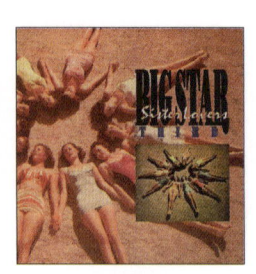

BIG STAR
THIRD / SISTER LOVERS
(1978)

CHRIS COHEN
OVERGROWN PATH
(2012)

VAN MORRISON
ASTRAL WEEKS
(1968)

GENE CLARK
ROADMASTER
(1973)

livres e abertas que quase soam não compostas, como se simplesmente tivessem sido capturadas na brisa. O jeito de tocar é confiante, focado e solto, enquanto tece com graça e instinto as reviravoltas de seu caminho pelas velhas ruas, colinas e relances passageiros nas lembranças deterioradas de Van.

GENE CLARK – ROADMASTER (1973)
Uma compilação de gravações inéditas dos anos 1970, *Roadmaster* captura Gene Clark em seu melhor. É como se Gene tivesse pegado o som do Byrds e o esticado no tempo até um ritmo mais lento e sereno, com flautas suaves, guitarras provocadoras e harmonia agridoce se misturando majestosamente para criar uma impressão de tempo, lugar e clima que te atrai e te abraça com suas camadas acolhedoras.

OS MUTANTES – OS MUTANTES (1968)
Simplesmente sensacional. Este disco apresenta, provavelmente, os arranjos de arte pop mais inovadores dos anos 1960 em tecnicolor melódico e glorioso. O som do progresso que não pode ser parado.

NICO – CHELSEA GIRL (1967)
Folk de câmara delicadamente elaborado, *Chelsea Girl* foi lançado no mesmo ano (1967) da estreia do The Velvet Underground e também produzido pelo grande Tom Wilson. É uma contraposição calma, tranquila, equilibrada à eletricidade urbana e controlada do Velvet Underground. Outonal, sábio, distante e precioso, *Chelsea Girl* é um clássico subestimado de sua era.

KINKS – FACE TO FACE (1966)
Outro grande álbum do Kinks. Fiquei sabendo dele depois de ver *O Amigo Americano*, de Wim Wenders, cuja trilha incluía "Too Much On My Mind". *Face to Face* flagra o grupo no ponto entre seus primeiros rocks mod altamente energéticos e o mais pastoral e reflexivo *Village Green Preservation Society* alguns anos mais tarde. Produzido por Shel Talmy, *Face to Face* representa uma mudança de direção na composição de Ray Davies, depois de um colapso nervoso, e prepara o terreno para a inegável grandeza que viria.

THE RADIO DEPT. – CLINGING TO A SCHEME (2010)
Em *Clinging To A Scheme*, o Radio Dept. opera em uma frequência tão sutil e tão leve que quase flutua sobre a terra. Uma torrente compacta, econômica e rápida de guitarra pop celestial do século 21.

NEIL YOUNG – COMES A TIME (1978)
Não é o melhor disco do Neil Young, mas *Comes A Time* é o meu preferido. Foi o primeiro dele que comprei e lembro que o tocava constantemente, hora após hora, quando morava na casa dos meus pais e estava remodelando meu quarto – minha primeira tentativa de pintura e decoração –, quando tinha uns 20 anos. Traz fortes lembranças para mim, como se esta música fosse a trilha sonora de um marco na minha vida.

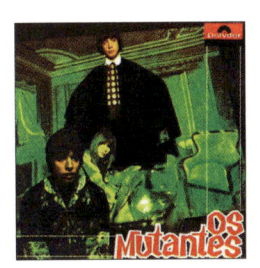

OS MUTANTES
OS MUTANTES
(1968)

NICO
CHELSEA GIRL
(1967)

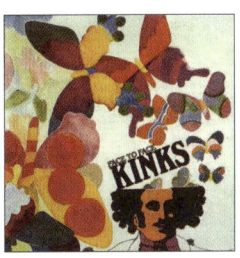

KINKS
FACE TO FACE
(1966)

THE RADIO DEPT.
CLINGING TO A SCHEME
(2010)

NEIL YOUNG
COMES A TIME
(1978)

HELIO FLANDERS

Vocalista e líder da banda Vanguart, Helio tem realizado inúmeras parcerias com importantes artistas do cenário brasileiro. ¶

CIDA MOREYRA – *SUMMERTIME* (1981)

"Quando eu era pequena, as pessoas me diziam que eu estava infeliz porque tava na adolescência, mas que tudo ia mudar e eu acreditava. Primeiro eu achava assim que quando o homem certo aparecesse seria a hora. E depois, se eu pudesse assim, trepar em paz. E depois, se eu conseguisse algum dinheiro. Até que um dia sentada sozinha numa mesa de bar eu entendi de repente que nunca ia acontecer nada, que nunca ia ficar legal, que o tempo todo tem alguma coisa errada sempre, só muda o problema. Não importa o que você faça, você não vai ganhar a guerra." E depois dessa introdução, antes de "Kozmic Blues", minha vida mudou completamente. A voz que segue as palavras é de alguém que canta não somente porque gosta, mas porque precisa. Mais que um álbum, um manifesto de uma alma humana, levada ao extremo de cantar para se sentir viva, para ser mulher, para ser ela mesma – custe o que custar. A intensidade de Cida se mescla à minha intensidade e enfim pude viver e cantar. Um dos álbuns que eu mais escuto até hoje.

FRANK SINATRA – *IN THE WEE SMALL HOURS* (1955)

Quando ouço Sinatra cantar em *In The Wee Small Hours* o tempo simplesmente para. A magia acontece, tudo se conecta e de repente você não está mais no mesmo lugar. As canções, curtas, se unem e trazem ao álbum a sensação de um grande filme onde o cantor está desolado, afundado em sua cadeira, fumando seu cigarro e assistindo o tempo passar, rememorando situações com a amada que se foi. Os títulos das canções entregam praticamente todo o seu drama e ele constata: "Que diferença um dia faz", para depois lembrar de "Ontem quando éramos jovens".

BOB DYLAN – *BLOOD ON THE TRACKS* (1975)

Tinha 14 anos e uma namorada mudou de cidade e me deixou uma fita K7, lá estava "You're A Big Girl Now". Eu poderia dizer que ouvi essa faixa por toda a minha vida, e não seria exagero. Até então, eu não gostava de Bob Dylan, mas ele começou a balbuciar as palavras "Love is so simple, to quote a phrase / You've known it all the time / I'm learning it these days" e me chapou a ponto de eu não conseguir mais funcionar. Obsessivo, fui atrás do álbum todo e nunca mais fui o mesmo. Dylan me apresentou uma poesia e uma métrica até então inéditas, que foram fundamentais pra eu ser livre artisticamente e criar minhas próprias coisas. "Tangled Up In Blue" me mostrou que os amantes (quase) sempre tomarão caminhos diferentes e verão as coisas sob pontos de vista diferentes; "Simple Twist of Fate" me ensinou que a contemplação é dolorosa e necessária; "Idiot Wind"

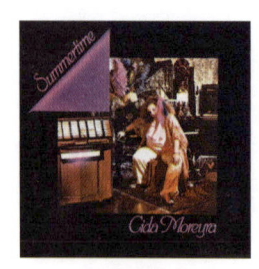

CIDA MOREYRA
SUMMERTIME
(1981)

FRANK SINATRA
IN THE WEE SMALL HOURS
(1955)

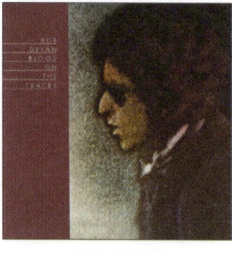

BOB DYLAN
BLOOD ON THE TRACKS
(1975)

JORGE BEN
FORÇA BRUTA
(1970)

BELLE AND SEBASTIAN
FOLD YOUR HANDS CHILD, YOU WALK LIKE A PEASANT
(2000)

me consolou porque às vezes a raiva é inevitável; "You're Gonna Make Me Lonesome When You Go" mostra que existe beleza na partida; "If You See Her, Say Hello" me fez saber que o amor, a ausência e o passado doem demais – algo que a vida me ensinava naqueles dias também.

JORGE BEN – FORÇA BRUTA (1970)

"Me desculpem meus amigos, gente... se eu estou confuso e triste e até mal humorado. Mas é que eu já não sou namorado do meu amor". O quê? Jorge Ben está triste? O homem de "País Tropical" fez um disco triste? Mal pude acreditar em *Força Bruta* quando ouvi pela primeira vez. Imaginar Jorge em um dia cinza à contemplar o mundo dentro de seu quarto era fabuloso, mas o que ele conseguiu fazer disso foi um absurdo estético e sonoro. "Charles Jr.", citando novamente o herói Charles (antes em "Take It Easy My Brother Charles" e "Charles Anjo 45"), encerra a trilogia com a profundidade que o personagem merecia e explica muito sobre a personalidade do cantor, sua intensa criatividade e senso conceitual. Um dos álbuns mais belos da música brasileira.

BELLE AND SEBASTIAN – FOLD YOUR HANDS CHILD, YOU WALK LIKE A PEASANT (2000)

O verão de 2001 foi o último de uma série de coisas em minha vida, e nesse verão comprei o quarto álbum do Belle and Sebastian, *Fold Your Hands...* foi um soco na alma. Não tenho dúvidas que ganhei uma carga estética com esse disco que levaria para o resto da vida. Literalmente ouvi até a exaustão. As minhas únicas referências de delicadeza até então eram Chet Baker e Chris Montez, mas ambos cantando *standards*. Stuart Murdoch e cia. me levaram a um ambiente onde se podia ser doce e ácido ao mesmo tempo, do qual, creio, nunca mais saí.

THE SMITHS – RANK (1988)

Morrissey foi meu companheiro, meu melhor amigo. Chegava em casa e o encontrava, quase como um ritual. Contava as coisas do meu dia e depois me deitava para ouvi-lo. Em *Rank*, ao vivo, mais que um Smiths bem-feito e genial, era um Smiths demasiado humano. Johnny Marr e banda mal conseguiam segurar aquelas canções nas mãos ao passo que Morrissey não conseguia conter sua voz ao cantar toda a sua vida, e também a minha. "I Know It's Over" e "Still Ill" são tão cheias de vida que ficaram gravadas pra sempre na minha memória.

ÂNGELA RÔ RÔ – ÂNGELA RÔ RÔ (1979)

Certos artistas são tão confessionais que quando você escuta fica uma dúvida se você também é daquele jeito ou se ele o fez de uma maneira tão genial que todos acabam tomando aquilo para si. Isso acontece comigo sempre que escuto o primeiro álbum da Angela Rô Rô. "Agradeço tanto / Agradeço por você / Não ser do jeito que eu" ou "E essa tristeza que o amor me deu / É a coisa mais bonita dentro do meu eu" são versos de um artista que prioriza a verdade, a poesia e a entrega total, quase como depondo contra ela mesma. Em tempos onde os compositores só pensam em se autopromover, esse álbum bate total naqueles que estão mais interessados em viver. "Não há cabeça / que o coração não mande".

GIL SCOTT-HERON – I'M NEW HERE (2010)

Gil Scott-Heron tem um tipo de poesia que é tão pungente, tão certeira, que sempre que mergulho nas suas palavras é muito difícil voltar. Quando tive contato com *I'm New Here*, o último antes de sua morte, tive mais noção da grandeza do artista. Premonitório, Gil canta o adeus, a gratidão e deixa marcado profundamente sua personalidade poética, musical e humana. É um daqueles álbuns em que você sofre muito procurando uma citação ou momento e desiste ao fim, percebendo que a obra toda não pode ser separada, tamanha a coerência da ambientação que ela provoca. Um dos maiores artistas de todos os tempos com seu bilhete final.

LOS FABULOSOS CADILLACS – LA MARCHA DEL GOLAZO SOLITARIO (1999)

Sobre um *mood* que chega com um pôr-do-sol ventoso, assim me pega *La Marcha del Golazo Solitario*. Grandes canções e Vicentico e banda no seu auge. Se antes uma banda de ska e rock pesado, *La Marcha* apresenta uma banda mais madura, tranquila e muito mais profunda poeticamente, se arriscando até em tango. Um álbum ideal para os dias em que se quer viver até o último raio de sol, tomando uma cerveja e acreditando que a vida pode ser bonita, sim.

continua na página 215

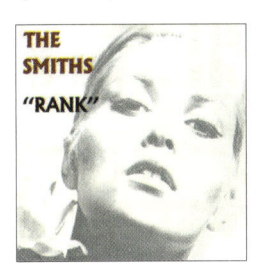

THE SMITHS
RANK
(1988)

ÂNGELA RÔ RÔ
ÂNGELA RÔ RÔ
(1979)

GIL SCOTT-HERON
I'M NEW HERE
(2010)

LOS FABULOSOS CADILLACS
LA MARCHA DEL GOLAZO SOLITARIO
(1999)

JONI MITCHELL
BLUE
(1971)

HERALDO DO MONTE

Importante guitarrista do jazz e da música instrumental brasileira, reconhecido internacionalmente, o pernambucano Heraldo do Monte fez parte do Quarteto Novo, ao lado de Hermeto Pascoal, Airto Moreira e Théo de Barros.

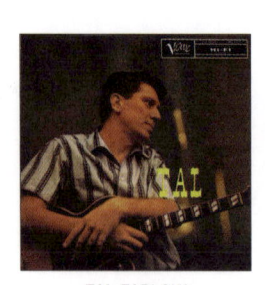

TAL FARLOW
TAL
(1956)

JOÃO GILBERTO
CHEGA DE SAUDADE
(1959)

GEORGE SHEARING
THE GEORGE SHEARING QUARTET
(1972)

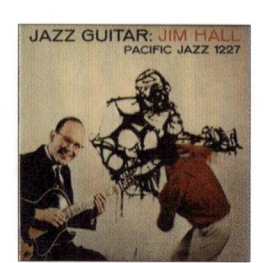

JIM HALL
JAZZ GUITAR
(1957)

ARTHUR MOREIRA LIMA
ARTHUR MOREIRA LIMA INTERPRETA FRÉDERIC CHOPIN
(1976)

TAL FARLOW – *TAL* (1956)
Eu tocava na noite recifense. Na época, as boites gostavam que a gente tocasse só Jazz e Bossa Nova. Na Rádio Tamandaré tinha um programa chamado *Dedos Mágicos*. Ouvi esse disco e logo encomendei em uma loja. Intitulado *Tal*. Com o guitarrista americano Tal Farlow.

JOÃO GILBERTO – *CHEGA DE SAUDADE* (1959)
Causou em mim a mesma sensação de novidade boa que causou no mundo inteiro.

GEORGE SHEARING – *THE GEORGE SHEARING QUARTET* (1972)
A gente fazia um som parecido com esse na noite recifense, com o pianista Walter Wanderley e um quarteto.

JIM HALL – *JAZZ GUITAR* (1957)
Com Jim Hall, Carl Perkins e Red Mitchel. Da mesma época, disco muito agradável.

ARTHUR MOREIRA LIMA – *ARTHUR MOREIRA LIMA INTERPRETA FRÉDERIC CHOPIN* (1976)
O compositor que modelou meu senso melódico e seu melhor intérprete.

HERALDO DO MONTE, ELOMAR, PAULO MOURA E ARTHUR MOREIRA LIMA – *CONSERTÃO* (1982)
Erudito e popular resultam em linda música.

QUARTETO NOVO – *QUARTETO NOVO* (1967)
Um clássico da música instrumental brasileira, descobriu o caminho para a improvisação nordestina.

HERMETO PASCOAL – *HERMETO PASCOAL E GRUPO* (1982)
Poderia ser qualquer disco de Hermeto Pascoal.

HAMILTON DE HOLANDA – *01 BYTE 10 CORDAS* (2005)
Poderia ser qualquer disco de Hamilton de Holanda.

SPOK FREVO ORQUESTRA – *PASSO DE ANJO* (2004)
Inovando o Frevo, respeitando a essência.

HERALDO DO MONTE, ELOMAR, PAULO MOURA E ARTHUR MOREIRA LIMA
CONSERTÃO
(1982)

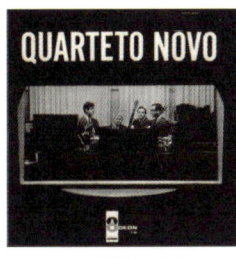

QUARTETO NOVO
QUARTETO NOVO
(1967)

HERMETO PASCOAL
HERMETO PASCOAL E GRUPO
(1982)

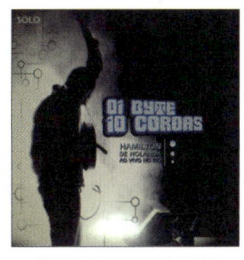

HAMILTON DE HOLANDA
01 BYTE 10 CORDAS
(2005)

SPOK FREVO ORQUESTRA
PASSO DE ANJO
(2004)

JAD FAIR

Vocalista, guitarrista e artista gráfico, ficou famoso por criar a banda lo-fi Half Japanese, na ativa desde 1975. Prolífico, Jad também já lançou mais de uma dezena de álbuns solo, e colaborações com bandas como Yo La Tengo, Teenage Fanclub e The Pastels. ¶

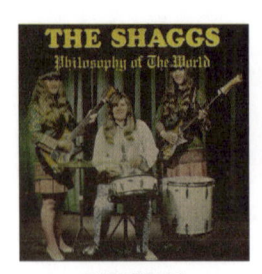

DISCOTECA BÁSICA 96

THE SHAGGS
PHILOSOPHY OF THE WORLD
(1969)

THE MODERN LOVERS
THE MODERN LOVERS
(1976)

THE VELVET UNDERGROUND
THE VELVET UNDERGROUND
(1969)

LORD INVADER
CALYPSO TRAVELS
(1959)

SPIDER JOHN KOERNER
SOME AMERICAN FOLK SONGS LIKE THEY USED TO
(1974)

THE SHAGGS – *PHILOSOPHY OF THE WORLD* (1969)

The Shaggs tinha um som como nenhuma outra banda. Fiquei surpreso quando descobri que todas as músicas foram compostas e elas sempre usaram partituras. Sou um tremendo fã da The Shaggs e foi uma honra quando Dot Wiggin me pediu para fazer a arte do novo álbum.

THE MODERN LOVERS – *THE MODERN LOVERS* (1976)

Em 1974, li uma entrevista com Jonathan Richman na revista *Interview*, do Andy Warhol. As coisas que ele tinha a dizer sobre o rock faziam sentido para mim. Comprei o álbum do The Modern Lovers assim que foi lançado e amei. A música e as letras têm uma pureza e uma sensação natural. É muito direto. Amo este disco.

THE VELVET UNDERGROUND – *THE VELVET UNDERGROUND* (1969)

O Velvet Underground tinha um som próprio. Este álbum é um clássico. Em 1977, mandei uma carta de fã para Moe Tucker e fiquei feliz quando ela respondeu. Por dois anos, Moe usou o Half Japanese como sua banda de apoio. Foi uma verdadeira emoção trabalhar com ela.

LORD INVADER – *CALYPSO TRAVELS* (1959)

Tenho muitos discos de calipso e este é meu preferido. Tem uma pegada de jazz ótima. Um álbum altamente recomendável.

SPIDER JOHN KOERNER – *SOME AMERICAN FOLK SONGS LIKE THEY USED TO* (1974)

Spider John Koerner lançou alguns álbuns muito bons. É uma pena que pouquíssima gente tenha ouvido falar deste disco. Eu amo.

MC5 – *KICK OUT THE JAMS* (1969)

Cresci em Michigan e, quando era moleque, achava que Michigan era o melhor lugar do mundo para a música. Michigan tinha a Motown, o Stooges e o MC5. O MC5 é uma banda de rock excelente. Tinha uma energia que pouquíssimas bandas têm.

CAPTAIN BEEFHEART – *TROUT MASK REPLICA* (1969)

Meu irmão comprou *Trout Mask Replica* quando foi lançado. É um álbum incrível. Teve um grande efeito sobre mim.

THE BEACH BOYS – *PET SOUNDS* (1966)

Pet Sounds foi um grande passo à frente para o Beach Boys. A produção, a composição e a performance são da melhor qualidade.

LOUIS ARMSTRONG AND ELLA FITZGERALD – *ELLA AND LOUIS* (1956)

As vozes de Ella Fitzgerald e Louis Armstrong se combinam muito bem. Sou um grande fã de ambos. Tê-los juntos é um verdadeiro presente.

THE STOOGES – *FUN HOUSE* (1970)

Iggy Pop é um artista muito dinâmico. Gosto de todos os álbuns do Stooges. Este é um dos primeiros que comprei. É incrivelmente louco.

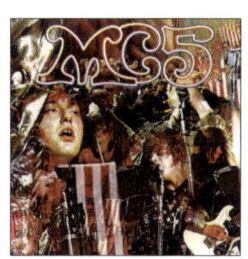

MC5
KICK OUT THE JAMS
(1969)

CAPTAIN BEEFHEART
TROUT MASK REPLICA
(1969)

THE BEACH BOYS
PET SOUNDS
(1966)

LOUIS ARMSTRONG AND ELLA FITZGERALD
ELLA AND LOUIS
(1956)

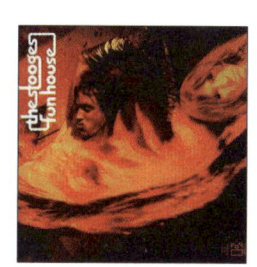

THE STOOGES
FUN HOUSE
(1970)

JIM WILBUR

Guitarrista da banda norte-americana Superchunk.

BUFFALO TOM
LET ME COME OVER
(1992)

THE CHURCH
STARFISH
(1988)

DILLARD & CLARK
THE FANTASTIC EXPEDITION OF DILLARD & CLARK
(1968)

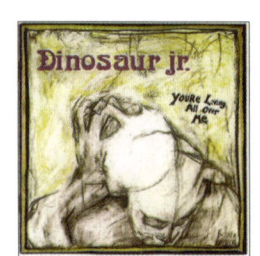

DINOSAUR JR.
YOU'RE LIVING ALL OVER ME
(1987)

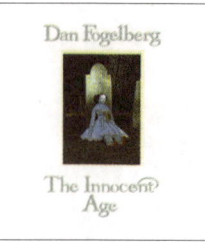

DAN FOGELBERG
THE INNOCENT AGE
(1981)

BUFFALO TOM – *LET ME COME OVER* (1992)
Desde o primeiro disco o Buffalo Tom é uma das minhas bandas preferidas. Sempre achei que eles tinham mais alma do que qualquer outra banda com guitarras barulhentas que existiam naquela época. Foi uma honra tremenda fazer uma turnê na Austrália com eles... e descobrir que eles são uns caras super legais, além de uma banda matadora.

THE CHURCH – *STARFISH* (1988)
Provavelmente minha banda preferida. Todos os seus álbuns são ótimos. Especialmente os mais recentes... mas os discos lançados entre 1985 e 1988 têm um lugar especial no meu coração. Eu escutava *Heyday* e *Starfish* quando estava no final da faculdade e começava uma breve carreira como professor de inglês para o ensino médio. Lembro que os ouvia de manhã cedinho, chorando no banho porque odiava ir para a escola e ficar na frente do quadro negro. Em menos de um ano, entrei para o Superchunk e tive vários motivos novos para lamentar.

DILLARD & CLARK – *THE FANTASTIC EXPEDITION OF DILLARD & CLARK* (1968)
Gene Clark é um dos meus heróis na composição e esta pode parecer uma escolha estranha por causa disso, mas há aqui uma espécie de qualidade punk despreparada nas performances que me acertam em cheio. E "Why Not Your Baby", incluída na reedição em CD, é basicamente uma das melhores músicas de todos os tempos.

DINOSAUR JR. – *YOU'RE LIVING ALL OVER ME* (1987)
Lembro que dirigi duas horas de distância da minha casa para comprar este LP na cidade natal da banda. O bônus era uma fita cassete (grátis) das gravações caseiras que Lou fez do Sebadoh (que ainda tenho em algum lugar). Tinha visto o Dinosaur ao vivo algumas vezes e sempre fiquei impressionado com suas músicas e seu volume devastador. Naqueles primeiros dias, os shows tinham um público pequeno, o que meio que ressaltou o fator do volume ALTO. Eu me orgulhava um pouco de gostar da banda desde o começo.

DAN FOGELBERG – *THE INNOCENT AGE* (1981)
OK, uma coletânea bem brega de músicas, mas me pegou na idade certa (7ª série) e me fez ouvir música de maneiras que não tinha pensado antes. Vou ser honesto e admitir que algumas delas ainda me deixam com lágrimas nos olhos.

HÜSKER DÜ – *ZEN ARCADE* (1984)
Meu melhor amigo me deu este disco exatamente no dia em que foi lançado. Possivelmente o álbum mais ouvido que já tive. Este, além do Minutemen (logo na sequência), foi a razão para pegar a guitarra e aprender como tocar e compor canções.

MINUTEMEN – *DOUBLE NICKELS ON THE DIME* (1984)
Foi depois de absorver este disco por algumas semanas que decidi comprar um violão. Um violão vagabundo de US$ 70, no qual aprendi sozinho acordes no bosque perto da minha casa para não incomodar meus irmãos. Anos depois, quando tive a chance de contar esta história ao Mike Watt, a reação dele foi "Cara, isso é demais!".

PREFAB SPROUT – *TWO WHEELS GOOD* (1985)
Amo este disco desde que ele foi lançado. Nunca envelhece. À primeira audição pode parecer um pouco fraco e sentimental, mas sempre o descrevo como música de elevador quando o elevador está indo direto para o inferno.

BRUCE SPRINGSTEEN – *BORN TO RUN* (1975)
O que pode ser dito a esta altura do campeonato sobre o quanto este disco é incrível? Continuo inspirado não apenas por esta gravação de mais de 40 anos, mas também pelo próprio Springsteen, que continua MANDANDO VER.

WIRE TRAIN – *...IN A CHAMBER* (1983)
Tantas músicas boas neste álbum. Nenhuma chata. Guitarras brilhantes e atmosféricas, bateria e linhas de baixo insistentes. Foi a trilha sonora da minha vida no último ano do ensino médio. Além disso, o Wire Train é a única banda para quem mandei uma carta de fã!

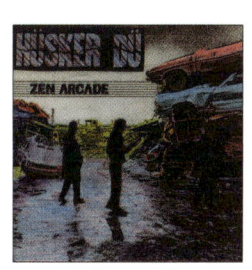

HÜSKER DÜ
ZEN ARCADE
(1984)

MINUTEMEN
DOUBLE NICKELS ON THE DIME
(1984)

PREFAB SPROUT
TWO WHEELS GOOD
(1985)

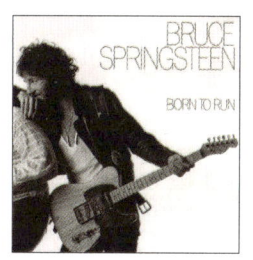

BRUCE SPRINGSTEEN
BORN TO RUN
(1975)

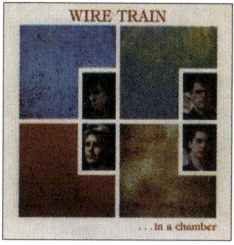

WIRE TRAIN
...IN A CHAMBER
(1983)

JÔ SOARES

Com mais de 50 anos de carreira, Jô Soares é um dos grandes nomes da televisão brasileira. Jô é multitarefa: humorista, apresentador, escritor, radialista, artista plástico, dramaturgo, diretor teatral, ator e músico. Atualmente, apresenta o *Programa do Jô*, na Rede Globo.

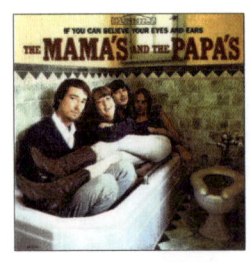

DISCOTECA 100 BÁSICA

THE MAMAS & THE PAPAS
IF YOU CAN BELIEVE YOUR EYES AND EARS
(1966)

CHET BAKER
CHET BAKER SINGS
(1956)

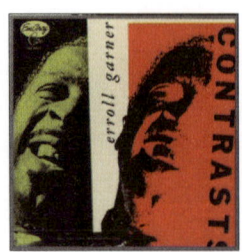

ERROLL GARNER
CONTRASTS
(1955)

BUDDY RICH & LIONEL HAMPTON
TRANSITION
(1974)

THE BEATLES
*REVOLVER**
(1966)

Quanto aos motivos, só tem um: porque eu gosto...
são discos que me motivaram a ouvir mais música.

Beijos,

Jô.

* A lista do Jô incluía dois discos dos Beatles, o Revolver e o White Album. Como a ideia era um Top 10, infelizmente tivemos que cortar o White Album, mas fica aqui o registro para os curiosos.

ELIS REGINA E TOM JOBIM
ELIS & TOM
(1974)

GAL COSTA
O SORRISO DO GATO DE ALICE
(1993)

BILLIE HOLIDAY
SONGS FOR DISTINGUÉ LOVERS
(1957)

TROPICALIA OU PANIS ET CIRCENCIS
(1968)

MARISA MONTE
BARULHINHO BOM
(1996)

JOÃO GORDO

Uma das figuras mais emblemáticas do punk nacional, João Gordo é vocalista da banda Ratos de Porão. Também foi VJ na MTV e apresentador em diversas emissoras de TV.

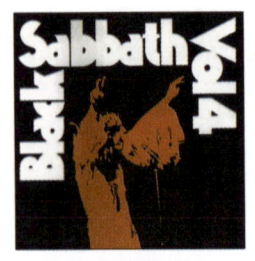

BLACK SABBATH
VOL. 4
(1972)

KISS
DESTROYER
(1976)

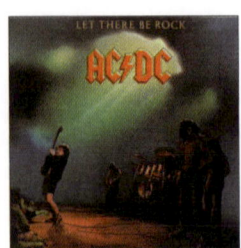

AC/DC
LET THERE BE ROCK
(1977)

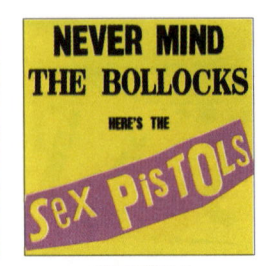

SEX PISTOLS
NEVER MIND THE BOLLOCKS, HERE'S THE SEX PISTOLS
(1977)

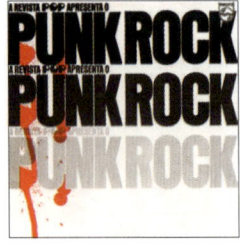

A REVISTA POP APRESENTA O PUNK ROCK
(1977)

BLACK SABBATH – *VOL. 4* **(1972)**
Foi o primeiro disco de rock pesado que eu ouvi na minha vida. Minha tia Rosário, irmã do meu pai, tinha esse disco por causa da música "Changes", mas eu ouvia escondido e bem baixinho quando ela não estava, pois minha avó achava que era som do capeta.

KISS – *DESTROYER* **(1976)**
Perfeito. Foi minha introdução ao mundo do rock na casa de um amigo da escola, na sexta série, em 1976. Depois desse disco nada mais foi a mesma coisa, comecei a desenhar o logo do Kiss e a cara do Gene Simmons em tudo que é lugar...

AC/DC – *LET THERE BE ROCK* **(1977)**
Na primeira vez em que vi a capa desse disco eu fiquei impressionado com aquele cara de bermuda tocando guitarra. Comprei, pirei e fiz à mão minha primeira camiseta de rock. Na época, isso era muito porrada... até hoje é.

SEX PISTOLS – *NEVER MIND THE BOLLOCKS, HERE'S THE SEX PISTOLS* **(1977)**
A REVISTA POP APRESENTA O PUNK ROCK (1977)
O Sex Pistols foi um furacão. A primeira vez que eu ouvi falar foi numa matéria do Fantástico sobre o punk rock, e depois uma matéria na revista Veja, isso em 1977. Logo saíram várias matérias na revista Pop, que era a única revista de rock do Brasil. A mesma revista lançou uma excelente coletânea chamada *A Revista Pop Apresenta o Punk Rock* (1977) com várias bandas, entre elas Ramones e Sex Pistols, dando o boom do punk em SP.

RAMONES – *ROCKET TO RUSSIA* **(1977)**
Foi o meu primeiro disco importado, em 1978, um tesouro! Ouvi até cair o cu da bunda. Perfeito, lindo.

DEAD KENNEDYS – *FRESH FRUIT FOR ROTTEN VEGETABLES* **(1980)**
Um choque à primeira audição! O ano era 1981. Eu estava no ensaio do Inocentes, ainda com o Mauricinho nos vocais, na casa do Clemente na Vila Carolina (Zona Norte de SP), quando meu amigo Renato me convidou: "vamos na casa de um cara para ouvir um som novo". No primeiro acorde a única referência que eu tive era de um Undertones super distorcido, por causa daquele vocal do Jello Biafra, mas depois que o disco foi tocando eu fiquei completamente embasbacado com a velocidade e a complexidade daquelas músicas. Muito à frente do seu tempo.

DISCHARGE – *HEAR NOTHING SEE NOTHING SAY NOTHING* **(1982)**
Quando ouvi o *Why?* (debut do Discharge) pela primeira vez, demorei alguns dias para digerir aquele tipo de som simples e ultra agressivo com vocal gritado. Mas o *Hear Nothing See Nothing Say Nothing* foi uma obra-prima do hardcore. O conceito, a gravação, a batida, o vocal... eles estavam inaugurando um estilo, o D-Beat Crust.

SLAYER – *REIGN IN BLOOD* **(1986)**
Sem comentários. Desde 1986, o disco que eu mais escutei em toda minha vida. Não me canso dele. Perfeito.

NAPALM DEATH – *SCUM* **(1987)**
Estava inaugurado o grindcore, um estilo do qual sou adepto e no qual estão as únicas novidades que me interessam.

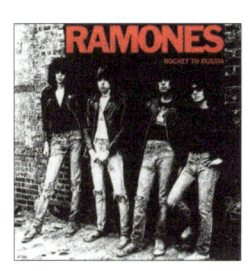

RAMONES
ROCKET TO RUSSIA
(1977)

DEAD KENNEDYS
FRESH FRUIT FOR ROTTEN VEGETABLES
(1980)

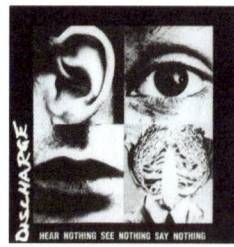

DISCHARGE
HEAR NOTHING SEE NOTHING SAY NOTHING
(1982)

SLAYER
REIGN IN BLOOD
(1986)

NAPALM DEATH
SCUM
(1987)

JOÃO MARCELLO BÔSCOLI

Músico multi-instrumentista, arranjador, produtor e empresário, foi o criador da gravadora Trama. Filho de Elis Regina e Ronaldo Bôscoli, João mostrou seu talento em trabalhos com Milton Nascimento, Paulinho da Viola, Lenine, Nelson Sargento, Ivan Lins, César Camargo Mariano, Jorge Ben Jor, Demônios da Garoa, Zélia Duncan, Elza Soares, Arnaldo Antunes e muitos outros. ¶

ELIS REGINA E TOM JOBIM
ELIS & TOM
(1974)

ROBSON JORGE E LINCOLN OLIVETTI
ROBSON JORGE E LINCOLN OLIVETTI
(1982)

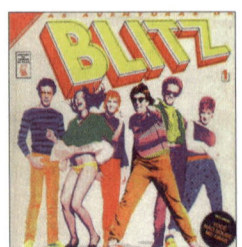

BLITZ
AS AVENTURAS DA BLITZ
(1982)

CESAR CAMARGO MARIANO E HÉLIO DELMIRO
SAMAMBAIA
(1981)

JOÃO GILBERTO
AMOROSO
(1977)

ELIS REGINA E TOM JOBIM – *ELIS & TOM* (1974)
Minhas primeiras memórias remetem a esse álbum. Foi em 1974 a gravação desse marco da música mundial, na cidade de Los Angeles. Como poderia imaginar que aquelas canções ouvidas por um menino de 4 anos ecoariam nele e no mundo todo para sempre? É o que tinha de ser.

ROBSON JORGE E LINCOLN OLIVETTI – *ROBSON JORGE & LINCOLN OLIVETTI* (1982)
Em um estúdio de apenas 16 canais, Robson e Lincoln gravaram uma obra que estava no mesmo padrão de áudio dos principais artistas internacionais da época: Earth, Wind & Fire, Tower of Power e Quincy Jones.
Arranjos inspirados, performances antológicas. Soul carioca com acabamento americano.

BLITZ – *AS AVENTURAS DA BLITZ* (1982)
Blitz: a primeira vez que ouvi "Você não soube me amar" foi em uma festa da escola. A garota que eu gostava sabia a letra inteira e eu lá, hipnotizado, sentindo-me por fora de tudo. Pensei: "Dane-se o Kool & The Gang, D. Train ou Carl Carlton! Eu quero a Blitz!". Para alguém nascido em 1970, *As Aventuras da Blitz* propõe um mundo de cores, sons e linguagem repletas de frescor Pop-Life.

CESAR CAMARGO MARIANO E HÉLIO DELMIRO – *SAMAMBAIA* (1981)
O fato de ter "Curumim" composta para mim é uma das razões de minha paixão por esse disco. Já ouvi diversas vezes que esse é "o maior álbum instrumental brasileiro em todos os tempos". Se existisse tal título – algo que considero uma abstração –, *Samambaia* cumpriria bem esse papel antológico.

JOÃO GILBERTO – *AMOROSO* (1977)
Ao transformar "Estate", uma música pop italiana de relativo sucesso, em um standard mundial a partir de sua (re)interpretação, João Gilberto dá uma medida da força desse álbum. Com arranjos magistrais de cordas feitos por Claus Ogerman, *Amoroso* é uma obra brasileira, gravada nos EUA com músicos americanos. Mais um marco mundial da Bossa Nova.

CAETANO VELOSO – *CAETANO VELOSO* (1986)
Ouvir Caetano "apenas" acompanhado de violão é algo comovente e belo. Sua versão de "Billie Jean" misturada a "Eleanor Rigby" e "Nega Maluca" foi uma sacada brilhante. Voltava sempre a faixa no momento da passagem de uma para outra e pensava: esse cara é um gênio.

MILTON NASCIMENTO E LÔ BORGES – *CLUBE DA ESQUINA* (1972)
A pedido do Milton restaurei e remixei as reedições dos dois álbuns, *Clube da Esquina I e II*. Com os canais abertos na mesa de mixagem, descobria em cada detalhe uma energia nova, pura, repleta de ideias novas. E o mais importante: o nascimento de uma linguagem musical que encantou o mundo do jazz americano – missão quase impossível.

RACIONAIS MC'S – *SOBREVIVENDO NO INFERNO* (1997)
Ouvindo rap desde sua gênese, esperava encontrar um dia um grupo ou uma única faixa do gênero em português que me instigasse. Quando havia desistido, Mano Brown, Ice Blue, KL Jay e Edi Rock lançaram *Sobrevivendo no Inferno* e nada mais seria como antes. Clássico urbano.

RITA LEE – *RITA LEE* (1980)
Roberto de Carvalho é o maior compositor de música pop brasileira. Além de ter estudado Harmonia Formal, conhece tudo de estúdio e, ainda mais, de guitarras. "Lança Perfume", "Caso Sério", "Baila Comigo" e "Nem luxo nem lixo" dão uma boa amostra do seu brilhantismo. E Rita Lee, sua fã maior, sabe disso.

ED MOTTA – *AYSTELUM* (2005)
Poderia escrever um livro sobre Ed. Todavia, resumo: é o artista mais talentoso que já conheci. Já o que ele faz com essa bênção, aí é assunto para outro livro.

CAETANO VELOSO
CAETANO VELOSO
(1986)

MILTON NASCIMENTO E LÔ BORGES
CLUBE DA ESQUINA
(1972)

RACIONAIS MC'S
SOBREVIVENDO NO INFERNO
(1997)

RITA LEE
RITA LEE
(1980)

ED MOTTA
AYSTELUM
(2005)

JOÃO SUPLICY

Músico paulistano, foi apresentador do programa *Brothers*, ao lado do irmão Supla, com quem toca no Brothers of Brazil, duo que mistura punk e música brasileira.

THE JIMI HENDRIX EXPERIENCE – *AXIS: BOLD AS LOVE* (1967)
Quando eu tinha meus 16 anos, ouvia esse disco de forma compulsiva. Aprendi a tocar quase todas as faixas, tentando imitar cada detalhe da guitarra. Destaque para as faixas "Castles Made Of Sand", "Little Wing", "Wait Until Tomorrow" e "Bold As Love".

LENINE E SUZANO – *OLHO DE PEIXE* (1994)
Para mim, este é um dos melhores álbuns dos anos 1990, em termos mundiais. As canções são fantásticas, a voz e o violão do Lenine são fora de série e a percussão do Suzano também. Ouvi muito este álbum e foi uma enorme influência pra mim. As faixas "Leão Do Norte", "O Último Pôr do Sol" e "Miragem do Porto" são as minhas favoritas.

THE BEATLES – *LET IT BE* (1970)
Difícil escolher apenas um álbum dos Beatles para constar nessa lista, mas acredito que nesse álbum, embora a relação entre eles já não estivesse das melhores, o nível de composição estava no auge. Faixas como "Dig a Pony", "The Long and Winding Road" e a própria "Let It Be" são eternas.

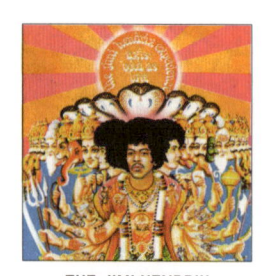

THE JIMI HENDRIX EXPERIENCE
AXIS: BOLD AS LOVE
(1967)

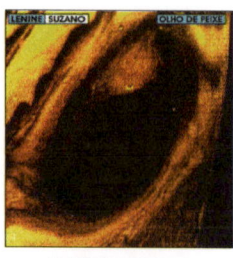

LENINE E SUZANO
OLHO DE PEIXE
(1994)

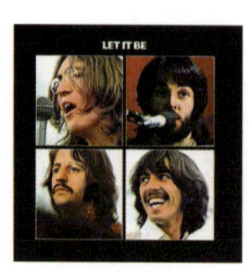

THE BEATLES
LET IT BE
(1970)

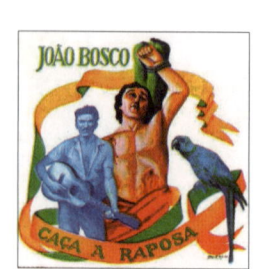

JOÃO BOSCO
CAÇA À RAPOSA
(1975)

CHICO BUARQUE
MEUS CAROS AMIGOS
(1976)

JOÃO BOSCO – CAÇA À RAPOSA (1975)
Ganhei esse CD do meu irmão André, quando estava indo estudar música nos EUA. Com saudades do Brasil, fui ouvir o CD e aos poucos fui me dando conta do presente incrível que tinha recebido... A parceria entre João Bosco e Aldir Blanc brilha em faixas como "Mestre Sala dos Mares", "De frente pro crime" e no bolero "Dois pra lá, dois pra cá", também imortalizada na voz de Elis Regina. O violão do João Bosco também me influenciou muito, não só nesse álbum como em outros também.

CHICO BUARQUE – MEUS CAROS AMIGOS (1976)
Considero Chico Buarque um dos compositores mais impressionantes do mundo, e esse álbum reúne algumas de suas composições mais brilhantes, como "O Que Será?", "Olhos Nos Olhos" e "Meu Caro Amigo", essa em parceria com Francis Hime.

STEVIE WONDER – SONGS IN THE KEY OF LIFE (1976)
Esse disco duplo deixa evidente o gênio que é Stevie Wonder. As canções são mágicas, com melodias absurdamente lindas, vocais surreais, *grooves* que influenciaram toda musica pop que veio depois, enfim... um dos meus discos favoritos de todos os tempos.

SANTANA – ABRAXAS (1970)
Eu sempre ouvi muito Santana, principalmente em coletâneas, que misturam diferentes períodos da carreira dele. Mas esse álbum merece destaque, especialmente porque traz o clássico "Black Magic Woman" e "Samba Pa Ti", esta última uma das poucas composições que de fato são do Santana, já que ele sempre gravou mais músicas de outros compositores.

CAETANO VELOSO – CINEMA TRANSCENDENTAL (1979)
Esse é o disco do Caetano que reúne o maior número de obras-primas dele, na minha opinião. "Trilhos Urbanos" é incrível, além de "Cajuína", "Lua de São Jorge", "Oração ao tempo"... é um período realmente muito inspirado desse artista que está sempre procurando se reinventar e atento ao que acontece no cenário nacional e internacional.

PINK FLOYD – THE WALL (1979)
Poucos são os discos bons de se ouvir do começo ao fim, ainda mais sendo duplo. No caso desse, é até estranho não ouvi-lo inteiro, pois ele flui realmente como uma obra só. Assisti ao show *The Wall*, com Roger Waters, e foi uma experiência inesquecível. Além disso, David Gilmour é um dos meus guitarristas favoritos, pelo *feeling*, timbre de guitarra (que vem muito da própria pegada) e porque seus solos dão vontade de assoviar junto do início ao fim.

THE POLICE – OUTLANDOS D'AMOUR (1978)
Na minha infância, lembro de acordar muitas manhãs ouvindo esse disco, que vinha no máximo volume do quarto ao lado, que era do meu irmão (Supla). Eu adorava as músicas e ouço até hoje. A sonoridade que o Police criou é demais, e a voz do Sting – principalmente nessa época – tinha um timbre único.

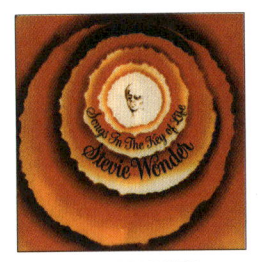

STEVIE WONDER
SONGS IN THE KEY OF LIFE
(1976)

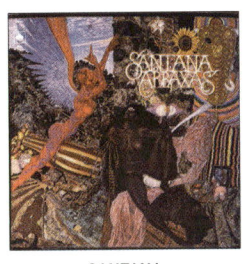

SANTANA
ABRAXAS
(1970)

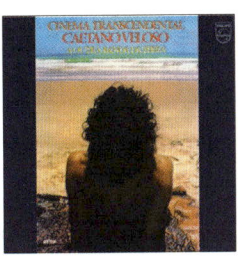

CAETANO VELOSO
CINEMA TRANSCENDENTAL
(1979)

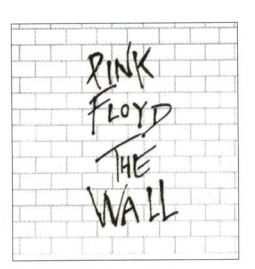

PINK FLOYD
THE WALL
(1979)

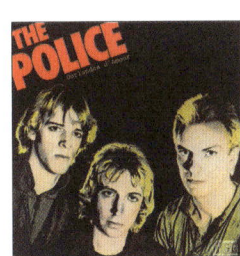

THE POLICE
OUTLANDOS D'AMOUR
(1978)

JOHN AGNELLO

Produtor e engenheiro de som norte-americano, tem extensa experiência na música e já trabalhou com nomes como Breeders, Lemonheads, Patti Smith, Bob Dylan, Dinosaur Jr., Lee Ranaldo, Kurt Vile, Alice Cooper, dentre muitos outros.

Ter nascido em 1959 foi bom para minha adolescência moldada pela música. Foi muito bom ter crescido no final dos anos 1960 até os 1970 com um irmão mais velho que era muito musical e um hippie bem-sucedido. O que não faltava era música popular tocando em casa, de Beatles a Rolling Stones a Beach Boys. Também não foi nada mau quando esse irmão se formou na faculdade e começou a trabalhar na Eventide, projetando equipamentos digitais de última geração para melhoria da qualidade de som e estúdios de gravação. Adivinha onde foi meu primeiro emprego? Acertou. Na linha de produção da Eventide, montando dispositivos de *delay* e outros pedais de efeito populares na época. Foi onde ganhei dinheiro suficiente para comprar um aparelho de som incrível. O mais potente do quarteirão. Um receptor Pioneer SX 737, alto-falantes AR e toca-discos AR ficavam no meu porão tocando alguns dos melhores discos dos anos 1970.

Um dos primeiros álbuns que me influenciou foi *Revolver*, dos Beatles. Ainda era muito jovem e não entendia o que estava ouvindo, mas sabia que soava diferente de outros discos. Voltei a ele anos depois e é um dos meus preferidos dos Beatles, se não for o favorito.

The Rise and Fall of Ziggy Stardust and The Spiders From Mars do David Bowie foi outro disco que me influenciou muito. Emocionalmente, "Five Years" começa o álbum e, já na primeira batida, fico cativado. A história, a emoção, o desespero. Ouvi este disco repetidamente e ainda ouço. As cordas e os sopros e o contexto sonoro o deixam exuberante em contraste com a sensação esparsa das músicas mais roqueiras do resto do álbum.

O primeiro disco que realmente ouvi e pensei "Como eles fizeram isso?" foi *Queen II*. Desde o momento em que "Ogre Battle" começa, com o loop da bateria invertida e, depois, avançando é atordoante. Lembro que foi um dos primeiros álbuns em que olhei os créditos de produção e procurei quem era o en-

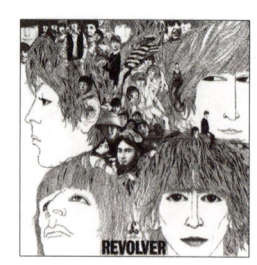

THE BEATLES
REVOLVER
(1966)

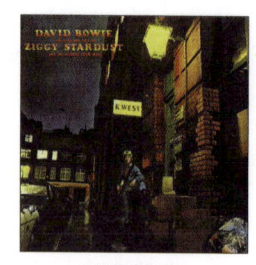

DAVID BOWIE
THE RISE AND FALL OF ZIGGY STARDUST AND THE SPIDERS FROM MARS
(1972)

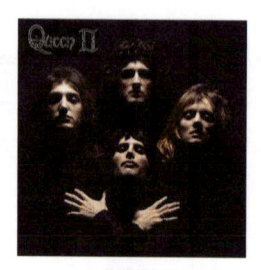

QUEEN
QUEEN II
(1974)

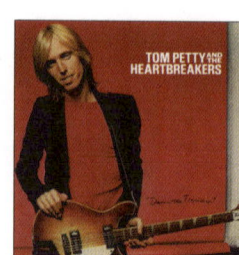

TOM PETTY
DAMN THE TORPEDOES
(1979)

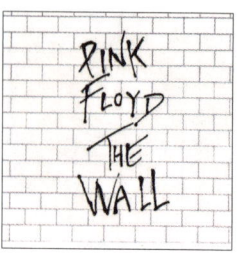

PINK FLOYD
THE WALL
(1979)

genheiro de gravação. Décadas depois, passei um dia com Roy Thomas Baker, um perfeito cavalheiro, e falei com ele sobre isso. Fiquei hipnotizado pela obscena voracidade da produção – e isso é um elogio. Camadas e camadas de vocais de apoio com "oohs" e "aaahs". Harmonia depois de harmonia. Músicas que se fundem umas com as outras. Acho que, em todo o lado A, cada música passa para a outra como uma faixa longa. E o cravo? Hahahahahaha, esses ingleses eram malucos, mas também foram com tudo. E nos créditos na parte inferior do disco, afirmaram com orgulho: "Sem Sintetizadores".

Naquela época, já estava mergulhado no mundo do glam. Ouvia Roxy Music, Sparks, entre outros, e comecei a ir a shows. O meu primeiro foi da Joni Mitchell, turnê do *Court and Spark*. Meu irmão me levou ao show e *oops*! Esqueci meus óculos! Meus shows seguintes, sem nenhuma ordem, foram The Kinks, Sparks, Queen. Quando vi o Queen ao vivo, já conseguia ir sozinho, e esses shows abriram uma porta totalmente nova para mim.

Damn The Torpedoes do Tom Petty é um álbum perfeito de nove faixas. Ainda soa melhor do que muita coisa lançada hoje. Não há nenhuma música de se jogar fora. Quando "Louisiana Rain" termina, normalmente viro o disco e coloco o Lado A para ouvir mais uma vez.

Mais ou menos nessa época, o Pink Floyd lançou *The Wall*. Que coisa espetacular! Um álbum duplo, totalmente conceitual, que incorporou tantos estilos musicais. Então, tive a sorte de ver um dos shows no Nassau Coliseum. Que produção!!! Incrível.

Um disco que realmente me abalou foi War do U2. Muito imediato. Muito primitivo. Amei as músicas e o jeito que foram tocadas e foi uma ótima época para a banda, porque foi antes de ela ficar gigante. Havia algo muito especial neles nessa fase. Lembro que gostei da técnica de gravação no disco. Foi então que virei fã de Steve Lillywhite, como engenheiro e como produtor. A bateria soava grande e profunda; a caixa soava como um canhão; a guitarra e o baixo também soavam imensos, como o som de uma banda ao vivo.

Avance uns dez anos para o Nirvana e o início do movimento grunge. *Nevermind* era uma combinação tão perfeita de grunge e frases pegajosas, à moda do Boston. Sempre ouço o sucesso "More Than a Feeling" do Boston na cabeça quando escuto "Teen Spirit", e rapaz, eles acertam em cheio a coisa do ALTO, suave, ALTO, suave. Fazem isso com maestria. Logo depois que esse disco virou um sucesso, comecei a trabalhar com o Screaming Trees e o Dinosaur Jr., e o Nirvana sempre estava nos meus pensamentos.

Outro grande álbum para mim naquela época foi o do My Bloody Valentine. Outro ataque sônico. Kevin Shields realmente consegue uns sons de guitarra ótimos e ferrados ao mesmo tempo. E amo a frieza dele. E como os vocais masculino/feminino funcionam juntos. Se eu dissecar alguns aspectos do som posso ficar seletivo, mas como um todo ele arrasa. Comecei a usar mais pedais de guitarra depois dele. Por volta de 1992 vi um show ótimo no Ritz em Nova York. Screaming Trees abrindo para o My Bloody Valentine e Dinosaur Jr. como atrações principais. Possivelmente o melhor e com certeza o show mais alto em que estive presente.

Falando no Dinosaur Jr., acho que *Where You Been* tem sido uma grande influência na minha carreira. Acho que foi o que realmente decolou minha carreira, fez com que eu começasse a fazer esses tipos de disco. A garotada ainda fala desse disco. Caras como Kurt e Will (do Okkervil River) mencionam esse disco de vez em quando.

Nos últimos anos, dois discos que me encantaram foram *Epic* da Sharon Van Etten e o último do Phoenix. Vejo esses dois artistas fazendo grandes álbuns daqui a alguns anos.

Espero ter passado no teste! Obrigado por me chamar para contribuir.

U2
WAR
(1983)

NIRVANA
NEVERMIND
(1991)

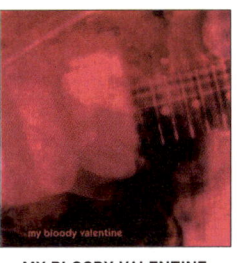

MY BLOODY VALENTINE
LOVELESS
(1991)

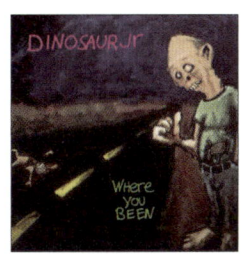

DINOSAUR JR.
WHERE YOU BEEN
(1993)

SHARON VAN ETTEN
EPIC
(2010)

KAREN JONZ

Skatista profissional brasileira, Karen Jonz é tricampeã mundial de skate vertical feminino. Além disso, é designer, escritora, participa de coletivos de arte, criou a grife Monstra Maçã e tem a banda Vaconaut & The Apple Monster junto com o namorado Lucas Silveira, da Fresno. Ela tem um canal no YouTube chamado Garagem de Unicórnio. ¶

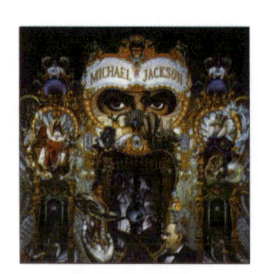

MICHAEL JACKSON
DANGEROUS
(1991)

SILVERCHAIR
NEON BALLROOM
(1999)

NEW KIDS ON THE BLOCK
STEP BY STEP
(1990)

THE USED
THE USED
(2002)

METALLICA
BLACK ALBUM
(1991)

MICHAEL JACKSON – DANGEROUS (1991)
Era do meu pai e eu não cansava de ouvir "Heal The World". Chegava a chorar de tão bonita que achava essa música.

SILVERCHAIR – NEON BALLROOM (1999)
Acho que foi o disco que mais ouvi na vida. Silverchair é minha banda favorita até hoje e o Neon Ballroom, na minha opinião, é um disco corajoso e bem sucedido. Não canso de ouvir.

NEW KIDS ON THE BLOCK – STEP BY STEP (1990)
Marcou minha passagem de ouvir Xuxa e Balão Mágico para o mundo dos adultos que ouviam bandas.

THE USED – THE USED (2002)
Todas as músicas são boas.

METALLICA – BLACK ALBUM (1991)
Eu me achava muito roqueira por gostar de Metallica. O Black Album tem as músicas mais legais deles.

MGMT – ORACULAR SPECTACULAR (2008)
Marca minha fase indie. Essa banda chegou estourando e representa uma época diferente pra música, quando começaram a surgir muitas bandas ao mesmo tempo, em uma velocidade gigante.

ALANIS MORISSETTE – JAGGED LITTLE PILL (1995)
Ser adolescente mulher no final dos anos 1990 é sinônimo de balançar os cabelos cantando "Ironic" a plenos pulmões!

THE OFFSPRING – AMERICANA (1998)
Dispensa muitas explicações. Daqueles para ouvir até gastar. Decorei todas as letras com o encarte.

BLINK 182 – ENEMA OF THE STATE (1999)
Era meu CD preferido para ficar feliz. "All The Small Things", "What's My Age Again?"... Tinha um pouco de vergonha de gostar de Blink, mas ouvia todo dia no discman.

NIRVANA – NEVERMIND (1991)
Como boa skatista grunge roqueirinha, aprendi tocar "Smells Like Teen Spirit" na guitarra antes de "Atirei O Pau No Gato".

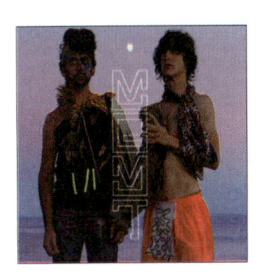

MGMT
ORACULAR SPECTACULAR
(2008)

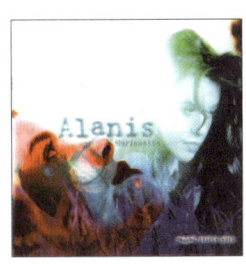

ALANIS MORISSETTE
JAGGED LITTLE PILL
(1995)

THE OFFSPRING
AMERICANA
(1998)

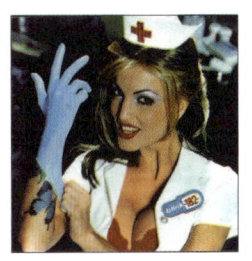

BLINK 182
ENEMA OF THE STATE
(1999)

NIRVANA
NEVERMIND
(1991)

KEN STRINGFELLOW

Músico norte-americano, atualmente em carreira solo, Ken foi guitarrista/vocalista do The Posies, músico de apoio do R.E.M. e participou da reunião da lendária banda de power pop Big Star. ¶

O que considerei para esta lista é simples – em minha vida movimentada de músico de turnê, produtor, compositor, pai, etc., com todos os pedidos que me fazem para ouvir a última mix, a última demo, a música que está explodindo para a humanidade como um suor profundo e contínuo... para que música eu volto? Por causa da enorme quantidade de músicas que ouço, é raro escutar um álbum duas vezes. Então, um disco me cativar a ponto de repeti-lo é, para mim, o maior elogio. Então, colocarei estes álbuns na lista hoje, mas se escrevesse essa lista de novo amanhã, provavelmente seria muito diferente – meus humores, minhas lembranças mudam com o ângulo do sol e muitas outras coisas.

THE CARDIGANS – *LONG GONE BEFORE DAYLIGHT* (2003)

O álbum do Cardigans, lançado quando a banda já tinha uma longa carreira e seu primeiro a não ser um imenso sucesso mundial, é de muitas formas seu disco mais ambicioso. A produção é tão rica e linda. Há um toque de Nashville se infiltrando. As duas primeiras faixas, "Communication" e "You're the Storm", são provavelmente as melhores misturas de acessíveis e contemplativas que se pode ouvir.

XTC – *BLACK SEA* (1980)

Este disco realmente me conquistou na adolescência. Ele me colocou no longo e solitário caminho de desafiar a categorização fácil. Apresentar o XTC como meramente uma banda hiperativa de nu-wave é ridículo, mas provavelmente essa é a primeira coisa que vem à mente. Amo a produção interessante deste álbum, cheia de pequenos sons sutis e uma noção de aventura que é muito visual. Dá para notar que essa era uma banda incrível ao vivo, e essas músicas têm em seu cerne uma simplicidade essencial – compare com as músicas que o XTC fez quando parou com as turnês alguns anos depois do lançamento deste disco – embora elas sejam muito peculiares, são fundamentadas no incrível dom da banda para a melodia. Um jovem Nick Launay trabalhou neste álbum como engenheiro; simplesmente com este crédito, nós o contratamos para produzir o quarto álbum do Posies, *Amazing Disgrace*.

BRENDAN BENSON – *THE ALTERNATIVE TO LOVE* (2005)

Um desses "álbuns perfeitos" – composição da melhor qualidade e de coração, produção estelar. Encontrei Brendan ao longo dos anos e, por causa da minha vida movimentada, nunca tinha realmente prestado atenção a seu trabalho. Recebi uma cópia deste disco e ele se tornou um daqueles para os quais sempre volto. Tive muita sorte em

THE CARDIGANS
LONG GONE BEFORE DAYLIGHT
(2003)

XTC
BLACK SEA
(1980)

BRENDAN BENSON
THE ALTERNATIVE TO LOVE
(2005)

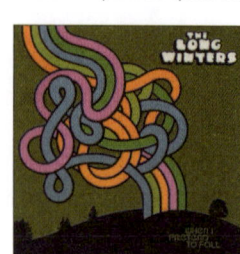

THE LONG WINTERS
WHEN I PRETEND TO FALL
(2003)

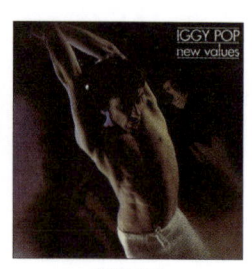

IGGY POP
NEW VALUES
(1978)

entrar para a banda do Brendan em uma turnê e tocar muitas dessas músicas ao vivo.

THE LONG WINTERS – *WHEN I PRETEND TO FALL* (2003)

OK, é verdade – trabalhei em muitos dos meus álbuns preferidos. Pego muitas dicas e ideias dos discos que admiro muito, então... espero que isso se reflita em produções de qualidade da minha parte, certo? Se não conseguisse entregar um clássico, não deveria estar correndo atrás e pedindo para as pessoas confiarem em minhas habilidades. Só que, ao mesmo tempo, é raro uma banda totalmente desenvolvida me procurar. John Roderick é um compositor formidável, definitivamente. Montou uma ótima banda para este álbum. Tem sido difícil para ele fazer outro disco tão bom quanto esse – não acho que o disco seguinte tenha sido tão musicalmente encantador e um novo disco está sendo adiado por uma década.

IGGY POP – *NEW VALUES* (1979)

Amo a produção totalmente enxuta deste álbum. Há algo muito niilista em tirar toda a pretensão de uma música – de qualquer forma, certamente é assustador ouvir um disco tão despido de glamour. Também é necessário ter uma confiança e bravura supremas para não se esforçar tanto. Algo para lembrar!

BIG STAR – *THIRD / SISTER LOVERS* (1978)

Demorei um pouco para entender este álbum. Acho que a maioria das sequências que foram escolhidas arbitrariamente para as várias edições dele são enganadoras. É como seguir uma trilha cheia de ramificações no escuro... há vezes em que a diferença entre estar perdido ou não é mais ou menos insignificante e com certeza não há nada de seguro neste disco... ainda assim, é tão lindo. As pessoas que o chamam de "perturbador" estão procurando um tipo de beleza que escritores de cartões oferecem. Procuro a beleza como ela é, como um rosto humano – nada é perfeitamente simétrico e nosso próprio ideal ilusório é que comete o erro de impor pequenas formas de ordem sobre o que já está perfeitamente concebido.

APHEX TWIN – *RICHARD D. JAMES ALBUM* (1996)

Embora soe mais convencional agora, este álbum foi um pioneiro importante para o que era possível em ritmos eletrônicos – os passos digitais são tão pequenos que abordam uma espécie de sensação analógica quebrada.

THE RESIDENTS – *WORMWOOD: CURIOUS STORIES FROM THE BIBLE* (1998)

Os Residents são especialistas na cara-de-pau, que é meu tipo de humor preferido. As coisas são apresentadas de um jeito tão direto que não dá para acreditar – e a diferença entre expectativas normais e o que você está vendo te faz rir. Aqui, a banda revela que a Bíblia é uma compilação de histórias verdadeiramente estranhas, violentas e até drogadas, o que não representa a maneira como supostamente devemos considerar este livro.

THE CLASH – *COMBAT ROCK* (1982)

É impressionante que um álbum tão desafiador tenha se tornado o maior sucesso de uma banda. Quando era mais novo, ficava confuso porque parecia que as pessoas ao meu redor – meus colegas, adultos, professores – estavam constantemente simplificando demais a vida e esperando que todos se juntassem a eles para facilitar. Como se considerar o mundo em todas as suas facetas fosse trabalhoso demais. Só que isso é preguiça pura. E também é perigoso – de repente você tem estereótipos raciais, ufanismo e outros males que crescem da recusa de gastar energia mental para ver tudo, o tempo todo, pelo que é. Nessa época, estava aprendendo sobre o punk rock e me disseram que ele tinha um visual – jaquetas de couro com tachas, moicanos; um som – só com palhetadas pra baixo, três acordes; uma visão social, etc. Alguém me disse: escute estas bandas, incluindo o Clash. Então, comprei este disco e ele com certeza não soava como as pessoas diziam quando descreviam o punk. Do ponto de vista da conformidade, fiquei arruinado, e desde então luto contra a categorização.

IAN MCGLYNN – *NOW WE'RE GOLDEN* (2012)

Outro álbum no qual trabalhei, então pode me xingar, mas o escuto o tempo todo. Tem uma mistura muito boa de momentos eletrônicos e analógicos, e foi gravado de maneira tão simples – só dois canais por vez, na maior parte do tempo, no apartamento do Ian.

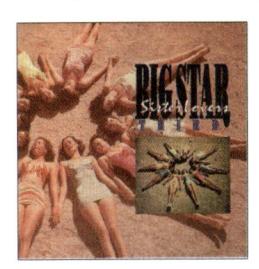

BIG STAR
THIRD / SISTER LOVERS
(1978)

APHEX TWIN
RICHARD D. JAMES ALBUM
(1996)

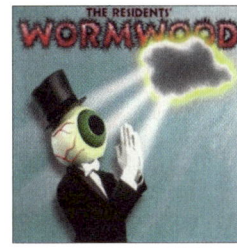

THE RESIDENTS
WORMWOOD: CURIOUS STORIES FROM THE BIBLE
(1998)

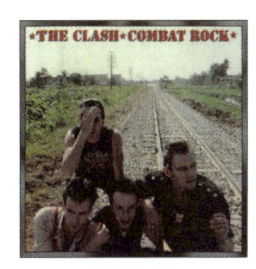

THE CLASH
COMBAT ROCK
(1982)

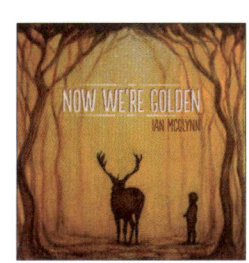

IAN MCGLYNN
NOW WE'RE GOLDEN
(2012)

KID VINIL

Jornalista, cantor e compositor, Kid Vinil influenciou gerações com seus programas de rádio e TV. Comandou o *Boca Livre*, na TV Cultura, e o *Mocidade Independente*, na Rede Bandeirantes. Foi VJ da MTV, executivo de gravadoras, teve inúmeros programas de rádio e ficou conhecido pelos sucessos dos anos 1980 "Sou Boy", "Tic Tic Nervoso" e "Comeu", com sua antiga banda Magazine. Atualmente, Kid está à frente do projeto musical Kid Vinil Xperience.

THE ROLLING STONES – *LET IT BLEED* (1969)

É difícil escolher um disco dos Stones dessa fase do final dos anos 1960 e início dos 1970. Até algum tempo atrás meus favoritos eram *Exile on Main St.*, *Beggars Banquet*, *Sticky Fingers* ou *Their Satanic Majesties Request*, mas recentemente ouvindo *Let It Bleed* redescobri um grande disco. Eu era garoto quando ouvi pela primeira vez esse disco e foi a primeira vez que fumei maconha na sala da casa dos meus pais. A sensação ao ouvir *Let It Bleed* foi espetacular, parecia que escutava até as gargalhadas dos Stones no estúdio durante a gravação. Tirando minhas viagens, eis um grande e transitório disco, pois marcava a saída de Brian Jones que participou de duas músicas somente, meses antes de sua morte. Tinha também o novo Stone, Mick Taylor, na guitarra (mas ele tocou em apenas duas músicas). Na verdade, um disco de Keith Richards, que marcou também sua estreia como voz principal na maravilhosa "You Got The Silver".

JEFFERSON AIRPLANE – *BARK* (1971)

Esse disco foi minha introdução à obra do Jefferson Airplane. Depois de assistir o filme *Woodstock* fiquei impressionado com a performance deles em "Volunteers". Nas minhas andanças pela loja Museu do Disco, que ficava na R. Dom José de Barros (em SP), certo dia o vendedor Odair (que me dava as dicas das coisas novas) me mostrou *Bark* do Airplane. O disco me ganhou logo de cara pela capa, toda embrulhada, como se fosse um pacote de supermercado. Era uma nova fase da banda, sem o vocalista Marty Balin; assim, Grace Slick e Paul Kantner davam as cartas. Um disco sem nenhum hit, mas musicalmente um dos mais ricos que eles fizeram. Baladas lindíssimas, às vezes até meio deprê, mas adorava ouvir "When the Earth Moves Again", algo grandioso nas vozes de Grace e Paul. O lado blues de Jorma Kaukonen também aparece em canções como "Feel So Good". Um disco que eu decorei de ponta a ponta, e aprendi a gostar dessa fase do Jefferson Airplane.

ROD STEWART – *NEVER A DULL MOMENT* (1972)

A fase Rod Stewart com o Faces é clássica. Discos como *A Nod Is As Good As A Wink… To A Blind Horse* e o derradeiro *Ohh La La* eu furei de tanto ouvir. Em sua carreira solo nos anos 1970, Rod Stewart contou com o Faces como banda de apoio até 1973. Esse *Never A Dull Moment* também foi dica do saudoso Odair, do Museu do Disco. Passando na porta da loja, as enormes caixas acústicas tocavam "Twisting The Night Away" de Sam Cooke. O vendedor me chamou atenção para a virada de bateria no final e a volta da ban-

THE ROLLING STONES
LET IT BLEED
(1969)

JEFFERSON AIRPLANE
BARK
(1971)

ROD STEWART
NEVER A DULL MOMENT
(1972)

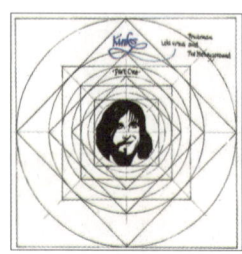

THE KINKS
LOLA VERSUS POWERMAN AND THE MONEYGOROUND, PART ONE
(1970)

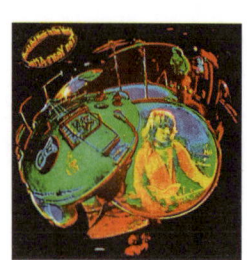

TEN YEARS AFTER
ROCK & ROLL MUSIC TO THE WORLD
(1972)

da com um dos mais belos *shuffles* de rock and roll que já ouvi. Nesse disco tem de tudo, folk, rock, blues. "Angel", de Jimi Hendrix, ganhou uma interpretação magnífica de Rod Stewart, assim como "Mama, You Been On My Mind" de Bob Dylan. E a guitarra de Ron Wood era devastadora nas parcerias com Rod em várias faixas.

THE KINKS – LOLA VERSUS POWERMAN AND THE MONEYGOROUND, PART ONE (1970)

Esse foi meu primeiro disco dos Kinks, lembro do dia que o comprei, na verdade troquei. Fui a uma loja na Av. São João e peguei o álbum *Just Another Band from LA* do Frank Zappa, por recomendação de um amigo. Ao chegar em casa e ouvir o disco (que era gravado ao vivo), não curti, não estava preparado para todo aquele cáustico humor de Frank Zappa e não consegui engolir um lado inteiro de improvisações. Queria algo mais rock and roll e visceral para aquele momento, daí voltei na loja e vi o disco dos Kinks. Já conhecia as coisas mais antigas deles, mas nesse disco eles começavam uma nova fase, misturando suas raízes ao country e ao hard rock em algumas faixas. Era tudo que eu precisava naquele momento e me apaixonei por "Lola" e "Apeman".

TEN YEARS AFTER – ROCK & ROLL MUSIC TO THE WORLD (1972)

Outra banda que me conquistou quando vi o filme do festival *Woodstock*: o guitarrista Alvin Lee entrava no palco com uma melancia nas costas, colhida na fazenda, e me impressionou aos primeiros acordes de "I'm Going Home". Mais uma aquisição feita no sagrado Museu do Disco, um álbum que respira rock and roll. Adoro faixas como "Choo Choo Moma", "You Give Me Loving" e a sensacional "Rock & Roll Music to the World" que encerra o disco. Nessa época Alvin Lee tinha um pianista espetacular na banda chamado Chick Churchill, que era puro rock and roll.

SLADE – SLADE ALIVE! (1972)

1972 foi um ano importante pro rock and roll e pra minha vida e formação musical. Nesse ano descobri o Slade e enlouqueci com o álbum *Slayed?*, e em seguida com esse ao vivo. Quando cheguei em casa com o disco, botei na vitrola no máximo volume e me joguei contra as paredes, diante de toda aquela fúria rock and roll. Num dado momento, pulava tanto que caí no chão e fui parar no hospital. O mais engraçado foi explicar pro medico que quase quebrei o joelho ouvindo um disco do Slade. Um dos melhores discos ao vivo que já ouvi. Abre com uma música do Alvin Lee, do Ten Years After, chamada "Hear Me Calling": uma releitura que chega a superar a original. Tem cover de John Sebastian na clássica "Darling Be Home Soon" e encerra com "Born To Be Wild". Uma selvageria do começo ao fim.

T-REX – ELECTRIC WARRIOR (1971)

Essa fase do glam rock britânico é um momento abençoado, dali saíram todas as influências do punk e pós punk e uma porrada de outras gerações que se sucederam. Marc Bolan e seu T-Rex foram de uma importância imensa. *Electric Warrior* antecede *The Slider*, sua outra obra-prima. Na minha infância, levava o disco do T-Rex nas aulas de inglês e pedia pra professora me ajudar a traduzir as letras. Ela me indagava: "De onde você tira essas coisas? O cara não fala nada com nada, o que ele quis dizer com *debaixo da lua be-bop*?". Eu dizia pra ela: "Muita coisa professora, muito mais do que você imagina!". Marc era um bruxo e sabia nos seduzir com suas levadas e sussurros nos momentos exatos. Um verdadeiro orgasmo!

DAVID BOWIE – ALADDIN SANE (1973)

A primeira vez que ouvi Bowie foi em 1972, quando a Sonia Abreu me apresentou através do programa de rádio do Antonio Celso, na extinta Excelsior. Sonia produzia o programa. Numa noite de tempestade, eu estava ouvindo rádio no fusquinha do meu irmão, por volta da meia noite, quando eles anunciaram que tocariam dois discos novos, *Ziggy Stardust* e *Electric Warrior*. Minha vida mudou depois dessa noite. Parecia que os raios da tempestade iriam destruir o carro, enquanto rajadas saíam pelos falantes vindas da guitarra de Mick Ronson. No ano seguinte convenci meu irmão a me dar *Aladdin Sane* do Bowie, pois ele adora arranjos de piano e quando ouviu a introdução de "Lady Grinning Soul" ficou apaixonado pelo disco. Os arranjos desse disco são algo à parte, um momento glorioso de Bowie. Até mesmo o cover de "Let's Spend The Night Together" (dos Stones) teve uma nova cara na interpretação de Bowie.

continua na página 215

SLADE
SLADE ALIVE!
(1972)

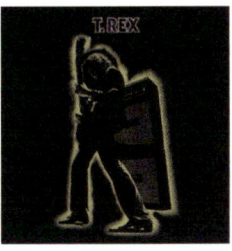

T-REX
ELECTRIC WARRIOR
(1971)

DAVID BOWIE
ALADDIN SANE
(1973)

RAMONES
END OF THE CENTURY
(1980)

BLONDIE
BLONDIE
(1976)

LAERTE

Um dos principais cartunistas do Brasil, Laerte Coutinho é o criador dos Piratas do Tietê. Já publicou suas HQs e cartuns em veículos como Estadão, *O Pasquim* e *Chiclete com Banana*. Também foi roteirista de programas como *TV Pirata*, *Sai de Baixo* e *TV Colosso*. Atualmente colabora com o jornal *Folha de S.Paulo*.

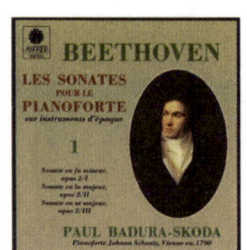

PAUL BADURA-SKODA
BEETHOVEN / LES SONATES POUR LE PIANOFORTE - OEUVRES 110 & 111
(1980)

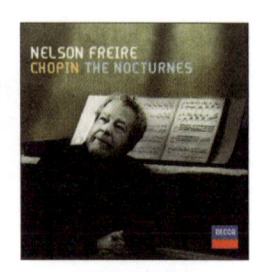

NELSON FREIRE
CHOPIN / THE NOCTURNES
(2009)

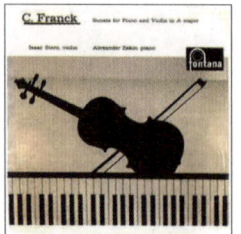

ISAAC STERN & ALEXANDER ZAKIN
C.FRANCK / SONATE FOR PIANO AND VIOLIN IN A MAJOR
(1959)

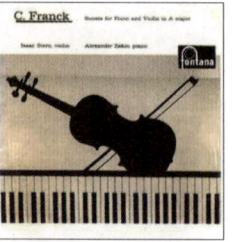

Acho que esses discos eram os mais próximos do meu coração.

Ultimamente tenho tido grandes dificuldades em relação à música – qualquer música. Praticamente não consigo mais ouvir de modo "apaixonado", para mencionar uma das sonatas de Beethoven. Ouço com uma parte de mim, que consegue algo próximo de gostar, ainda que com bastante impaciência.

O problema é que não sei se lembro de intérpretes, gravadoras e outros detalhes…

Mas minha prateleira incluiria esses discos. Não é uma lista de 10, mas pense que só as sonatas dão vários LPs – mais de 10.

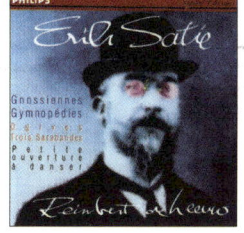

REINBERT DE LEEUW
ERIK SATIE / GYMNOPÉDIES
(1996)

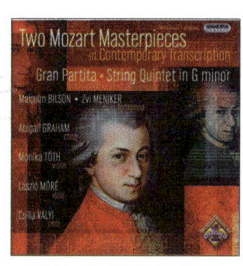

BILSO, MENIKER, GRAHAM, TÓTH, MÓRE, VÁLYL
MOZART / STRING QUINTET IN G MINOR
(2006)

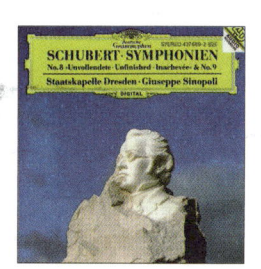

GIUSEPPE SINOPOLI
FRANZ SCHUBERT / SYMPHONIEN NO. 8 UNFINISHED
(1993)

LAETITIA SADIER

Vocalista, guitarrista e tecladista da banda Stereolab. Laetitia também tem uma carreira solo bem ativa, com quatro álbuns lançados. O mais recente chama-se *Something Shines* (2014).

Aqui está o meu Top 10 de hoje... amanhã pode ser uma seleção levemente diferente de álbuns... tantos discos vitais e maravilhosos foram feitos neste mundo lindo! É muito importante fazer a tradição do álbum viver e ser lembrada. Como muitas outras coisas, espécies e também formas de atividade humana, ela está no processo de se perder.

Começarei, sem nenhuma ordem em particular, com:

JANE WEAVER – *THE FALLEN BY WATCHBIRD* (2010)

Jane fez parte de várias bandas e projetos antes de iniciar sua carreira solo. Ela também comanda uma gravadora chamada Bird Records, que se concentra em música criada por mulheres. Tudo o que ouvi desse selo foi incrível ou de qualidade musical muito alta. O disco dela que me tocou mais é *The Fallen By Watchbird*. É uma música completamente assombrosa e encantadora, misturando muito da mais linda tradição folclórica com a modernidade da música feita hoje. Em resumo, é um disco meio mágico, uma magia que ela canaliza de uma maneira encantadora e que é muito específica desta parte do mundo, o Reino Unido.

GIORGIO TUMA – *IN THE MORNING WE'LL MEET* (2011)

Um dos meus discos preferidos de todos os tempos! Como as melhores pérolas e coisas neste mundo, você tem de passar por algumas faixas introdutórias e se preparar para a maravilha que virá. Algumas das músicas mais lindas que me deram para ouvir estão neste álbum muito bem construído. Vamos mais fundo na beleza à medida que as faixas se seguem. "An Enchanting Blue" ainda me encanta quando a escuto. Tenho a garantia de um voo incrível quando ouço "Oh Marc, Please Let Me Fly With My IV"... "Old Old Kiss" sempre me comove profundamente.

MOMOTTE – *SEXE CONTRE NOURRITURE* (2006)

Outro favorito, música completamente original feita pelos franceses no começo da década de 2000. Pela primeira vez, quando ouvi a música e encontrei a banda, foi como finalmente encontrar minha família francesa – depois de 15 anos de exílio no Reino Unido e pouca esperança de que a França teria algo a me oferecer em termos de conexão musical. Eu estava errada, e muito feliz por estar errada. Trabalhei e colaborei com alguns músicos dessa trupe, um mais talentoso e original do que o outro...

Sexe contre nourriture é como alguns soldados

JANE WEAVER
THE FALLEN BY WATCHBIRD
(2010)

GIORGIO TUMA
IN THE MORNING WE'LL MEET
(2011)

MOMOTTE
SEXE CONTRE NOURRITURE
(2006)

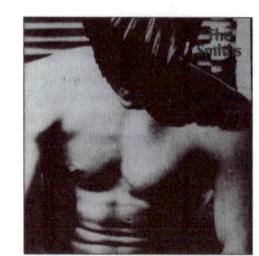

THE SMITHS
THE SMITHS
(1984)

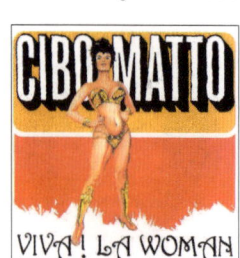

CIBO MATTO
VIVA! LA WOMAN
(1996)

americanos ficaram conhecidos por oferecer proteção contra seus próprios atos ao povo local durante a guerra no Iraque dos anos 90. Mas o disco não é sobre esse tema específico, é uma observação sobre o que é estar vivo, apaixonado, não ter dinheiro e estar cercado pelo absurdo. Um álbum muito poético. Composição fantástica. Ótima produção – nossa, parece uma propaganda!

THE SMITHS – *THE SMITHS* (1984)

Como amo este disco. Porque para uma francesa morando na França nos anos 1980, amar os Smiths era um ato radical, extremamente insólito!!! Enquanto isso, o disco chegava ao número 2 das paradas britânicas e lá ficou por semanas... e no Reino Unido, gostar dos Smiths estava mais para gostar de (ou odiar) os Beatles. Este é um dos álbuns que realmente mudou minha vida. Expressava, com urgência insolente, o fato de ser um estranho em um mundo de pressuposta normalidade, uma idiossincrasia articulada – haha, o Morrissey me ensinou esta! – de que essa normalidade imposta sobre a maioria não fazia sentido algum. Foi fortalecedor ouvir esse álbum várias vezes até saber todas as letras, conseguir cantar todos os riffs de guitarra e pausas completamente, de cor. Este álbum me fez decidir: quero fazer música! Foi um disco para crescer junto.

CIBO MATTO – *VIVA! LA WOMAN* (1996)

Outro disco de mudar a vida, outra percepção da realidade que mudou minha visão para sempre. E realmente amo o título – realmente, *Viva! La Woman!!!* A música é divina – sim, pode-se dizer de um jeito "urbano" –, tão inteligente, tão humana, tão cheia de coração e diversão, tão cheia de raiva e desejo de viver. Está tudo ali, poesia surrealista incluída. Um álbum para virar mulher.

BECK – *SEA CHANGE* (2002)

Este disco me prendeu na época – principalmente por causa da qualidade da música e provavelmente porque não esperava tanta profundidade emocional vinda de Beck, que até então tinha sido um nerd empolgado muito inteligente da Costa Oeste. Foi ouvindo este álbum que percebi o efeito dramático que arranjos de corda podem trazer a uma gravação. A produção também é bastante notável para mim, um som oceânico ao qual aspiro...

PORTISHEAD – *THIRD* (2008)

É um álbum perfeito. Tudo está em seu lugar, a música é muito tensa, experimental, linda, um trabalho perfeito.

JORGE BEN – *A TÁBUA DE ESMERALDA* (1974)

Se eu tivesse de escolher um disco para levar a uma ilha deserta, seria este. Não apenas o encarte me deixava feliz de ter algo enigmático para olhar, mas também a música tinha tanto a oferecer que funcionava para toda ocasião. Se eu estava triste, tocava *A Tábua de Esmeralda* e com certeza ficava feliz. Se estava feliz, sem dúvida ele aumentaria a sensação. Se quisesse dançar, ele atenderia a meu desejo e me faria dançar. Se quisesse pensar, criaria espaço na sala para poder fazer isso. Se a louça estava suja, fazia com que as tarefas da casa fossem um prazer!!! Como algumas músicas podem transmitir tantos atributos, ainda me pergunto... Novamente, alguns grandes arranjos de cordas neste álbum são impressionantes... um disco para a alma.

SAM PREKOP – *WHO'S YOUR NEW PROFESSOR* (2005)

Este é um álbum que tem o recorde no meu coração de não ter nenhuma faixa tapa-buraco! Todas as 12 músicas estão ligadas à intensidade da canção seguinte, sem fraquejar e sem induzir um desejo de olhar para outro lugar por um momento sequer. É totalmente cativante, beleza pura para meus ouvidos, alegria iluminada para meu coração. Sim, um disco para o coração.

OOIOO – *KILA KILA KILA* (2004)

Este é um disco que visita muitos lugares selvagens e espectros. Ele se molda de muitas formas que cativam meus ouvidos. O tempo todo. É bem experimental, mas com os pés no chão. É difícil ser experimental e se manter firme, sem querer simplesmente decolar para esferas celestiais, dane-se todo mundo, e nunca voltar para uma visita. Este álbum decola, mas sempre se conecta graciosamente com o ouvinte, é tão atento e maluco ao mesmo tempo! É como se o céu nos brindasse com uma visita...
Este foi o quarto disco da banda. Queria vê-la ao vivo!

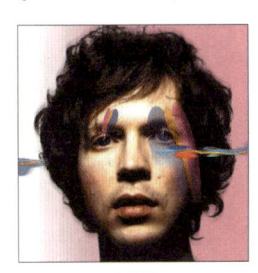

BECK
SEA CHANGE
(2002)

PORTISHEAD
THIRD
(2008)

JORGE BEN
A TÁBUA DE ESMERALDA
(1974)

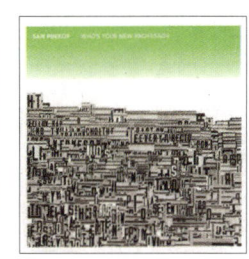

SAM PREKOP
WHO'S YOUR NEW PROFESSOR
(2005)

OOIOO
KILA KILA KILA
(2004)

LAURA BALLANCE

Baixista da banda norte-americana Superchunk e uma das criadoras do selo Merge Records (casa de bandas como Arcade Fire, She & Him, Teenage Fanclub e Caribou). ¶

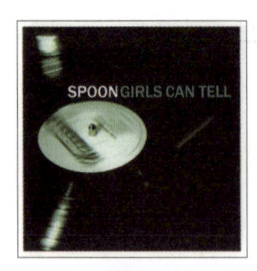

SPOON
GIRLS CAN TELL
(2001)

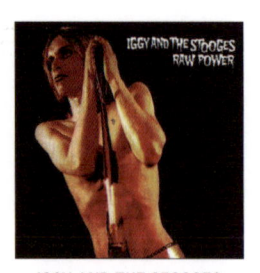

IGGY AND THE STOOGES
RAW POWER
(1973)

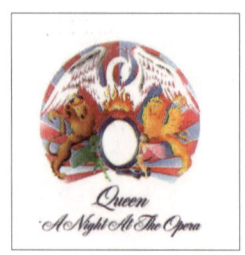

QUEEN
A NIGHT AT THE OPERA
(1975)

WIRE
CHAIRS MISSING
(1978)

ELTON JOHN
GOODBYE YELLOW BRICK ROAD
(1973)

Aqui está. Esta lista é totalmente imprecisa. Se me pedissem para montá-la de novo outro dia, provavelmente seria uma completamente diferente. Há tantos grandes álbuns no mundo que parece errado ter de escolher os preferidos.

SPOON – *GIRLS CAN TELL* (2001)
Um dos meus álbuns preferidos lançados pela Merge. Já o ouvi inúmeras vezes. Nunca envelhece, em parte por causa da vulnerabilidade e da emoção que ele carrega.

IGGY AND THE STOOGES – *RAW POWER* (1973)
"Shake Appeal" apareceu mais nas minhas fitas gravadas do que qualquer outra música. Este álbum é cheio de perigo e sexualidade crua.

QUEEN – *A NIGHT AT THE OPERA* (1975)
Ópera rock incrível. Diversão irresistível para sempre.

WIRE – *CHAIRS MISSING* (1978)
Para mim, é difícil escolher entre este álbum e *Pink Flag*. Esses caras são gênios na criação de hinos punk espetaculares.

ELTON JOHN – *GOODBYE YELLOW BRICK ROAD* (1973)
Um dos primeiros discos pelos quais realmente me apaixonei. Eu o ouvi em um jantar na casa de amigos dos meus pais no final dos anos 1970. Acho que eu tinha uns 10 anos. Fiquei de queixo caído. Ainda fico. Elton é o cara.

BUZZCOCKS – *LOVE BITES* (1978)
Algumas das músicas pop mais contagiantes do planeta estão aqui. Se o mundo fosse um lugar justo, eles seriam milionários.

SIOUXSIE AND THE BANSHEES – *JUJU* (1981)
Fui uma jovem gótica nos velhos tempos e venerava a Siouxsie. Este álbum resistiu ao tempo e quando o escuto hoje, sempre acho coisas novas nele para admirar. Suas acrobacias vocais são insanas e perfeitas.

ISAAC HAYES – *HOT BUTTERED SOUL* (1969)
Derreto. Este disco é a expressão perfeita de um coração partido.

PUSSY GALORE – *DIAL M FOR MOTHERFUCKER* (1989)
Amo este álbum como um documento de um certo período na minha vida. É duro, é sexy... é o que eu queria ser aos 20 anos.

DAVID BOWIE – *HUNKY DORY* (1971)
É realmente difícil escolher um álbum preferido do David Bowie. Ele escreveu tantas músicas incríveis, mas este ganha hoje por causa das faixas "Andy Warhol" e "Queen Bitch", que, na minha opinião, frequentemente são ignoradas.

BUZZCOCKS
LOVE BITES
(1978)

SIOUXSIE AND THE BANSHEES
JUJU
(1981)

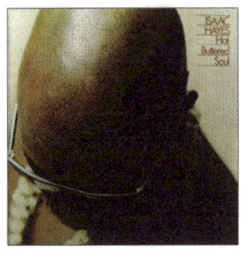

ISAAC HAYES
HOT BUTTERED SOUL
(1969)

PUSSY GALORE
DIAL M FOR MOTHERFUCKER
(1989)

DAVID BOWIE
HUNKY DORY
(1971)

LEELA

Banda carioca cujo núcleo é formado pelo casal Bianca Jhordão (que também é apresentadora de TV) e Rodrigo Brandão. Sempre juntos em tudo, fizeram uma única lista dos 10 álbuns prediletos.

NIRVANA
NEVERMIND
(1991)

PIXIES
DOOLITTLE
(1989)

LOU REED
TRANSFORMER
(1972)

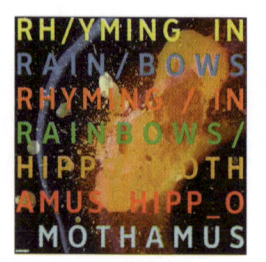

RADIOHEAD
IN RAINBOWS
(2007)

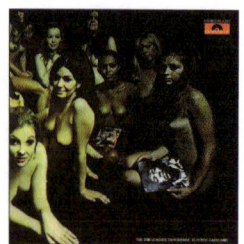

THE JIMI HENDRIX EXPERIENCE
ELECTRIC LADYLAND
(1968)

NIRVANA – *NEVERMIND* (1991)
Esse álbum mudou o paradigma do rock pra gente. Pesado, pop, melódico, com alterações de dinâmica e muita atitude indie. Antes a Bianca só curtia metal e eu (Rodrigo) curtia rock clássico. Trouxe o interesse da gente para bandas novas, contemporâneas, que fervilhavam no cenário independente e nos motivaram a montar uma banda também.

PIXIES – *DOOLITTLE* (1989)
Após ser citado como influência pelo Kurt Cobain, procuramos conhecer o trabalho da banda. Esse é o álbum mais pop deles e que chega a parecer como um "Best Of". Escutamos seguidamente por um bom tempo.

LOU REED – *TRANSFORMER* (1972)
Apesar de conter o mega-hit "Walk On The Wild Side", só nos interessamos mesmo pelo álbum a partir do filme *Trainspotting*, no qual a conhecida cena de overdose tem como trilha a maravilhosa canção "Perfect Day".

RADIOHEAD – *IN RAINBOWS* (2007)
Logo que nos mudamos para São Paulo, em 2007, o Radiohead lançou esse álbum com sua estratégia inovadora de "pague o quanto quiser". Ficamos encantados com o repertório, os climas, as apresentações ao vivo que eles divulgavam na Internet com toda aquela melancolia característica da banda. Combinou bastante com nosso período de adaptação e mudança de cidade.

THE JIMI HENDRIX EXPERIENCE – *ELECTRIC LADYLAND* (1968)
Fabuloso álbum duplo desse artista genial acompanhado de sua melhor banda. Tem a leitura da canção do Bob Dylan, "All Along the Watchtower", uma das músicas favoritas de Bianca.

PJ HARVEY – *STORIES FROM THE CITY, STORIES FROM THE SEA* (2000)
A cantora preferida da Bianca, que ouvia esse disco sem parar. A música "This Mess We're In" – em parceria com Thom Yorke – é arrepiante.

THE B-52'S – *THE B-52'S* (1979)
Escolhemos interpretar The B-52's para um programa de TV e passamos um tempo mergulhados no repertório da banda. Esse álbum impressiona pela crueza, riffs matadores e dançantes, além das letras surreais e muito divertidas. Para o Rodrigo, ainda representou uma volta à infância pois a banda era uma das favoritas de sua mãe, no início dos anos 1980. Foi uma das grandes influências para inserirmos sintetizadores no som do Leela.

THE BEATLES – *YELLOW SUBMARINE* (1969)
Apesar de não ser um dos melhores álbuns da nossa banda favorita e feito a partir de sobras e canções de outros álbuns, o filme de animação e toda atmosfera psicodélica que remonta à infância encantaram o Rodrigo quando criança e tem encantado nosso filho Theo, chegando a ser o tema do aniversário de 2 anos dele. Assistimos o filme e escutamos o disco diversas vezes com ele, tanto que acabamos montando uma apresentação, que fala sobre todas as histórias e músicas que envolvem o filme, voltada para pais e seus filhos.

WEEZER – *PINKERTON* (1996)
Logo que começamos a namorar, um amigo trouxe de fora esse álbum que escutávamos sem parar. A melancolia, o peso, as melodias, as letras, os timbres estourados e distorcidos de todos os instrumentos causaram um grande impacto na gente. Apesar de ser considerado um fracasso comercial e renegado pela banda durante um tempo, é um dos álbuns favoritos dos fãs do Weezer, e nós nos incluímos nesse grupo.

THE STOOGES – *THE STOOGES* (1969)
Visceral, direto, com letras que falam sobre o tédio adolescente, esse disco influenciou muito o punk rock e o início da nossa primeira banda, o Polux. Tocávamos "I Wanna Be Your Dog" na maioria dos shows da banda e era sensacional, fazíamos a maior barulheira no final.

PJ HARVEY
STORIES FROM THE CITY, STORIES FROM THE SEA
(2000)

THE B-52'S
THE B-52'S
(1979)

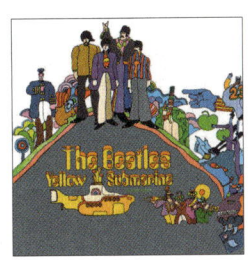

THE BEATLES
YELLOW SUBMARINE
(1969)

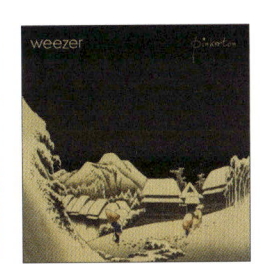

WEEZER
PINKERTON
(1996)

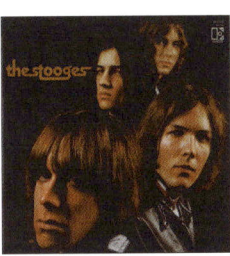

THE STOOGES
THE STOOGES
(1969)

LUCAS SILVEIRA

Vocalista e guitarrista da banda Fresno, Lucas também tem projetos paralelos, como o Beeshop (carreira solo) e SIRsir, de música eletrônica. ¶

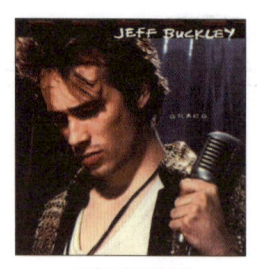

JEFF BUCKLEY
GRACE
(1994)

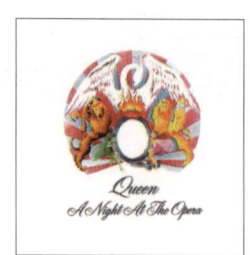

QUEEN
A NIGHT AT THE OPERA
(1975)

DASHBOARD CONFESSIONAL
THE PLACES YOU HAVE COME TO FEAR THE MOST
(2001)

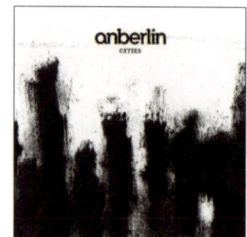

ANBERLIN
CITIES
(2007)

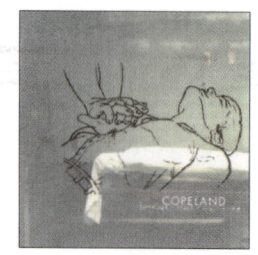

COPELAND
BENEATH MEDICINE TREE
(2003)

JEFF BUCKLEY – *GRACE* (1994)
Dono da mais bela e inspirada voz que eu já ouvi, fez um único álbum que embala noites frias e viagens de ônibus há anos. Um grande injustiçado da música, pelo seu reconhecimento, tão pequeno, perante tamanha genialidade. "Corpus Christi Carol" traduz uma quantidade indescritível de sofrimento e dor para apenas uma dúzia de versos.

QUEEN – *A NIGHT AT THE OPERA* (1975)
Impossível pegar apenas um disco da minha banda preferida da vida, mas esse é o que condensa tudo que me fez ser absolutamente apaixonado por todos os integrantes dessa banda. Todos tão diferentes, tão opostos, e tão geniais no que tocam e escrevem. A maior banda que esse mundo já viu.

DASHBOARD CONFESSIONAL – *THE PLACES YOU HAVE COME TO FEAR THE MOST* (2001)
Um disco que me pegou pelo cangote e mudou minha vida. Relatos sinceros demais, tristes demais, bonitos demais, de uma vida comum de um cara qualquer que resolveu empunhar o violão e gritar seus demônios.

ANBERLIN – *CITIES* (2007)
A obra-prima de uma gema "desconhecida" do rock americano. Vocais com ecos de Smiths, aliados a bases de duas décadas depois, e uma mensagem poderosa que me influencia até hoje. Poesia inspirada e uma oscilação entre o leve e o pesado que só faz sentido e soa natural em pouquíssimas bandas.

COPELAND – *BENEATH MEDICINE TREE* (2003)
Os primeiros acordes de "Testing The Strong Ones" me cortam o coração até hoje. Com uma voz que oscila entre timbres masculinos e femininos, o vocalista desfila versos tocantes e melancólicos que, injustamente, jamais encontraram os ouvidos do *mainstream*.

EXPLOSIONS IN THE SKY – *THOSE WHO TELL THE TRUTH SHALL DIE, THOSE WHO TELL THE TRUTH SHALL LIVE FOREVER* (2001)
A banda que me trouxe para o post rock e me cativou pela capacidade que seus integrantes têm de redigirem verdadeiras orações sem utilizar sequer uma palavra cantada. Eles me mostraram um outro lado da música instrumental, que não precisa de virtuosismo, nem de solo, nem de acordes complicados.

THE GET UP KIDS – *SOMETHING TO WRITE HOME ABOUT* (1999)
É um dos grandes tesouros da segunda fase do proto-emo dos EUA. Muitas canções lindas, que ficariam bonitas na voz de qualquer outro artista. Melodias que eu não canso de cantar até hoje.

THE ATARIS – *BLUE SKIES, BROKEN HEARTS... NEXT 12 EXITS* (1999)
Um clássico do punk rock do final dos anos 1990. Kris Roe adolescendo em versos e me fazendo querer montar uma banda e fazer a mesma coisa.

LAGWAGON – *LET'S TALK ABOUT FEELINGS* (1998)
O próprio nome do disco já é um manifesto de liberdade no meio do hardcore americano, até então tão associado a canções de protesto. "May 16" fez muita gente querer ter banda por aí, e tem uma das letras mais bonitas que eu já vi.

THE BEATLES – *MAGICAL MYSTERY TOUR* (1967)
Porque toda lista tem que ter Beatles. E porque esse disco está muitos anos à frente de seu tempo. Marca o começo do auge criativo do Paul, meu beatle favorito.

EXPLOSIONS IN THE SKY
THOSE WHO TELL THE TRUTH SHALL DIE, THOSE WHO TELL THE TRUTH SHALL LIVE FOREVER
(2001)

THE GET UP KIDS
SOMETHING TO WRITE HOME ABOUT
(1999)

THE ATARIS
BLUE SKIES, BROKEN HEARTS...NEXT 12 EXITS
(1999)

LAGWAGON
LET'S TALK ABOUT FEELINGS
(1998)

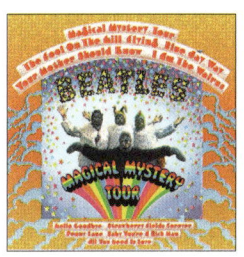

THE BEATLES
MAGICAL MYSTERY TOUR
(1967)

LUCIANA GIMENEZ

Apresentadora, iniciou a carreira como modelo internacional aos 16 anos. Hoje está à frente de dois programas no horário nobre (*Luciana by Night* e *SuperPop*). Já apresentou o *The View*, na rede ABC, ao lado de Barbara Walters e Whoopi Goldberg.

U2
THE JOSHUA TREE
(1987)

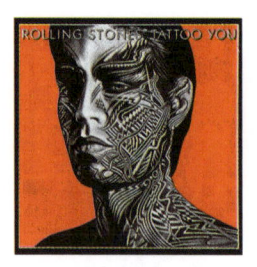

THE ROLLING STONES
TATTOO YOU
(1981)

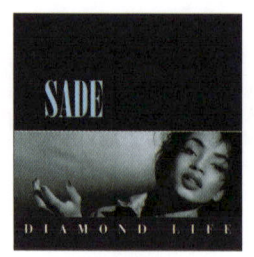

SADE
DIAMOND LIFE
(1984)

BEYONCÉ
DANGEROUSLY IN LOVE
(2003)

BOB MARLEY
LEGEND
(1984)

U2 – THE JOSHUA TREE (1987)
Eu era muito nova quando comecei a trabalhar como modelo fora do país. Quando me mudei para a Alemanha, em 1989, U2 tocava muito, em todo lugar. As músicas de *Joshua Tree* marcaram muito esse período que eu passei em Hamburgo.

THE ROLLING STONES – TATTOO YOU (1981)
Por incrível que pareça, quem me deu o vinil, o LP mesmo, foi uma pessoa que eu gostava muito que era o Renê, namorado da minha mãe. Ele foi uma pessoa muito importante na minha vida e me influenciou muito. Ele amava esse álbum e me deu de presente quando eu tinha meus 20 anos. Tenho o maior carinho por essas músicas.

SADE – DIAMOND LIFE (1984)
Eu morei na França no verão que lançaram a música "Smooth Operator". Estava todo mundo ouvindo e ela me traz muitas memórias de Paris e de Ibiza.

BEYONCÉ – DANGEROUSLY IN LOVE (2003)
Muita gente se lembra de mim ou do SuperPop quando ouve "Crazy in love", ainda hoje. Foi a música que por anos usamos para abrir o SuperPop. Acho que passei uns cinco anos ouvindo a mesma música todos os dias, então toda vez que entra a música é inevitável: acho que todo mundo lembra da abertura do SuperPop.

BOB MARLEY – LEGEND (1984)
Eu ouvia muito Bob Marley quando era adolescente. Eu e meus amigos ouvíamos bastante no Rio de Janeiro, nas baladas, nos passeios. Também me lembra umas férias que eu tirei na Jamaica, então é um artista que me traz sempre boas lembranças de férias, de praia, uma coisa bem relax mesmo.

HÔTEL COSTES VOL. 11 (2008)
Eu curti muito esse CD com o Marcelo, meu marido. Nós fomos a Paris e ficamos um tempo no Hôtel Costes mesmo; nós íamos jantar, almoçar, e compramos o CD lá. Ouvimos muito em nossas férias na praia também.

BILLIE HOLIDAY – SONGS FOR DISTINGUÉ LOVERS (1957)
Billie Holiday também me lembra muito de uma época melancólica que eu morei em Paris. Eu ficava no meu apartamentinho bem parisiense, com as estacas no teto. Foi uma época bem melancólica, numa entressafra de namorados. Eu sofri bastante em Paris com as janelas abertas no topo do mundo e chorando as minhas pitangas para a Billie Holiday.

BLITZ – AS AVENTURAS DA BLITZ (1982)
Esse disco é da época em que eu conhecia bastante o Evandro Mesquita e eu ouvia também muito a Blitz. Era adolescente, 13 anos. Aquele era o som do momento, eu adorava. Eu acho que a Blitz é uma da bandas nacionais que eu mais curti.

KID ABELHA – EDUCAÇÃO SENTIMENTAL (1985)
Ouvi muito Kid Abelha com meus amigos. Éramos adolescentes e íamos dançar, íamos ao morro da Urca, sempre ouvindo essas músicas que me remetem a momentos muito agradáveis. Adoro Kid Abelha, assim como a Blitz. Queria muito entrevistá-los num dos meus programas.

RITA LEE – RITA LEE (1980)
Adoro a Rita Lee! Todas as músicas dela são incríveis e também me lembram muito minha adolescência. São músicas atemporais, toda vez que fechamos os olhos, nós lembramos de momentos agradáveis. Acredito que música boa traz isso.

HÔTEL COSTES VOL. 11
(2008)

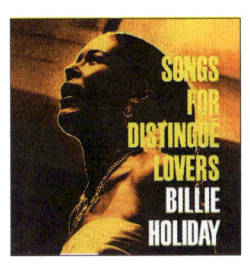

BILLIE HOLIDAY
SONGS FOR DISTINGUÉ LOVERS
(1957)

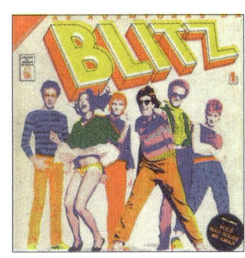

BLITZ
AS AVENTURAS DA BLITZ
(1982)

KID ABELHA
EDUCAÇÃO SENTIMENTAL
(1985)

RITA LEE
RITA LEE
(1980)

LÚCIO RIBEIRO

Um dos jornalistas de cultura pop mais influentes da atualidade, Lúcio edita o Popload e escreve sobre música para o caderno *Ilustrada*, da Folha de S.Paulo. É curador do festival Popload Gig e do Popload Festival, sócio do Cine Joia e DJ residente do Bar Secreto, em São Paulo (SP).

THE MODERN LOVERS
THE MODERN LOVERS
(1976)

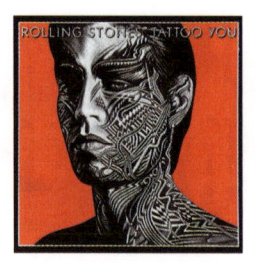

THE ROLLING STONES
TATTOO YOU
(1981)

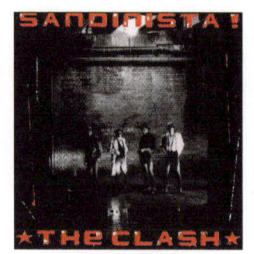

THE CLASH
SANDINISTA!
(1980)

THE SMITHS
THE SMITHS
(1984)

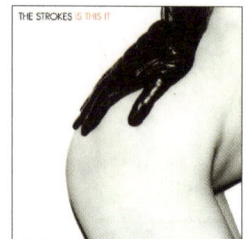

THE STROKES
IS THIS IT
(2001)

Confesso que é quase uma lista sem pé nem cabeça e é difícil deixar algumas coisas de fora, álbuns melhores até, bandas mais "significativas", mas escolhi discos representativos da minha vida, de alguns de meus momentos neste planeta. Acho impressionante como o álbum do Modern Lovers é o disco mais velho e o que eu acho com mais cara de novo da minha lista. Eu sou "famoso" por gostar de bandas novas, mas quase que escuto esse disco único da banda do Jonathan Richman todos os dias. Tenho uma queda por álbuns "ruins", mas que são cheios de energia. O Sex Pistols representa eles todos. LCD Soundsystem é uma das bandas que eu mais gosto na vida. Acho tudo genial, da batida ao vocal à letra ao clima. Quase botei dois deles. O resto é resto. O meu resto.

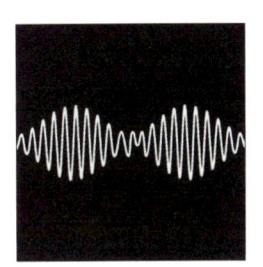

ARCTIC MONKEYS
AM
(2013)

LCD SOUNDSYSTEM
SOUND OF SILVER
(2007)

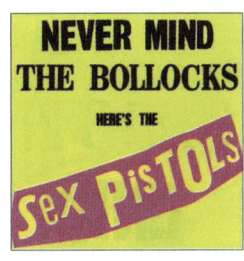

SEX PISTOLS
NEVERMIND THE BOLLOCKS, HERE'S THE SEX PISTOLS
(1977)

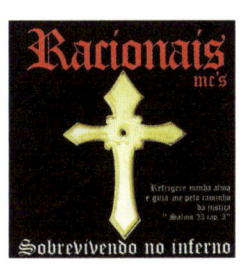

RACIONAIS MC'S
SOBREVIVENDO NO INFERNO
(1997)

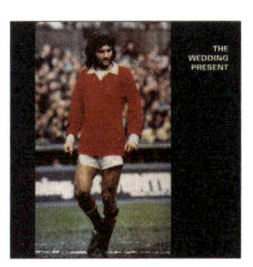

THE WEDDING PRESENT
GEORGE BEST
(1987)

LUISA MICHELETTI

Atriz e apresentadora de TV, Luisa foi VJ da MTV de 2006 a 2010. Atualmente comanda o programa *Bastidores*, no Multishow.

Que missão difícil. Quando comecei a pensar nessa lista com os 10 discos da vida, me veio logo em mente que, se eu fosse passar minha vida como um filme na cabeça, ela certamente teria uma trilha para cada fase. Então fiz escolhas mais afetivas e menos racionais. Aí vão elas!

JOHN LENNON – *IMAGINE* (1971)
Em 1994, nem todo mundo tinha aquele aparelho de som que tocava aquele disquinho brilhante. O primeiro disquinho que comprei foi esse. Não sei quem indicou, acho que gostei da capa. O cara parecia meu pai. O disquinho refletia a imagem de uma menina de 11 anos, que por conta do conteúdo deste álbum viria a gostar muito de rock mais tarde.

MAMONAS ASSASSINAS – *MAMONAS ASSASSINAS* (1995)
Eu tinha 12 ou 13 anos quando eles lançaram esse disco, ou seja... era uma febre em todos os lugares. Aquilo era muito engraçado, muito bem tocado, muito ousado e, só depois fui perceber, já com mais referências musicais, pois cada música do disco fazia uma paródia com alguma banda conhecida (tipo Red Hot Chili Peppers, The Clash...). Até hoje fico imaginando como teria sido o segundo disco deles.

CAETANO VELOSO – *TRANSA* (1972)
Assim como existem artistas que produzem obras que preenchem necessidades de mercado e de público, existem artistas que são canais através dos quais uma obra se manifesta como se ela tivesse vida própria. É assim que me soa o *Transa*. Poesia e levada se embaraçam, como se fosse um estado alterado e elevado de consciência.

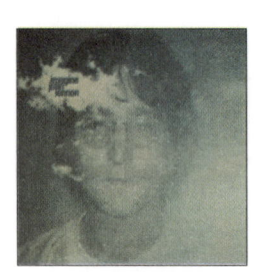

JOHN LENNON
IMAGINE
(1971)

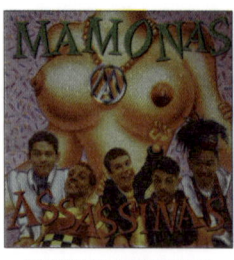

MAMONAS ASSASSINAS
MAMONAS ASSASSINAS
(1995)

CAETANO VELOSO
TRANSA
(1972)

THE STROKES
IS THIS IT
(2001)

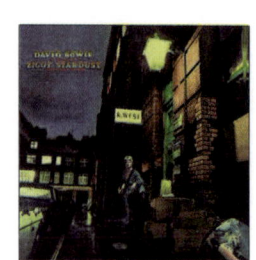

DAVID BOWIE
THE RISE AND FALL OF ZIGGY STARDUST AND THE SPIDERS FROM MARS
(1972)

THE STROKES – *IS THIS IT* (2001)
É totalmente pessoal. Talvez para mim e mais meia dúzia de centenas de pessoas que viveram os vinte anos na década de 2000 e estavam misturando shows de rock, amigos, cerveja, esmaltes escuros, meias rasgadas, entusiasmos, incertezas, risadas, beijos na boca e ressacas até às 6 da manhã.

DAVID BOWIE – *THE RISE AND FALL OF ZIGGY STARDUST AND THE SPIDERS FROM MARS* (1972)
Na minha humilde opinião, isso é mais que um disco, é uma linguagem. É um tracinho de lápis na linha do tempo, tanto musical quanto estética e comportamental. Tem coisas não só na música, mas também na moda, por exemplo, que não teriam sido feitas se não fosse David Bowie, e nesse disco ele ganha força total. É como ver um filme de Kubrick. A gente sempre se surpreende com o quanto aquilo ainda é mais transgressor (e sem se levar totalmente a sério!) do que muitas coisas feitas 30 anos depois.

OS MUTANTES – *TECNICOLOR* (2000)
Acho um dos discos mais lindos do mundo. Ele coloca toda a complexidade virtuosa dos Mutantes por baixo de uma atmosfera lúdica e leve. Só grandes artistas conseguem priorizar sua mensagem em detrimento da técnica e do conhecimento que têm para fazer aquilo. É a essência acima do ego. Se desse para usar um disco como lema de vida, seria esse.

BON IVER – *FOR EMMA, FOREVER AGO* (2007)
É um disco recente, que mexeu muito comigo pela beleza triste dos arranjos e da melodia. Justin Vernon é o nome do cara por trás desse projeto. Esse primeiro disco dele foi resultado de um isolamento de quatro meses numa cabana nas montanhas depois de um rompimento amoroso. Acabei aprendendo a tocar algumas músicas no violão de tanto que ouvi.

COCOROSIE – *NOAH'S ARK* (2005)
Outro disco recente, que não tem nem dez anos. A dupla de moças consegue criar texturas e camadas muito interessantes em suas músicas. Misturam piano, canto lírico, miado de gato, xilofone, apito de chaleira. Acho muito feminino. Devendra Banhart e Antony and the Johnsons aparecem no disco em participações. Sempre imagino cenas de cinema europeu quando ouço. Só que elas iriam além da trilha desse filme imaginário. Fariam o próprio *sound design* do filme.

CHICO BUARQUE – *CONSTRUÇÃO* (1971)
Algum disco do Chico tinha que entrar na minha lista, pois cresci ouvindo. Minha mãe ouvia muito em casa e no carro. "Construção", "Samba de Orly" e "Minha História" são músicas incríveis que estão neste álbum. São exemplos de canções que contam histórias tão bem quanto livros.

BON JOVI – *NEW JERSEY* (1988)
Deixei por último que era para o amigo roqueiro não parar de ler minha lista. Pois é gente, ser adolescente nos anos 90 significa quase ter feito uma tatuagem do Superman no ombro. E chorar ouvindo "I'll Be There For You", "Living in Sin" e achar que "Bad Medicine" é um super rock pesado. Adoro esse disco!

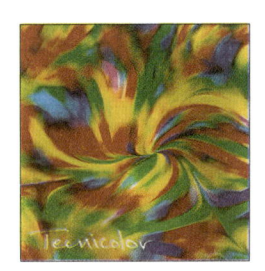

OS MUTANTES
TECNICOLOR
(2000)

BON IVER
FOR EMMA, FOREVER AGO
(2007)

COCOROSIE
NOAH'S ARK
(2005)

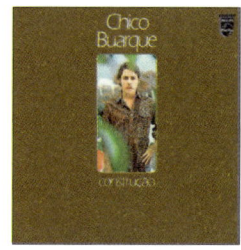

CHICO BUARQUE
CONSTRUÇÃO
(1971)

BON JOVI
NEW JERSEY
(1988)

LUIZ CALANCA

Lendário produtor brasileiro, um dos mais importantes da cena independente. Foi o criador da Baratos Afins, um dos primeiros selos alternativos do Brasil, pelo qual lançou álbuns de artistas como Arnaldo Baptista, Mercenárias, Smack, Itamar Assumpção, Ratos de Porão e Fellini. ¶

OS MUTANTES – *OS MUTANTES* (1968)

Para mim, a mais emblemática e original banda de rock do país. Eles deixaram a MPB mais pop com seu rock experimental, clássico e progressivo, depois de flertar com o beat e toda a lisergia psicodélica necessária para o embrião do movimento tropicalista. Foi meu disco de cabeceira em toda minha juventude.

RONNIE VON – *RONNIE VON* (1967)

Assim como Roberto Carlos, Ronnie Von também tinha um programa de TV, que eu adorava. Pode-se dizer que Ronnie era um príncipe de outro castelo: de uma Jovem Guarda mais cabeça, mais antenada com o beat, a tropicália e até o progressivo na fase mais primitiva. Em seu programa, os Mutantes eram presença constante. Foi Ronnie quem escolheu o nome e ainda deu muita visibilidade à banda, que chegou a acompanhá-lo no disco anterior. Escolhi esse disco de 1967 (que tem a música "Espelhos quebrados"), pelas belas orquestrações arranjadas pelo maestro Damiano Cozzella, e por estar entre os primeiros álbuns psicodélicos feitos no Brasil, e ser um dos mais importantes.

ARNALDO BAPTISTA – *SINGIN' ALONE* (1982)

Com o fim dos Mutantes, Arnaldo passou a trabalhar como produtor musical. Noites inteiras enfurnado em estúdios, e isso acabou motivando a criação e o lançamento de seu primeiro álbum solo, *Lóki?*, em 1974. Eu era apaixonado por esse disco, e no começo dos anos 1980 até manifestei o desejo de lançar uma edição exclusiva desse álbum para minha loja, mas não obtive sucesso de início. Arnaldo já tinha formado o grupo Patrulha do Espaço, depois de desistir do convite de Sérgio para remontar o Mutantes. O Patrulha gravou uma fita demo e fez vários shows, nunca lançados até então. Arnaldo deixou o Patrulha em 1978. Em 1981, tive o prazer de trabalhar com ele em uma produção do show *Shining Alone* no TUCA. Pouco tempo

OS MUTANTES
OS MUTANTES
(1968)

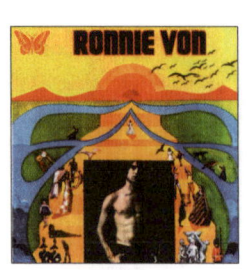

RONNIE VON
RONNIE VON
(1967)

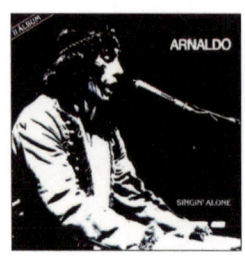

ARNALDO BAPTISTA
SINGIN' ALONE
(1982)

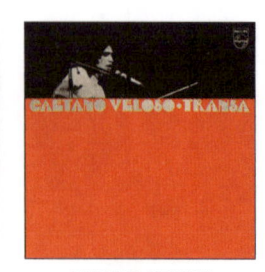

CAETANO VELOSO
TRANSA
(1972)

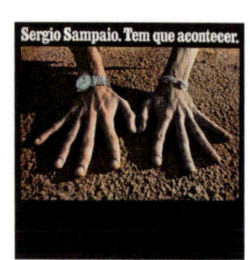

SÉRGIO SAMPAIO
TEM QUE ACONTECER
(1976)

depois, após uma fase complicada em que Arnaldo tentou o suicídio, fui procurado pelos seus familiares para concluir a produção fonográfica do álbum *Singin' Alone*, em que ele tocou todos os instrumentos. O disco só foi lançado em 1982 e foi a estreia do selo Baratos Afins como gravadora, o número 1. Um disco de rock experimental, de alta qualidade artística. Para mim, um remédio para a melancolia, um disco carregado de valor sentimental, que supera o artístico. Talvez por ser o primeiro disco de minha gravadora, considero esse o álbum mais emblemático de minha discoteca.

CAETANO VELOSO – *TRANSA* (1972)
Um álbum clássico, talvez o mais bem produzido de um artista brasileiro. Adorava ouvir "Triste Bahia".

SÉRGIO SAMPAIO – *TEM QUE ACONTECER* (1976)
Compositor, violonista, poeta e cantor modernista, seu maior sucesso comercial foi com o álbum anterior *Eu quero é botar meu bloco na rua*. Mas o álbum *Tem que acontecer* é o que mais me chapa por seus choros, samba rocks aboletados e blues. Sérgio foi talvez o artista mais marginalizado da moderna música popular, daqueles que você poderia chamar de maldito mesmo. Eu era um apaixonado declarado desse álbum e o ouvi à exaustão.

WALTER FRANCO – *REVOLVER* (1975)
O álbum mais importante do rock-vanguardista do Brasil. Sempre citado entre os 50 maiores discos de todos os tempos nas principais publicações em quase todo o mundo. Quando algum estrangeiro procura uma indicação de música brasileira que seja mais interessante e representativa, geralmente toco um trecho de "Eternamente", "Cachorro Babucho" ou "Feito Gente". E sempre convenço.

CHICO BUARQUE – *CONSTRUÇÃO* (1971)
Chico é o maior e melhor poeta musical brasileiro depois de Vinicius de Moraes. *Construção* é um disco corajoso e cheio de críticas ao regime militar, com arranjos extraordinários do maestro Rogério Duprat. Indispensável em qualquer discoteca de música brasileira.

MILTON NASCIMENTO & LÔ BORGES – *CLUBE DA ESQUINA* (1972)
Um dos álbuns duplos mais importantes feitos no Brasil, que eu gosto de chamar de "tropicália mineira", por reunir os mais expressivos e relevantes músicos e compositores daquele estado. Rock and roll, bossa nova e jazz progressivo com influências de música clássica e Beatles. Um período criativo marcante, nunca superado. O álbum continua tendo grande repercussão internacional até hoje. Um disco que é sempre revisto.

BETO GUEDES – *A PÁGINA DO RELÂMPAGO ELÉTRICO* (1977)
Praticamente uma reinvenção do Clube da Esquina, recheado de orquestrações progressivas, harmonias transcendentais, acordes invertidos e complexos, de arrepiar mesmo. Um disco bem conceitual, que passeia por todos os estilos, do choro ao rock. Comprei no dia do lançamento, apenas por ter simpatizado com a capa, e chapei com o som. Foi talvez o primeiro disco que ouvi bastante, mesmo durante um período em que eu trabalhava até de madrugada. Para não acordar minha mulher, ouvia com fones de ouvido, o disco não saía de minha vitrola. Cheguei a trocar minha cópia por outra nova pelo menos umas 3 vezes.

ERASMO CARLOS – *CARLOS, ERASMO* (1971)
Sempre que falo de rock, cito Erasmo. Para mim, seria como citar Beatles ou Rolling Stones: eu não poderia jamais deixá-lo de fora de qualquer lista. Então escolhi este álbum que considero o melhor de sua carreira.

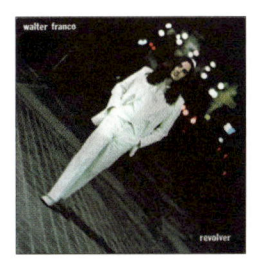

WALTER FRANCO
REVOLVER
(1975)

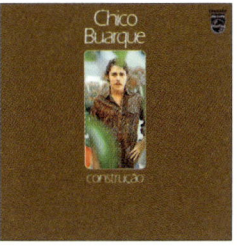

CHICO BUARQUE
CONSTRUÇÃO
(1971)

MILTON NASCIMENTO & LÔ BORGES
CLUBE DA ESQUINA
(1972)

BETO GUEDES
A PÁGINA DO RELÂMPAGO ELÉTRICO
(1977)

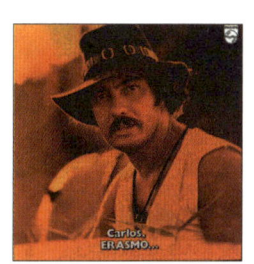

ERASMO CARLOS
CARLOS, ERASMO
(1971)

LUIZ THUNDERBIRD

Um dos primeiros VJs da MTV Brasil, Thunderbird já passou por diversas emissoras, tem programa de rádio e desde os anos 1980 é o líder da banda Devotos de Nossa Senhora Aparecida. Atualmente trabalha na TV Cultura. ¶

Impossível escolher apenas 10 discos entre os melhores que já ouvi. Sofri por bastante tempo elaborando listas que se tornaram enormes, inviáveis. Pensei naqueles discos dos Beatles, dos Stones, do Yes, do The Who, do Zappa, Jimi Hendrix (havia escolhido *Band Of Gypsys* só pra provocar os fanáticos do *Experience*), King Crimson, Sex Pistols, Pink Floyd, Radiohead, Blur, Beck, sem falar dos meus discos de jazz, blues, MPB. Depois de muita dor no coração, palpitações e conflitos, resolvi escolher discos de artistas brasileiros. Pronto, me acalmei. Até começar a me estender e nomear 30 discos prediletos. Sofreguidão, de novo! Ficaram de fora discos de artistas que admiro, como João Gilberto, Elis Regina, Mutantes, Walter Franco, Jorge Mautner, Grupo Rumo, Chico Science e Nação Zumbi, ai de mim... Foi difícil escolher esses 10 discos! Tem que ter uma segunda edição com os "Outros 100 discos preferidos", combinado?

CAETANO VELOSO – *TRANSA* (1972)
Caetano é foda! O cara tem espaço na minha prateleira de discos. Tenho alguns desses álbuns como os mais bacanas: *Jóia*, *Qualquer Coisa*, *Araçá Azul* e *Transa*, o melhor de todos! Minimalista na capa, na banda que acompanha o artista, não tem muito além de voz, violão, baixo, bateria, percussão. Claro que conta com Jards Macalé, Tutty Moreno, Moacyr Albuquerque e Gal Costa, mas me agrada e envolve do começo ao fim. Ouço, de vez em quando, pra viajar (lato sensu/stricto sensu). Canções como "You don't know me", "It's a long way", "Nine out of ten" (primeira menção ao reggae que ouvi na vida, música que Caetano compôs passeando com Péricles Cavalcanti por Portobello Road) e o blues/rock de festinha de amigos na fogueira "Nostalgia". Quem nunca impressionou os amigos no violão com essa música nos tempos de faculdade? Caetano é gênio!

RITA LEE & TUTTI FRUTTI – *FRUTO PROIBIDO* (1975)
Rita Lee era a rainha do rock! Ela me impressionava desde os Mutantes. Linda, graciosa, talentosa, espirituosa, fazia minha cabeça desde os anos 60. Se o rock progressivo acabou com o "lance" dos Mutantes, ao mesmo tempo alavancou Rita Lee pro rock'n'roll. *Atrás do Porto Tem Uma Cidade*, *Fruto Proibido*, *Entradas e Bandeiras* e *Babilônia* fizeram história no rock nacional. O Tutti Frutti tinha Luis Carlini (o me-

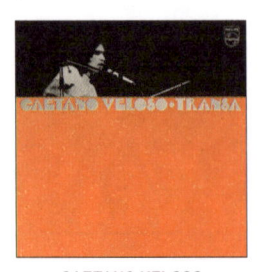

CAETANO VELOSO
TRANSA
(1972)

RITA LEE & TUTTI FRUTTI
FRUTO PROIBIDO
(1975)

SECOS & MOLHADOS
SECOS & MOLHADOS
(1973)

IRA!
MUDANÇA DE COMPORTAMENTO
(1985)

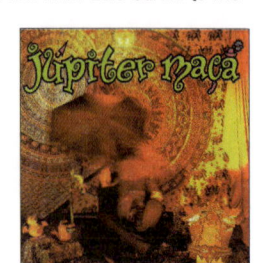

JÚPITER MAÇÃ
A SÉTIMA EFERVESCÊNCIA
(1997)

lhor guitarrista), Lee Marcucci (o melhor baixista) e Franklin Paulillo (o melhor baterista). Foi com *Fruto Proibido* que convenci meus amigos que existia rock brasileiro de verdade. Eu tinha 14 anos e ouvia muito progressivo. Rita me deu material pra fazer minha turma dar uma guinada de volta ao rock de verdade!

SECOS & MOLHADOS – *SECOS & MOLHADOS* (1973)

João Ricardo, Ney Matogrosso e Gérson Conrad formaram a banda, que tinha um baixista argentino espetacular (Willy Verdaguer), e um tecladista/arranjador fantástico (Zé Rodrix). A música de maior sucesso foi "O Vira", com influências do fado. Mas em "Sangue latino", "Assim, assado" e "Fala", a banda oferece algumas das canções mais bonitas desse Brasil brasileiro. Um disco que ouço regularmente. Impressiona o vocal de Ney Matogrosso, isso sem falar nas performances ao vivo de todos. Mérito de João Ricardo, por trazer a poesia pro rock nacional. Um disco incrível!

IRA! – *MUDANÇA DE COMPORTAMENTO* (1985)

Na época do lançamento do disco, a banda ainda não tinha o ponto de exclamação, mas já era a banda de rock mais legal dos anos 80. Já havia um movimento revitalizado do rock brasileiro, mas quando ouvi esse disco, percebi que era algo diferente. Eu já pensava em montar uma banda, mas só queria ouvir rockabilly. Daí, vieram esses caras falando dos *mods*. O antagonismo entre rockers e mods era gritante. O Ira! trouxe o outro lado de forma arrebatadora. E me fez ouvir The Jam, The Who (do começo), Kinks, com mais intensidade. Nasi, Edgard, Gaspa e André, tornaram-se minha banda de rock nacional predileta. Tenho todos os discos! Já abri shows do Ira! com os Devotos, já cantei com os caras no palco, Nasi já produziu músicas pros Devotos, montei duas bandas (Fuck Berry e ThunderStandards) com o Gaspa. Minha ligação com os caras é muito forte. Ninguém entende um mod? Eu saquei tudo, graças ao Ira! e esse primeiro disco!

JÚPITER MAÇÃ – *A SÉTIMA EFERVESCÊNCIA* (1997)

Foi na coletânea Rock Grande Do Sul que conheci De Falla, Os Replicantes, TNT, Garotos da Rua e Engenheiros do Hawaii. Mas quem se destacou, pra mim, foram os Replicantes e os psicodélicos do De Falla. Nunca curti muito o som do Engenheiros, desculpem! TNT passou meio batido aqui em São Paulo. Mas, em 1989, estava me apresentando no Centro Cultural São Paulo com os Devotos, ao lado de bandas (por mim) conhecidas como Vzyadoq Moe, Sexo Explícito, Juízo Final, Mercenárias, Kães Vadius, quando surgiu pra encerrar o festival uma banda (pra mim) desconhecida: Cascavelletes. Foi uma tremenda crise! Eles eram os Rolling Stones *on crack*! Avassaladores, destruíram tudo com um rock pedrada da pesada! Eu pensei: ou você aprende a tocar, ou volta pra Odontologia! Aquela apresentação foi fundamental para mim. E quem era o vocalista? Flávio Basso, do TNT! Passaram-se anos e, de repente, eu estava na casa do Nasi e ele me mostrou um disco do Júpiter Maçã. Pela capa, eu pensei que era um Syd Barret gaúcho. E acertei em cheio! O disco traz composições clássicas como "Miss Lexotan 6mg", "Querida Superhist X Mr. Frog", "Um Lugar do Caralho", "O Novo Namorado", "Essência Interior", "Pictures and Paintings", "As Tortas e as Cucas", uau! Na época, eu queria gravar uma demo e escolhi "Walter Victor", que só foi lançada em 2002, pelos Devotos. Depois disso, me tornei amigo do gênio, toquei com ele, compusemos juntos "Modern Kid", gravei "Kentish Girl"... Júpiter Maçã é um dos maiores artistas do rock brasileiro. Te amo, Júpiter!

ULTRAJE A RIGOR – *NÓS VAMOS INVADIR SUA PRAIA* (1985)

A primeira vez que ouvi "Inútil", pensei que os caras do Ultraje a Rigor seriam presos e torturados pelo DOPS. Naquela época, o fantasma da ditadura militar ainda me assombrava fortemente. Mas foi no Rock in Rio de 1985 que a banda Paralamas do Sucesso entoou o hino de Roger Moreira para todo o Brasil. No mesmo ano, a WEA lançou o disco de estreia do Ultraje, que traz a maioria dos grandes sucessos da banda. Eu acho que o nome do disco era uma cutucada no rock carioca, que dominava a indústria fonográfica. Faz um tempo, toquei num festival com minha banda e o Ultraje fechou o evento. Fiquei no palco, acompanhando o setlist de mega-hits. Impressionante! Claro que acabei indo até o microfone pra cantar "Nós vamos invadir sua praia". Esse disco é um clássico do rock nacional.

continua na página 216

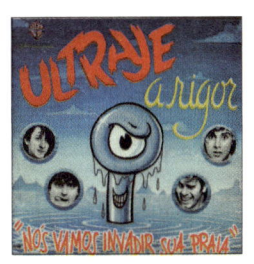

ULTRAJE A RIGOR
NÓS VAMOS INVADIR SUA PRAIA
(1985)

TITÃS
CABEÇA DINOSSAURO
(1986)

ROBERTO CARLOS
ROBERTO CARLOS
(1969)

ARRIGO BARNABÉ E A BANDA SABOR DE VENENO
CLARA CROCODILO
(1980)

PATIFE BAND
CORREDOR POLONÊS
(1987)

MARCELO ROSSI

Com mais de 20 anos de experiência, o fotógrafo Marcelo Rossi já registrou muitos dos grandes nomes do rock e do pop brasileiro e internacional. Também dirigiu clipes e é compositor. ¶

Não tem coisa mais fácil e prazerosa que falar de música pra mim, pois a minha carreira sempre girou em torno dela. O medo é deixar alguém de fora, de tanto carinho que tenho pelas bandas que compuseram a trilha sonora da minha vida. Em um tempo em que as pessoas "baixam" músicas e não tem noção do que é um álbum, nada mais bacana que poder falar dos álbuns e de suas influências em nossas vidas.

THE BEATLES – *A HARD DAY'S NIGHT* (1964)
Lembro-me do primeiro disco que comprei, um compacto dos Beatles com "A Hard Day's Night" em um lado, e não lembro o quê no outro (risos). O bom-mocismo de Paul McCartney e o ritmo das músicas me encantavam de uma maneira inexplicável nos meus 5 anos de idade. Já naquela época, a banda se distanciava de qualquer outro estilo, e reinava triunfante em algum canto da minha cabeça dedicado à essa arte.

SECOS & MOLHADOS – *SECOS & MOLHADOS* (1973)
A banda tinha um estilo único: a maquiagem e o figurino completavam a atmosfera mágica que me levava, com 8 anos de idade, pra longe das "galinhas pintadinhas" da época. A banda foi importante para que eu começasse a me interessar por outros estilos de música, não muito ortodoxos, numa época onde a informação musical era quase inexistente, e o que reinava nos meios de comunicação era altamente censurado e controlado – pra não dizer pobre. O problema é que o disco caiu da capa no caminho pra casa e levei uma surra.

BEE GEES – *BEE GEES GREATEST* (1979)
Comprei na época dos embalos de sábado à noite. Trazia todos os sucessos da época, como "Stayin' Alive", "How deep is your love" e "More than a woman", que eram obrigatórios nos bailinhos da vassoura. As músicas são extraordinárias pela beleza dos arranjos e o timbre da voz do Barry Gibb cantando em falsete, acompanhado dos irmãos. Simplesmente lindo. A onda disco me mostrou muita coisa boa dos anos 1970, bandas de soul americanas que eu acabei conhecendo por tabela e curiosidade, como Isley Brothers, Earth, Wind & Fire, e depois o funk de Kool & The Gang e outras.

ROBERTO CARLOS – *EM RITMO DE AVENTURA* (1967)
Uma paradinha pra citar o Rei Roberto Carlos,

THE BEATLES
A HARD DAY'S NIGHT
(1964)

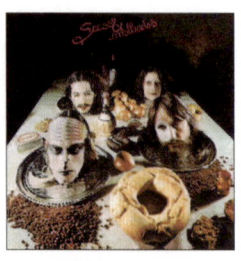

SECOS & MOLHADOS
SECOS & MOLHADOS
(1973)

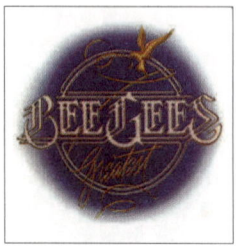

BEE GEES
BEE GEES GREATEST
(1979)

ROBERTO CARLOS
EM RITMO DE AVENTURA
(1967)

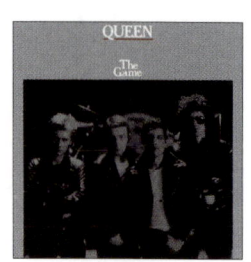

QUEEN
THE GAME
(1980)

que pode entrar aqui como quarto disco, com o meu preferido dele, *Em ritmo de aventura*, trilha do filme de mesmo nome. São tantas as músicas desse cara que eu gosto e ouvi mesmo quando todo mundo achava brega, que é impossível citar aqui, mas este representa bem. Adoro a "crueza" das gravações dessa época no Brasil, o som característico dos anos 60/70, e as improvisações. Músicos incríveis (acho que a banda que gravou este foi Renato e Seus Blue Caps), arranjos sensacionais. "Quando" e "Você não serve pra mim" são um marco desse tempo.

QUEEN – *THE GAME* (1980)

O quinto, meio que cronologicamente, pode ser qualquer um do Queen. Descobri a banda ouvindo "We are the champions" no rádio e isso me levou a definir melhor meu gosto por rock and roll. As vocalizações de Freddie Mercury, o timbre da guitarra galopante de Brian May, o vigor, a energia e a construção das músicas, e a performance ao vivo que assisti em 1981 no Morumbi, foram responsáveis por me colocar de vez no rumo que sigo até hoje, como fotógrafo de rock and roll. O primeiro que comprei deles foi *The Game*.

DURAN DURAN – *DURAN DURAN* (1981)

Sexto! Aqui começa minha paixão pelas bandas inglesas dos anos 1980. Duran Duran foi a banda que me chamou atenção na época. Não só pelo imenso sucesso que faziam, mas pela música, diferente de tudo que eu conhecia. Canções cheias de teclados e efeitos, letras e conceito incríveis, o timbre de voz único de Simon Le Bon e os clipes sensacionais, megaproduções com requintes de roteiro e direção de arte, o envolvimento com a moda, as roupas, toda essa atmosfera que dava um conceito sedutor; o famoso New Romantic aprimorado pela banda. Meu álbum preferido é sem dúvida o *Duran Duran* de 1981, com "Planet Earth", "Anyone out there" e "Girls on film".

TEARS FOR FEARS – *SONGS FROM THE BIG CHAIR* (1985)

Sétimo! Mais uma da ilha Inglesa, Tears For Fears com o álbum conceitual e introspectivo *Songs from the Big Chair*. As músicas com letras intrincadas, que serviram para aprimorar meu conhecimento em inglês, tentando entender o que queriam dizer com a tal da "teoria do grito primal", da qual eram supostamente divulgadores. Psicologia à parte, a música deles foi uma descoberta fascinante. Esse disco reúne os maiores sucessos, "Head Over Heels", "Shout" e uma balada linda chamada "I Believe". Arranjos incríveis, teclados sempre presentes, e Roland Orzabal se mostrando um incrível e virtuoso guitarrista, além de grande compositor.

DEPECHE MODE – *VIOLATOR* (1990)

Oitavo! Depeche Mode é outra banda que eu passei a adolescência ouvindo e me acompanha até hoje. Começou como uma banda de música eletrônica, inovando com *samples* e teclados, criando sons absurdamente inéditos na época e influenciando muitas bandas que viriam depois. Meu álbum preferido é *Violator*, com as faixas "Enjoy The Silence" e "Personal Jesus", uma obra-prima inovadora que foi um marco no mundo musical, colocando a banda num patamar que nenhuma outra eletrônica havia chegado antes. Foi um divisor de águas, uma fase de amadurecimento que faria futuras composições mais agressivas, e levou a banda a assumir os instrumentos de cordas e percussão em suas apresentações ao vivo, substituindo a maioria dos teclados e criando uma liga mais visceral pro lado do rock.

THE SMITHS – *THE QUEEN IS DEAD* (1986)

Claro!! Lembro o dia que vi o clipe de "The Boy With The Thorn In His Side" e fiquei embasbacado. Amor à primeira vista... Morrissey, com a voz mais apaixonante, quase uma súplica em "I Know It's Over", e a guitarra incansável e maravilhosa de Johnny Marr, criando *riffs* copiados até hoje, insistindo em querer me fazer dançar... tente ficar parado em "This charming man"... ah, mas aí já é outro disco... e eu adoro todos! Aliás, Johnny Marr foi o primeiro "gringo" famoso que conheci na vida, quando ele esteve no Brasil com o Pretenders no Hollywood Rock. Mas aí já é outra história!

continua na página 216

DURAN DURAN
DURAN DURAN
(1981)

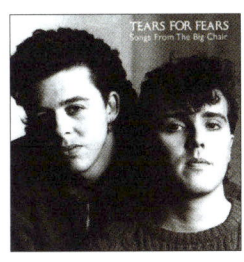

TEARS FOR FEARS
SONGS FROM THE BIG CHAIR
(1985)

DEPECHE MODE
VIOLATOR
(1990)

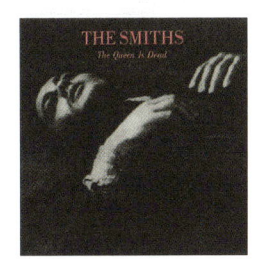

THE SMITHS
THE QUEEN IS DEAD
(1986)

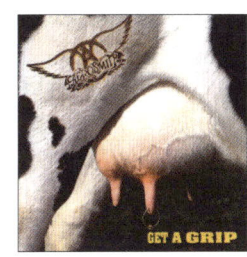

AEROSMITH
GET A GRIP
(1993)

MARCO PAVÃO

Cartunista e animador, Marco Pavão foi o criador de vários desenhos animados da MTV Brasil, como as séries *Fudêncio e Seus Amigos*, *Infortúnio MTV com a Funérea* e a *Megaliga MTV de VJs Paladinos*.

RAMONES – *ROAD TO RUIN* (1978)
Eu estava na 5ª série quando meu colega Xiru apareceu na escola com alguns discos dos Ramones. Eu não conhecia a banda direito, mas me apaixonei pela ilustração da capa do *Road To Ruin*. Eu a copiei umas dez vezes. Acho que até hoje sou capaz de desenhá-la sem olhar! A ilustração, que todo mundo conhece, fez com que eu me interessasse pela banda, que se tornou a minha preferida. A cultura dos Ramones está muito ligada a cartoons, HQs, fanzines e coisas do tipo. Tudo isso me interessava muito no ginásio. Acabei levando os Ramones pra todos os desenhos animados que fiz na MTV entre 2003 e 2013, na *Megaliga*, no *Rockstar Ghost* e no *Fudêncio*. No *Fudêncio* o Joey Ramone virou um personagem fixo e eu é quem fazia sua voz.

"I Wanna Be Sedated" é o maior hit do disco, que tem outras músicas conhecidas como "Needles And Pins" e "I Just Want to Have Something to Do" (que é a que eu mais gosto). Este não é o melhor disco deles, mas eu gosto muito, sobretudo por ter sido a porta de entrada pra minha ramonesmania.

WEEZER – *WEEZER* (1994)
Típico caso do disco que você compra por causa de uma música, mas em pouco tempo nem quer saber mais dela e acaba amando todas as outras. Assim como muitos, eu me interessei pelo Weezer por meio da MTV, por causa do clipe de "Buddy Holly". Já tinha visto a banda no Lado B, com outros clipes que não me chamaram muita atenção na época, mas que hoje acho sensacionais, como "Undone" e "Say It Ain't So". Estas músicas são as minhas preferidas. "In The Garage" e "Only In Dreams" também são demais! Gastei muito este disco e até hoje gosto muito de todas as músicas. Ele tem uma melancolia juvenil com a qual me identificava muito. Este estilo permaneceu no disco posterior, *Pinkerton*, porém, daí pra frente, parece que a banda ficou mais alegre e não me interessou mais.

THE SMASHING PUMPKINS – *GISH* (1991)
O *Gish* foi um disco que eu comprei por engano. Queria comprar o *Siamese Dream* que tinha acabado de estourar. Pedi na loja o disco do Smashing Pumpkins achando que era o único que tinha, mas me enganei. Ouvi a primeira vez procurando "Cherub Rock" e "Today", e as danadas não estavam lá! Passada a decepção,

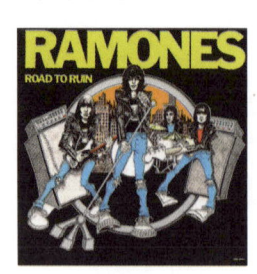

RAMONES
ROAD TO RUIN
(1978)

WEEZER
WEEZER
(1994)

THE SMASHING PUMPKINS
GISH
(1991)

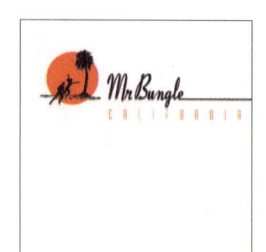

MR. BUNGLE
CALIFORNIA
(1999)

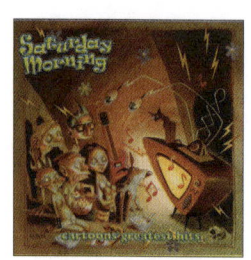

SATURDAY MORNING: CARTOONS' GREATEST HITS
(1995)

fiquei impressionado com o peso e consistência da banda, com um vocal contrastante, hora suave, hora invocado, que se encaixava perfeitamente àquela barulheira toda. Na introdução de "Bury Me" a voz do Billy Corgan parece uma guitarra! James Iha aparece como um guitarrista fantástico, sendo determinante em todas as músicas. "Siva" e "Rhinoceros" são as que têm a guitarra que eu mais gosto. As faixas são bem distribuídas no disco: duas ou três pauladas e, de repente, uma mais calma. Tipo um morde e assopra. Tenho todos os posteriores, mas o *Gish* ainda é o melhor disco deles na minha opinião.

MR. BUNGLE – *CALIFORNIA* (1999)

Eu já era fã do Mike Patton por causa do Faith No More. Um cara muito criativo e um excelente vocalista. Acompanhei todos os seus projetos malucos como o Tomahawk, Fantômas, Mondo Cane e suas parcerias com outros artistas exóticos como Björk e The Dillinger Escape Plan. Mas, dentre todos estes projetos, o disco que mais ouvi foi o *California*, do Mr. Bungle. Como qualquer disco de banda experimental, ele é difícil no começo, mas pra quem gosta de ser surpreendido (como é meu caso) é um prato cheio. Algumas músicas como "The Air-Conditioned Nightmare" e "Ars Moriendi" parecem fazer referência a desenhos animados dos anos 50 e 60, com seus efeitos sonoros bem característicos. A maioria das músicas tem reviravoltas e se parecem com músicas dentro de outras músicas. Me intrigava muito como os caras conseguiam tocar canções tão complexas e longas ao vivo. Mas hoje, eu mesmo já sei cantar qualquer uma delas com mais segurança do que canto o hino nacional. A faixa que eu mais curto é a balada sinistra "Pink Cigarette", que musicalmente nem é tão sofisticada, mas tem uma letra sensacional e um clipe estranhamente engraçado.

SATURDAY MORNING: CARTOONS' GREATEST HITS (1995)

Quando fiquei sabendo que este disco tinha sido lançado, fui imediatamente encher o saco de todo mudo na Galeria do Rock atrás dele. Tinha que importar e, como ainda não rolava Internet, eu só ia ficar sabendo se o álbum era tudo aquilo que imaginava quando colocasse as mãos nele. Trata-se de um disco com diversas bandas fazendo versões de temas de desenhos animados. A ideia hoje já é meio batida (um monte de banda desde então já participou de projetos parecidos), mas na época me parecia a ideia mais genial do mundo. A minha satisfação começou logo pela capa, com ilustração do Glenn Barr. Na época não conhecia este artista, mas depois, por causa da minha carreira de desenhista, me deparei com as artes dele em outros lugares. É um grande pintor!

Apesar de ser um disco de rock, o *Saturday Morning* era eclético. Tinha desde Juliana Hatfield cantando o tema de *Josie and The Pussycats* até Helmet fazendo sua versão de "Gigantor". Mesmo as faixas que são menos pesadas eu curti. Até o Collective Soul, com seu vocal sussurrado ao estilo Paulo Ricardo, fez uma releitura legal de "The Bugaloos". O tema instrumental do "Johnny Quest", feito pelo The Reverend Horton Heat ficou sensacional! Mas a minha preferida é também a do desenho que eu mais gostava: "Underdog" (*O Vira-latas*), interpretada pelo Butthole Surfers.

R.E.M. – *AUTOMATIC FOR THE PEOPLE* (1992)

Dos quinhentos álbuns do R.E.M. este é o único que eu gosto completamente. Dos outros, gosto de uma música aqui, outra ali. Pra mim, é neste que as músicas conversam mais entre si e formam realmente uma obra. Ele é basicamente um disco triste. Pra muita gente ele é superficial, até mesmo apelativo comercialmente, por causa de hits como "Drive" e "Everybody Hurts", mas pra mim está joia. Eu entro na atmosfera borocochô que o Michael Stipe quer passar e vou que vou. O disco parece ter sido escrito pelo Charlie Brown do *Snoopy*. Talvez por isso eu me identifique. É perfeito pra curtir uma fossa de leve, achar que o mundo é uma bosta e que a vida não leva a lugar nenhum, sem que isso comprometa seu bom humor assim que você aperta o *stop*. As que eu mais curto são "Man on the Moon" (feita em homenagem ao maluco do Andy Kaufman) e "Nightswimming", que tem um piano em *looping* que fica na cabeça.

continua na página 216

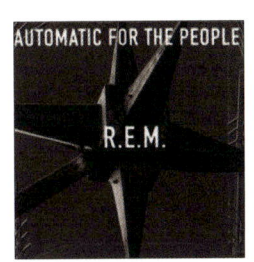

R.E.M.
AUTOMATIC FOR THE PEOPLE
(1992)

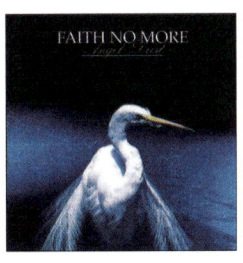

FAITH NO MORE
ANGEL DUST
(1992)

THE STROKES
IS THIS IT
(2001)

THE LEMONHEADS
IT'S A SHAME ABOUT RAY
(1992)

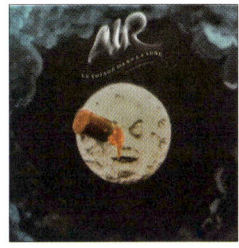

AIR
LE VOYAGE DANS LA LUNE
(2012)

MARCOS MION

Ator, apresentador e empresário, Mion começou como ator no seriado *Sandy & Júnior*, da Rede Globo. Foi VJ na MTV, onde comandou o lendário *Piores Clipes do Mundo*. Atuou em filmes, peças e hoje comanda o programa *Legendários*, na TV Record.

BON JOVI
NEW JERSEY
(1988)

MICHAEL JACKSON
DANGEROUS
(1991)

RAMONES
RAMONES MANIA
(1988)

CHARLIE BROWN JR.
BOCAS ORDINÁRIAS
(2002)

RED HOT CHILI PEPPERS
MOTHER'S MILK
(1989)

BON JOVI – *NEW JERSEY* (1988)
O primeiro álbum comprado com nosso dinheiro a gente nunca esquece. Clássicos imortais do pop rock, rock farofa ou, simplesmente, música boa pra c***lho!!!

MICHAEL JACKSON – *DANGEROUS* (1991)
Michael em uma das épocas mais inspiradas e inovadoras desde *Thriller*. Óbvio que *Thriller* é mais álbum, mas como a lista é de discos que marcaram a MINHA vida e eu nasci em 1979, "vivi" *Dangerous* muito mais.

RAMONES – *RAMONES MANIA* (1988)
Chapuletada na minha cabeça! Mudou tudo em minha vida, da forma que me vestia ao tipo de música que passaria a ouvir e respeitar a partir dali.

CHARLIE BROWN JR. – *BOCAS ORDINÁRIAS* (2002)
Uma época muito intensa da minha vida na MTV! E foi toda marcada por esse álbum do CBJR. Pra mim, uma obra-prima do rock.

RED HOT CHILI PEPPERS – *MOTHER'S MILK* (1989)
Descobrindo o mundo, descobrindo a vida! Deveria ser uma lei que todo moleque de 12, 13 anos tem que escutar um álbum que cause o que esse álbum causou nos moleques da minha época! Era de PIRAR a cabeça!

KANYE WEST – *MY BEAUTIFUL DARK TWISTED FANTASY* (2010)
Foi vivenciando esse álbum em todas suas vertentes – áudio, vídeo, web, figurinos, trabalho gráfico, fotos e palco – que vi, pela primeira vez em muito tempo, um artista pegar a contramão de tudo que estavam fazendo ou que esperavam dele e fazer sua Arte. A Arte que fazia sentido pra ele. Inspirador em todas vertentes.

JAY-Z – *THE BLACK ALBUM* (2003)
O melhor fazendo o que sabe de melhor. Esse álbum me marcou muito e me fez respeitar Jay-Z ainda mais. Foi sua coroação.

BOB MARLEY & THE WAILERS – *SURVIVAL* (1979)
Difícil demais escolher um álbum apenas do Marley, pois até hoje redescubro suas músicas e discos. Mas selecionei o *Survival*, onde é possível ver um Bob maduro, político, experiente, disparando mensagens e frases certeiras que levo pra vida, como em "Ambush in the night".

DIRTY DANCING – *ORIGINAL SOUNDTRACK* (1987)
Tá bom, tá bom, podem rir, mas eu assumo sem vergonha nenhuma! E sim, eu sei dançar a coreografia final com "(I've Had) The Time Of My Life" até hoje!!

RPM – *REVOLUÇÕES POR MINUTO* (1985)
Quem viveu aquela época, sabe o porque desse disco estar aqui.

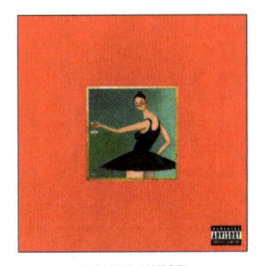

KANYE WEST
MY BEAUTIFUL DARK TWISTED FANTASY
(2010)

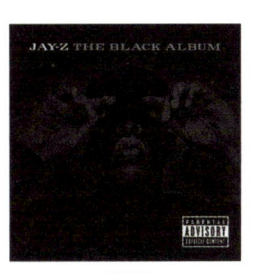

JAY-Z
THE BLACK ALBUM
(2003)

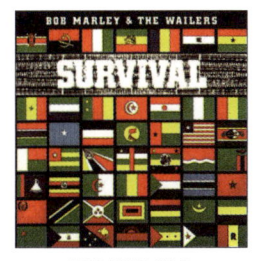

BOB MARLEY & THE WAILERS
SURVIVAL
(1979)

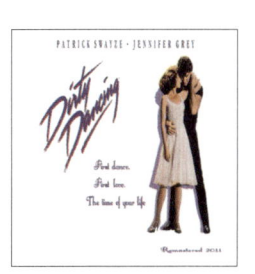

DIRTY DANCING
ORIGINAL SOUNDTRACK
(1987)

RPM
REVOLUÇÕES POR MINUTO
(1985)

MARIANA PABST MARTINS

Arquiteta e artista plástica, Mariana é uma das criadoras da galeria Choque Cultural.

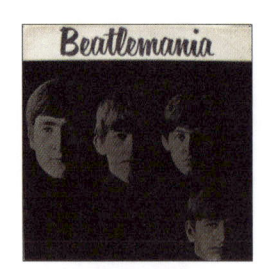

DISCOTECA BÁSICA

THE BEATLES
BEATLEMANIA
(1963)

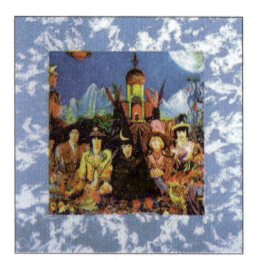

THE ROLLING STONES
THEIR SATANIC MAJESTIES REQUEST
(1967)

TROPICALIA OU PANIS ET CIRCENCIS
(1968)

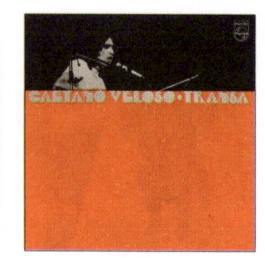

CAETANO VELOSO
TRANSA
(1972)

BOB DYLAN
BLONDE ON BLONDE
(1966)

THE BEATLES – *BEATLEMANIA* (1963)
Eu tinha 5 anos, mas essa música mudou minha vida! Meu pai me trouxe o LP, que na versão brasileira era um mix dos dois primeiros álbuns dos garotos de Liverpool, e por muito tempo não saiu da minha vitrola!

THE ROLLING STONES – *THEIR SATANIC MAJESTIES REQUEST* (1967)
Foi o primeiro disco que eu comprei com a minha mesada, em 1969. Eu tinha dez anos quando o álbum saiu no Brasil. Eu amava os Stones.

TROPICALIA OU PANIS ET CIRCENCIS (1968)
"Panis et Circencis" era minha música favorita do LP Tropicalia, e minha memória mais querida de felicidade foi quando, em dezembro de 1968, eu passei de ano, livrando-me de uma professora chata que não gostava de mim... Ah, uma Fanta Laranja, o disco dos Mutantes e a sensação de liberdade!

CAETANO VELOSO – *TRANSA* (1972)
Digam o que quiserem, mas a cada dez anos esse disco volta pra minha vitrola, desde 1972.

BOB DYLAN – *BLONDE ON BLONDE* (1966)
Dylan em seu disco elétrico sobre o desejo e o tesão, sempre universal!!

CATHY BERBERIAN E LUCIANO BERIO – *RECITAL 1 FOR CATHY FOLK SONGS* (1968)
Como a mistura de música clássica com popular pode ser tão boa...

RAMONES – *PLEASANT DREAMS* (1981)
Foi o primeiro disco dos Ramones em que eu consegui por as mãos, em 1982, num tempo em que as coisas não chegavam no Brasil, nem os discos nem as informações... Depois conheci meu marido e vi que ia dar certo porque... tínhamos o mesmo disco!!!

TELEVISION – *MARQUEE MOON* (1977)
Outro disco que sempre volta pra minha vitrola.

THE KINKS – *THE GREAT LOST KINKS ALBUM* (1973)
Um amigo me emprestou esse LP no final dos anos 1970, gravei em fita cassete e sempre volto para ouvi-lo... É meio uma coletânea de músicas que não foram para os álbuns, mas é muito bom!

KYUSS – *BLUES FOR THE RED SUN* (1992)
É bom, é muito bom, só isso.

CATHY BERBERIAN E LUCIANO BERIO
RECITAL 1 FOR CATHY FOLK SONGS
(1968)

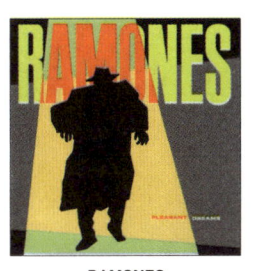

RAMONES
PLEASANT DREAMS
(1981)

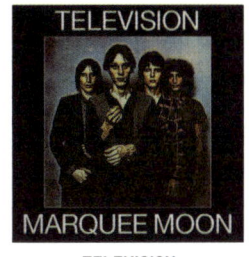

TELEVISION
MARQUEE MOON
(1977)

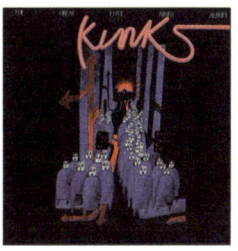

THE KINKS
THE GREAT LOST KINKS ALBUM
(1973)

KYUSS
BLUES FOR THE RED SUN
(1992)

MARINA PERSON

Marina começou na MTV, onde apresentou vários programas e entrevistou inúmeras personalidades da música e do cinema. Atualmente apresenta o programa *Metrópolis*, na TV Cultura. Ela também é cineasta: codirigiu o premiado curta *Almoço Executivo*, e dirigiu o documentário *Person* (sobre seu pai, o cineasta Luiz Sérgio Person). Também teve programas de rádio, dirigiu peças de teatro e como atriz participou de *Bens Confiscados*, de Carlos Reichenbach, e *O Casamento de Romeu e Julieta*, de Bruno Barreto, entre outros. ¶

Fazer uma lista com os 10 discos da vida é uma tarefa deliciosa, mas ingrata. Sempre teremos aqueles que ficaram de fora e são como filhos preteridos, que olham pra gente com aqueles olhos de "você que me ouviu tanto, vai mesmo me deixar de fora?". Pois é, depois de muito refletir e tentar ser honesta comigo mesma, ficaram aqueles que além de terem embalado épocas específicas da minha vida, ainda foram e são reouvidos com frequência, sempre com admiração e entusiasmo. Seguem os discos que escolhi para esta trilha sonora, só não me peçam pra fazer ordem de preferência, por favor...

CAETANO VELOSO – *TRANSA* (1972)
Escolher apenas um disco de Caetano para mim é uma dificuldade enorme. Como não falar de *Qualquer Coisa*, ou *Circuladô*, só pra citar mais dois? Bem, sei que não é uma escolha original, mas me perdoem o lugar-comum, pois *Transa* é um disco que não pode ficar de fora de nenhuma lista de 10 mais sejaláoquefor.

GILBERTO GIL E JORGE BEN – *GIL & JORGE* (1975)
É daqueles discos mágicos, que nasceram do acaso e são fruto da amizade e sincronia de dois dos maiores talentos que eu conheço. Vira e mexe ele sai da estante (ou melhor, hoje em

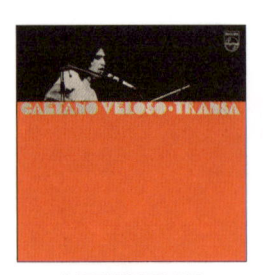

CAETANO VELOSO
TRANSA
(1972)

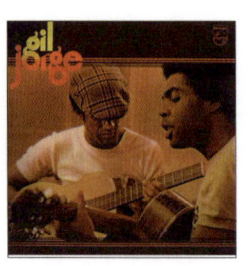

GILBERTO GIL E JORGE BEN
GIL & JORGE
(1975)

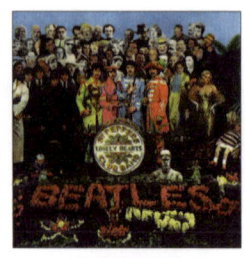

THE BEATLES
SGT. PEPPER'S LONELY HEARTS CLUB BAND
(1967)

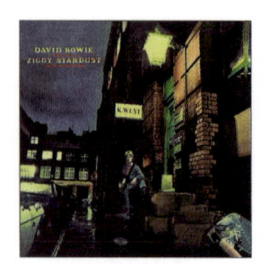

DAVID BOWIE
THE RISE AND FALL OF ZIGGY STARDUST AND THE SPIDERS FROM MARS
(1972)

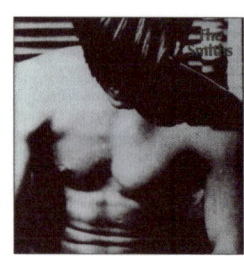

THE SMITHS
THE SMITHS
(1984)

dia do meu arquivo digital) e fica rodando direto, de novo, na minha vitrola (ou melhor, …).

THE BEATLES – *SGT. PEPPER'S LONELY HEARTS CLUB BAND* (1967)
Sendo sincera comigo mesma, Beatles é a banda que mais ouvi na minha vida, por mais clichê que isso seja… Ouço Beatles desde criança, por causa dos meus primos mais velhos, que ouviam música o dia inteiro e ainda copiavam os cabelos longos do Fab Four. Esse disco em especial me marcou por "She's Leaving Home" e "A Day in the Life", que são obras-primas absolutas, isso sem citar a linda "Lucy in the Sky with Diamonds".

DAVID BOWIE – *THE RISE AND FALL OF ZIGGY STARDUST AND THE SPIDERS FROM MARS* (1972)
Mesma história que o Caetano, como escolher *um* disco desse cara? É um artista que formou minha adolescência, descobri Bowie com 15 anos e tive uma fase intensíssima que durou uns 5, 7 anos, na qual eu devorei tudo o que apareceu dele na minha frente, discos, livros, fotos, biografia… É um artista que me fascina até hoje.

THE SMITHS – *THE SMITHS* (1984)
Morrissey está naquela categoria de "artista" na mais clássica concepção: genial e genioso, autoral, original e que tem uma marca fortíssima, única. E ainda teve a sorte de encontrar o parceiro perfeito. A química entre Morrissey e o não menos genial Johnny Marr faz com que não precisemos de mais de um segundo pra saber de quem é aquele som. Esse disco é daquelas estreias pé-na-porta, tipo cheguei mesmo e vou ficar!

THE CURE – *THE HEAD ON THE DOOR* (1985)
The Cure é outra banda que marcou a minha adolescência, eu era fascinada pelo rock inglês daqueles garotos pós-punk. Por pouco não cortei meu cabelo à la Robert Smith, pra minha sorte eu fui uma adolescente muito tímida e fora de moda… Minha primeira experiência cinematográfica – um curta que fiz com umas amigas no colegial – era embalada por "In Between Days".

NOVOS BAIANOS – *ACABOU CHORARE* (1972)
É daqueles discos que você tem vontade de ter feito e não estou falando só das canções, que são espetaculares. Queria ter morado naquele sítio, vivido o sonho de deixar o cabelo crescer, ficar perto da natureza, fazendo música e ser abençoado por João Gilberto…

JORGE BEN – *A TÁBUA DE ESMERALDA* (1974)
Entre tantos discos geniais, escolhi este do Jorge porque está na minha vida de um jeito indelével. Ouvi e ainda ouço, e cada vez (re)descubro uma coisa a mais… Um disco ultra inspirado desse cara que eu adoro.

BOB DYLAN – *BLONDE ON BLONDE* (1966)
Ô dilema! *Blonde on Blonde* ou *Highway 61 Revisited*? É… Entre tantas canções incríveis como "Like a Rolling Stone", "I Want You", "Desolation Row", eu fiquei com "Just Like a Woman"… Dylan já me ajudou a curtir muitas fossas, e essa canção é das mais lindas já escritas sobre o ser feminino.

JOÃO GILBERTO – *AMOROSO* (1977)
O nosso maior enigma, mistério, inventor de melodias, referência para todos os músicos que eu adoro. Este disco do João Gilberto é simplesmente perfeito.

THE CURE
THE HEAD ON THE DOOR
(1985)

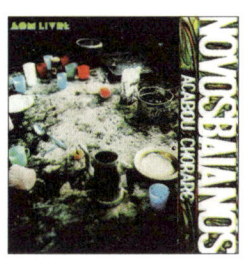

NOVOS BAIANOS
ACABOU CHORARE
(1972)

JORGE BEN
A TÁBUA DE ESMERALDA
(1974)

BOB DYLAN
BLONDE ON BLONDE
(1966)

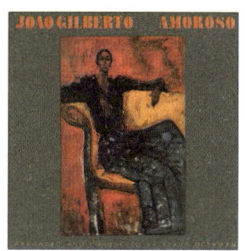

JOÃO GILBERTO
AMOROSO
(1977)

MÁRIO BORTOLOTTO

Mário Bortolotto é escritor, dramaturgo, ator e diretor de teatro. Também é vocalista das bandas Saco de Ratos e Roberto Embriagado. Criou o grupo teatral *Cemitério De Automóveis*, que hoje também é um Bar e Teatro em São Paulo (SP).

GUILHERME LAMOUNIER – *GUILHERME LAMOUNIER* (1978)

Vi o Guilherme cantando "Estrela de Rock and Roll" no programa do Carlos Imperial. Aquilo pra mim era rock and roll na essência. O jeito agressivo de cantar, de empunhar a guitarra, os grunhidos que ele emitia. Comprei o disco em 1981 na primeira vez que tentei morar em São Paulo.

BARÃO VERMELHO – *BARÃO VERMELHO* (1982)

Vi o clipe de "Billy Negão" no Fantástico e entendi que ali estava nascendo uma grande banda de rock and roll. A postura era rocker, a letra era boa pra caralho. Como é que um garoto era capaz de uma letra como "Down em mim"?

SÉRGIO MELLO – *DEIXA BARATO* (1983)

Acho que foi numa revista *Somtrês* que vi a capa do disco e fiquei interessado. Fui atrás e achei. Power trio muito foda com direito a Pedrinho Batera empunhando as baquetas. Sérgio Mello estava bem acompanhado. Teve a manha inclusive de musicar trechos de *Tanto Faz* do Reinaldo Moraes, meu livro preferido.

GUILHERME LAMOUNIER
GUILHERME LAMOUNIER
(1978)

BARÃO VERMELHO
BARÃO VERMELHO
(1982)

SÉRGIO MELLO
DEIXA BARATO
(1983)

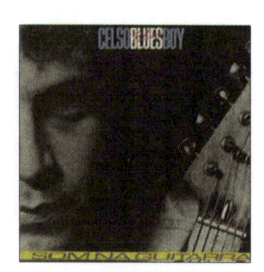

CELSO BLUES BOY
SOM NA GUITARRA
(1984)

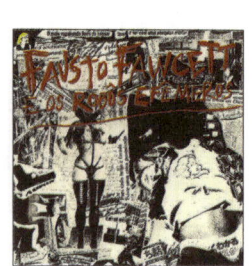

FAUSTO FAWCETT
FAUSTO FAWCETT & OS ROBÔS EFÊMEROS
(1987)

CELSO BLUES BOY – *SOM NA GUITARRA* (1984)
Som na guitarra foi o berro que trouxe Celso Blues Boy pro mundo. Ele já tinha lançado alguns compactos antes e participado de uma coletânea de rock, mas esse foi o primeiro documento sonoro de resposta que ele assinou. Clássicos instantâneos como "Aumenta que isso aí é rock and roll" e "Blues Motel" fizeram minha juventude de garoto em Londrina muito mais divertida e melancólica na medida exata.

FAUSTO FAWCETT – *FAUSTO FAWCETT & OS ROBÔS EFÊMEROS* (1987)
Não é rap. Apenas utiliza a linguagem do rap pra ir muito mais fundo em delírios urbanos povoados de louras literalmente fatais, estudantes de comunicação fascinados por apresentadoras de telejornais, gueixas vadias e "Estrelas vigiadas". Fausto é o menestrel contemporâneo. Um choque nas engrenagens bem comportadas do rock oitentista, porque era uma arte ainda maior. O fato de ter tocado no rádio foi uma revolução. Santa Kátia Flávia.

PATIFE BAND – *CORREDOR POLONÊS* (1987)
Paulinho Barnabé (o irmão do Arrigo) pega pesado nesse primeiro e único disco (o outro é um EP) da carreira de sua banda. Com versões de músicas da Jovem Guarda, passando por um poema de Fernando Pessoa e clássicos memoráveis e originalíssimos como "Pregador Maldito", esse talvez seja o disco mais importante e mais subestimado do rock brasileiro.

DEFALLA – *PAPAPARTY* (1987)
Edu K e seus asseclas entraram para o panteão do rock nacional chutando a porta da frente como um aríete no lugar da guitarra. O disco é uma colagem sonora de jingles despropositados, vinhetas anárquicas e com uma inventividade invejável e inserções sonoras que mais parecem um fanzine radiofônico. "Não me mande flores / pare de bater no interfone / não preciso do seu amor".

NEI LISBOA – *HEIN?!* (1988)
Quando eu comprei esse disco, ele ficou pelo menos três semanas sem sair do prato. Ouvia maravilhado e agradecido cada faixa. Usei o refrão de uma das letras ("Oh, Mana, eu quero morrer bem velhinho assim sozinho, ali bebendo vinho e olhando a bunda de alguém"), a clássica "Baladas", como epígrafe do meu primeiro livro. Depois fiquei sabendo que o disco foi gravado em um momento de muito pesar na vida de Nei, tanto é que ele se recusa a cantar em shows a bela "Teletransporte n. 4". "Ainda por cima aquelas pernas". Não consigo ouvir essa música sem pensar no momento dolorido em que o artista a compôs.

JULIO RENY – *JULIO RENY E EXPRESSO ORIENTE* (1989)
Julio é o herói do rock porto-alegrense. O autêntico maldito num nível de Macalé e Walter Franco. Esse segundo disco de sua carreira tem os seus maiores e insuperáveis clássicos. "Não chores Lola", "Sandina" e "Amor e Morte" devem ter feito a cabeça de muito garoto gaudério.

DR. CASCADURA – *DR. CASCADURA #1* (1997)
Quando comprei esse disco, eu era casado e tinha uma história que é verdadeira. Sempre que eu brigava com minha mulher e resolvia sair de casa (e foram inúmeras vezes), eu pegava esse CD do Cascadura e o segundo da banda The Freewheelers. Quando a minha mulher chegava em casa e via que os discos não estavam mais lá, ela entendia que a coisa era séria. Rock and roll vibrante, com cheiro de estrada e Bourbon como um rock muito foda deve ter.

PATIFE BAND
CORREDOR POLONÊS
(1987)

DEFALLA
PAPAPARTY
(1987)

NEI LISBOA
HEIN?!
(1988)

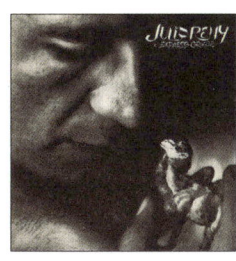

JULIO RENY
JULIO RENY E EXPRESSO ORIENTE
(1989)

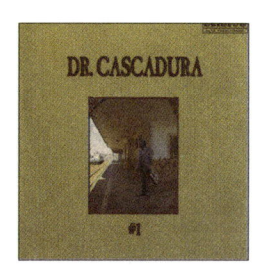

DR. CASCADURA
DR. CASCADURA #1
(1997)

MÁRIO VIANA

Mário Viana é dramaturgo e roteirista de TV. Entre suas peças já montadas estão "Vamos?", "Vestir o Pai" e "Carro de Paulista".

ELIS REGINA E TOM JOBIM – *ELIS & TOM* (1974)

Na minha opinião, o melhor disco da Elis e um dos melhores de música brasileira desde que inventaram o microfone. A versão de "Águas de Março" é solar, perfeita. E o álbum inteiro é um deleite, dos momentos alegres aos mais densos.

ELLA FITZGERALD & COUNT BASIE – *A PERFECT MATCH* (1979)

O primeiro disco da Ella que ouvi inteiro, na discoteca pública do Centro Georges Pompidou, em Paris, no começo dos anos 1980. Paixão imediata. Um encontro perfeito da mais bonita voz americana com a melhor banda de jazz do planeta... "Basella" é uma aula.

THE DAVE BRUBECK QUARTET – *TIME OUT* (1959)

Ganhei o LP quando fiz 18 anos (faz tempo...) e nunca mais larguei. Anos depois é que vim saber da genialidade do Brubeck. Pra mim, era uma celebração.

ELIS REGINA E TOM JOBIM
ELIS & TOM
(1974)

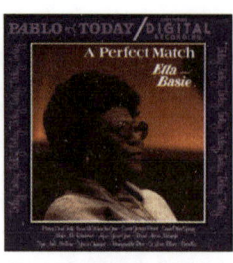

ELLA FITZGERALD & COUNT BASIE
A PERFECT MATCH
(1979)

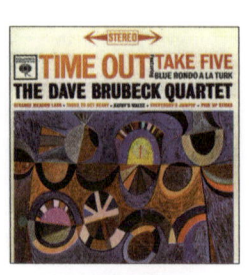

THE DAVE BRUBECK QUARTET
TIME OUT
(1959)

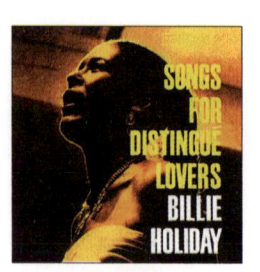

BILLIE HOLIDAY
SONGS FOR DISTINGUÉ LOVERS
(1957)

NARA LEÃO
...E QUE TUDO MAIS VÁ PRO INFERNO
(1978)

BILLIE HOLIDAY – *SONGS FOR DISTINGUÉ LOVERS* (1957)
O original é de 1957 e mostra uma Billie já sambadinha... mas perfeita nos clássicos. "A Foggy Day", "Stars Fell on Alabama" e outras dez faixas de arrebentar. Acho que foi o primeiro CD que comprei.

NARA LEÃO – *...E QUE TUDO MAIS VÁ PRO INFERNO* (1978)
Qualquer disco da Nara entra na minha lista. A mais inteligente das nossas cantoras pode não ter a voz de uma Elis, a personalidade de uma Bethânia ou o cristal sonoro de uma Gal Costa, mas sabia como ninguém garimpar bons compositores. Nenhum disco de Nara é igual ao anterior e em nada antecipa o próximo. Esse, com repertório de Roberto e Erasmo Carlos, era um tapa na cara dos intelectuais, em 1977. Há alguns anos, Roberto pediu pra mudarem o título do disco, porque falava em inferno. Crime de lesa-arte. Nara tinha motivos para esse título e não o que veio depois, *Debaixo dos caracóis dos seus cabelos*.

CHICO BUARQUE – *SINAL FECHADO* (1974)
Chico é fundamental em minha discografia e minha vida. Qualquer disco dele entra na minha lista, mas escolhi esse justamente por ser aquele em que o compositor só conseguiu gravar músicas de outras pessoas. A censura era braba, o sinal estava fechado e Chico recorreu a Julinho da Adelaide, um fugaz compositor de sambas (e que, anos mais tarde, revelou-se ser o próprio Chico, dando um olé nos censores. Gênio). Há pérolas nesse disco: "Festa Imodesta", de Caetano, "Copo Vazio", de Gil, e muitas outras.

PAULINHO DA VIOLA – *BEBADACHAMA AO VIVO* (1997)
Registra um dos shows mais bonitos que já assisti. Paulinho, elegante, perfeito, enfileira sambas fenomenais, num roteiro bem costurado e emocionante. Ideal pra quem acha que "samba é tudo igual". Descubra a diferença.

DINAH WASHINGTON – *DINAH JAMS* (1954)
Uma das cantoras de voz mais marcante do jazz norte-americano, Dinah gravou esse disco ao vivo dentro de um estúdio. Sua integração com os músicos é nada menos que perfeita. Até mesmo quando ela recua para que eles brilhem, o disco é fantástico. Ouça o diálogo dos metais em "Summertime" – e emende com a grande Dinah mandando ver em "I've Got You Under my Skin".

BETH CARVALHO – *PÉROLAS* (1992)
Deve ser o melhor disco da grande sambista. E olha que ela tem coisas ótimas em sua obra. Neste, Beth regravou sucessos alheios, músicas que ela sempre teve vontade de cantar. É uma festa, da primeira à última faixa, com homenagens a Aracy de Almeida e participação de Martinho da Vila. Volta e meia coloco pra tocar e saio pulando pela sala.

NEY MATOGROSSO & PEDRO LUÍS E A PAREDE – *VAGABUNDO* (2004)
O melhor disco de Ney, sempre atento às novidades. A parceria com Pedro Luís & A Parede não poderia ser mais adequada. As letras indignadas de Pedro crescem na interpretação de Ney. E os dois saem ganhando quando recuperam Jackson do Pandeiro ("A ordem é samba") e outros grandes. Delícia.

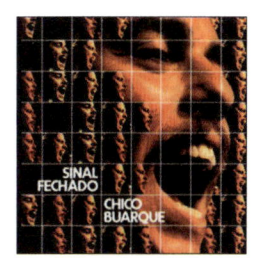

CHICO BUARQUE
SINAL FECHADO
(1974)

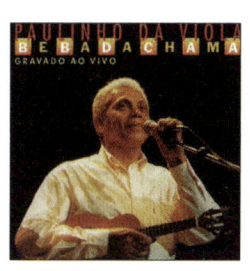

PAULINHO DA VIOLA
BEBADACHAMA AO VIVO
(1997)

DINAH WASHINGTON
DINAH JAMS
(1954)

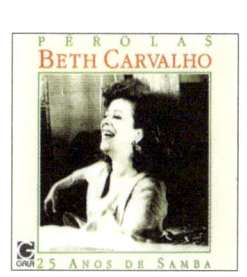

BETH CARVALHO
PÉROLAS
(1992)

NEY MATOGROSSO & PEDRO LUÍS E A PAREDE
VAGABUNDO
(2004)

MATT DANGERFIELD

Vocalista da banda punk inglesa The Boys ¶

Tive inúmeros álbuns preferidos ao longo dos anos, muitos dos quais nunca, ou raramente, ouço hoje em dia. Só que é muito fácil escolher meus preferidos de todos os tempos porque eles não estão guardados em prateleiras, e sim geralmente ao lado do meu aparelho de som. Daquela pilha, estes (em nenhuma ordem em particular) são os dez que nunca me canso de ouvir.

THE VELVET UNDERGROUND – THE VELVET UNDERGROUND & NICO (1967)

Ouvi este disco pela primeira vez no começo dos anos 1970, quando uma amiga me disse que tinha trazido um álbum de Nova York que era muito ruim. Ela acrescentou que só o tocava para convidados que estavam ficando tempo demais e não iam embora. Perguntei se podia ouvir. Amei e comprei alguns dias depois. Para mim, é o disco que abriu a porta (e com certeza meus olhos) para o que ficaria conhecido como punk.

DAVID BOWIE – HUNKY DORY (1971)

Não me interessava muito por David Bowie até ver o show de *Ziggy Stardust* no Rainbow em Londres – e só estava lá para ver o Roxy Music, que tocou antes dele. O Roxy era ótimo, mas o show de Bowie me deixou completamente abalado e me rendi naquele momento. Ainda acho que Ziggy é um grande álbum, mas, para mim, *Hunky Dory*, o antecessor, é seu melhor LP.

THE PRETTY THINGS – S.F. SORROW (1968)

Nunca o ouvi quando foi lançado no final de 1968, mas um amigo me deu uma cópia em fita cassete mal gravada, com direito a riscos no vinil, por volta de 1978 e toquei até cansar. Foi gravado à noite nos estúdios da Abbey Road ao mesmo tempo em que os Beatles gravavam o *White Album* (frequentemente usando os instrumentos que eles tinham deixado ali, como um Mellotron e a cítara de George). Para mim, é o melhor disco psicodélico já feito. As músicas são ótimas e particularmente amo os vocais gritados.

SPIRIT – TWELVE DREAMS OF DR. SARDONICUS (1970)

Depois de ouvir este, comprei mais alguns álbuns do Spirit esperando mais do mesmo, mas nada se compara a ele. Eu me lembro de ler que, depois que o resto da banda ti-

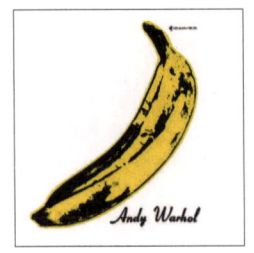

THE VELVET UNDERGROUND
THE VELVET UNDERGROUND & NICO
(1967)

DAVID BOWIE
HUNKY DORY
(1971)

THE PRETTY THINGS
S.F. SORROW
(1968)

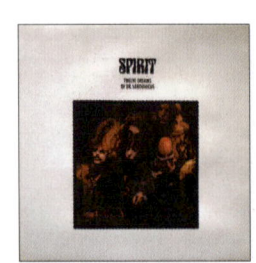

SPIRIT
TWELVE DREAMS OF DR. SARDONICUS
(1970)

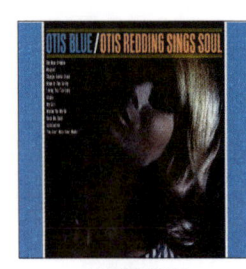

OTIS REDDING
OTIS BLUE
(1965)

nha gravado suas partes no que estava se tornando um disco comum do Spirit, o guitarrista/vocalista Randy California terminou sozinho e acrescentou todos os overdubs que o transformaram em uma obra-prima psicodélica. Tem músicas atemporais, guitarras inspiradas e uma produção inovadora.

OTIS REDDING – *OTIS BLUE* (1965)

Mergulhei no soul americano da década de 1960 aos 15 ou 16 anos e, por um tempo, perdi interesse nas bandas britânicas com as quais tinha crescido e amado: Beatles, Stones, Small Faces, Kinks, Who etc. Acho que gostei da música negra porque simplesmente ver Jimi Hendrix tocar "Hey Joe" no *Top of the Pops* me levou de volta ao rock. Ainda amo o soul dos anos 1960, mas *Otis Blue* supera qualquer coisa. Aquela voz, aquela energia, uma banda verdadeiramente boa – e tudo gravado, pelo que consigo ouvir, basicamente ao vivo no estúdio.

BOB DYLAN – *HIGHWAY 61 REVISITED* (1965)

Já gostava um pouco de Dylan desde o primeiro álbum, principalmente por causa das letras, que ressoavam para o adolescente presunçoso e rebelde que eu era, mas quando ele desceu do comboio folk e montou uma banda elétrica, foi uma combinação perfeita para mim – rock com algo a dizer. *Highway 61* continua sendo meu disco preferido do Dylan e a faixa de abertura, "Like a Rolling Stone", provavelmente é a melhor música de vingança já escrita. É tão cortante que você até sente pena de quem é o alvo.

THE WATERBOYS – *THIS IS THE SEA* (1985)

Mike Scott é, para mim, a coisa mais próxima de um herdeiro do trono de Dylan. Frequentemente toco a maioria de seus álbuns e, para mim, este é o melhor. A combinação de letras causticantes diante de um cenário conduzido por piano/guitarra massacrantes e incansáveis em *This Is The Sea* é irresistível para meus ouvidos. É um disco impecável que mostra um compositor em seu melhor.

CAROLE KING – *TAPESTRY* (1971)

Carole King começou como cantora, mas teve mais sucesso compondo (junto com o então marido Gerry Goffin) diversos sucessos nas paradas para outros artistas nos anos 1960 enquanto criava os dois filhos. Depois do divórcio, ela se mudou para a Califórnia e, no começo da década de 1970, lançou este álbum. É esparso, subestimado e provavelmente um pouco relaxado demais para meu gosto na época, mas a pura simplicidade e brilhantismo das músicas, além da maneira como ela canta, continuam me atraindo.

NIRVANA – *MTV UNPLUGGED IN NEW YORK* (1994)

Para meus olhos e ouvidos, depois da invasão britânica nos anos 1960, nenhuma banda norte-americana de rock chegou perto de se igualar ao poder e ao jeito naturalmente cool de seus contemporâneos britânicos. Isto é, até o Nirvana surgir. Por mais que ame seus álbuns, *Unplugged in New York* é meu preferido, de longe. Kurt Cobain está maravilhoso aqui e a natureza lo-fi das gravações ao vivo faz com que seus vocais gritados, crus e improvisados simplesmente deem arrepios na espinha.

THE BEATLES – *REVOLVER* (1966)

Se *Sgt. Pepper's* abriu os portões para a explosão de experimentação criativa no final dos anos 1960, seu antecessor, *Revolver*, foi quem os destravou. Em dezembro de 1965, os Beatles tinham lançado *Rubber Soul*, um álbum bom com alguns sinais de que a banda tinha novas ambições musicais. Depois de decidir que não faria mais turnês, a banda não tinha mais restrições e nem preocupações de como tocariam as músicas ao vivo, e então voltaram ao estúdio e liberaram seus instintos criativos de uma maneira impressionante. Lançado meros oito meses depois de *Rubber Soul*, *Revolver* é uma revelação – ainda comercial, mas também destemidamente inventivo, poderoso e impressionantemente à frente de seu tempo.

BOB DYLAN
HIGHWAY 61 REVISITED
(1965)

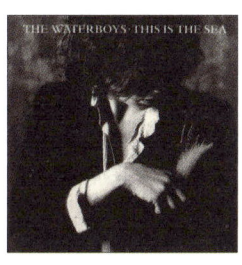

THE WATERBOYS
THIS IS THE SEA
(1985)

CAROLE KING
TAPESTRY
(1971)

NIRVANA
MTV UNPLUGGED IN NEW YORK
(1994)

THE BEATLES
REVOLVER
(1966)

MIKE WATT

Verdadeira lenda do rock americano, Mike Watt é considerado um dos melhores baixistas do mundo. Cofundador das bandas Minutemen e Firehose, atualmente toca no Stooges.

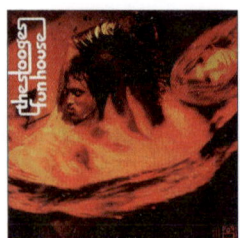

THE STOOGES
FUN HOUSE
(1970)

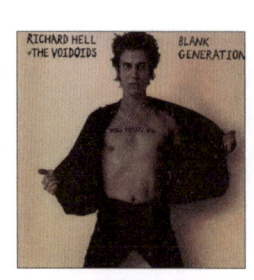

RICHARD HELL AND THE VOIDOIDS
BLANK GENERATION
(1977)

CREEDENCE CLEARWATER REVIVAL
WILLY AND THE POOR BOYS
(1969)

BLUE ÖYSTER CULT
TYRANNY AND MUTATION
(1973)

WIRE
PINK FLAG
(1977)

THE STOOGES – *FUN HOUSE* (1970)
1970? Poderia ter sido gravado na semana que vem!

RICHARD HELL AND THE VOIDOIDS – *BLANK GENERATION* (1977)
Era a banda dos baixistas! Meu primeiro herói punk.

CREEDENCE CLEARWATER REVIVAL – *WILLY AND THE POOR BOYS* (1969)
Teria escolhido todos os seis primeiros álbuns do CCR. A primeira ligação com a música para mim e para D. Boon (falecido vocalista/guitarrista do Minutemen).

BLUE ÖYSTER CULT – *TYRANNY AND MUTATION* (1973)
Onde D. Boon pegou seu apelido, ao ver o nome de E. Bloom na capa.

WIRE – *PINK FLAG* (1977)
Onde tivemos a ideia de músicas curtas.

JOHN CALE – *GUTS* (1977)
Como todos esses discos, uma inspiração incrível, realmente me tocou.

THE POP GROUP – *FOR HOW MUCH LONGER DO WE TOLERATE MASS MURDER?* (1980)
Beefheart com P-Funk, minha cabeça explodiu!

LOU REED – *THE BLUE MASK* (1982)
A faixa-título ainda me faz chorar. Bob Quine do Voidoids com Lou!

THE FALL – *DRAGNET* (1979)
As músicas são tão boas que a fidelidade não significa nada. Amo este álbum, amo "Dice Man".

T-REX – *THE SLIDER* (1972)
Meu primeiro show e do D. Boon foi do T-Rex. Eu tinha este álbum em *eight-track**, ficava ouvindo sem parar...

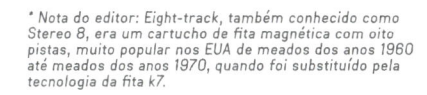

* Nota do editor: Eight-track, também conhecido como Stereo 8, era um cartucho de fita magnética com oito pistas, muito popular nos EUA de meados dos anos 1960 até meados dos anos 1970, quando foi substituído pela tecnologia da fita k7.

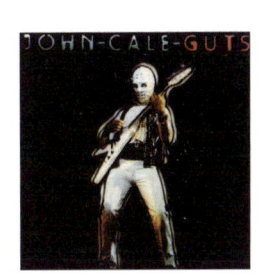

JOHN CALE
GUTS
(1977)

THE POP GROUP
FOR HOW MUCH LONGER DO WE TOLERATE MASS MURDER?
(1980)

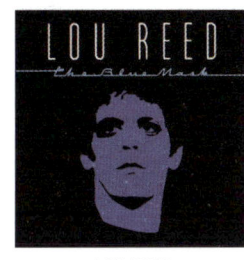

LOU REED
THE BLUE MASK
(1982)

THE FALL
DRAGNET
(1979)

T-REX
THE SLIDER
(1972)

NANDO REIS

Começou como baixista e vocalista dos Titãs. Ao deixar a banda, firmou-se como um dos maiores compositores brasileiros, com mais de uma dezena de álbuns na carreira solo. Já teve canções gravadas por nomes como Marisa Monte, Skank, Cássia Eller, Jota Quest e Cidade Negra.

Muitos dos álbuns escolhidos são dos anos 1970, que eu ouvia em casa quando era criança. Minha formação tem muito a ver com isso. São discos que ouvi quando foram lançados. Em casa todos compravam discos, meus pais, meu irmão mais velho... a gente economizava a mesada pra comprar disco, era presente de aniversário e Natal.

GILBERTO GIL – *EXPRESSO 2222* (1972)
É um disco definidor, não só do meu gosto musical, mas talvez da minha relação com o próprio mundo. Sempre cito esse álbum quando falo sobre a diferença do conceito de um álbum e essa ideia que existe hoje em dia, da pílula, da obsolescência de um disco em que cada um gosta apenas de uma música. Esse disco é impressionante, desde a escolha da ordem das músicas até a capa. Se tivesse que escolher apenas um álbum, certamente seria esse.

NOVOS BAIANOS – *ACABOU CHORARE* (1972)
Na minha opinião, essa é a melhor junção do que é a sonoridade da música brasileira tradicional com o rock'n'roll, riffs e guitarras. Não há nada mais brilhante na universalização da música brasileira.

JOÃO GILBERTO – *JOÃO GILBERTO* (1973)
Provavelmente foi minha mãe quem comprou esse disco. Eu acho esse álbum brilhante, só voz, violão, percussão e um repertório incrível. A música que eu destacaria é a quase instrumental "Undiú", segunda faixa do disco, que vem logo após "Águas de março". Embora ele não seja um compositor, qualquer coisa que ele faça no violão passa a ser dele. Demorei até identificar que "Na Baixa do Sapateiro" era a mesma canção que eu ouvia na voz de Dorival Caymmi.

GILBERTO GIL
EXPRESSO 2222
(1972)

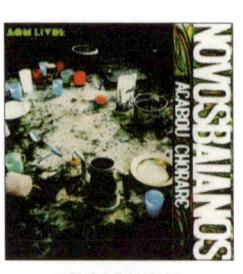

NOVOS BAIANOS
ACABOU CHORARE
(1972)

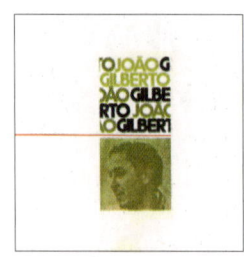

JOÃO GILBERTO
JOÃO GILBERTO
(1973)

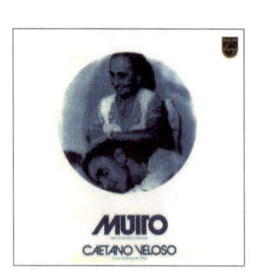

CAETANO VELOSO
MUITO
(1978)

GAL COSTA
ÍNDIA
(1973)

CAETANO VELOSO – *MUITO* (1978)

Tenho vários discos do Caetano, porque além de comprar os álbuns eu assistia vários shows, levado pela minha mãe. Escolhi esse só pra não colocar o *Araçá Azul* ou o talvez o de Londres (*Transa*). Eu estava aprendendo violão, tirei as músicas do *Transa* de ouvido e pensei: "Nossa! Eu posso tocar, não apenas comprar ou ouvir…" *Muito* é de 1978, eu já estava no [Colégio] Equipe e gosto de tudo, da capa com a foto de Caetano no colo da mãe, Dona Canô, até a versão de "Eu sei que vou te amar" que é magnífica.

GAL COSTA – *ÍNDIA* (1973)

Esse disco também é definidor de algo que eu persegui, uma ideia que me encantava muito. É o disco de uma cantora que tem o Caetano como compositor, Gil como diretor musical… Se eu puder traçar um paralelo, acho que de certa maneira eu realizei essa ideia em meu trabalho com a Cássia Eller e a Marisa Monte. Amo esse disco, sem falar da capa, que é impressionante!

LED ZEPPELIN – *LED ZEPPELIN III* (1970)

Eu ganhei esse álbum e sempre me impressionei com aquela capa que tinha um disco de papelão que girava… Fiquei intrigado quando soube que Jimmy Page não gostava disso.
O Lado 1 é magnífico, começa com "Immigrant Song", o Lado 2 começa com "Gallows Pole", que é mais acústica e deixa mais clara aquela alternância de músicas pesadas e leves que ficou mais forte nos álbuns posteriores, *Led IV* e *Houses of the Holy*. Disco fundamental na mistura de violão e guitarra. Amo Led Zeppelin.

GEORGE HARRISON – *ALL THINGS MUST PASS* (1970)

Meu beatle predileto era George Harrison, sem muita relação musical, talvez até por uma relação estética. Lembro de um disco de singles que saiu aqui no Brasil (*Hey Jude*), que tinha uma foto dos quatro na capa. John Lennon aparecia com um chapéu preto e George chamava a atenção usando uma camisa jeans e um lenço no pescoço.
Lembro quando minha avó, ou talvez minha mãe, trouxe o *All Things Must Pass* de Londres. Músicas como "My Sweet Lord", "Isn't It a Pity", o riff de guitarra de "Wah-Wah" e aquele som incrível da produção do Phil Spector me impressionaram muito. Sem falar que a edição era maravilhosa, um disco triplo em uma caixa. Lembro das cores, do cheiro, uma obra-prima.

NEIL YOUNG – *AFTER THE GOLD RUSH* (1970)

Curiosamente só descobri esse disco em 1995; descobrir no sentido de ouvir com atenção. E esse também foi um disco definidor, causou uma mudança na minha maneira de tocar violão. Sempre usava cordas de nylon, embora tivesse colocado aço em um Giannini que eu tinha. Depois desse, comprei vários outros discos do Neil Young. Acho uma obra-prima. "Don't Let It Bring You Down" talvez seja uma das melodias mais lindas que já ouvi.

BOB MARLEY – *NATTY DREAD* (1974)

Ouvi Bob Marley pela primeira vez em 1978, quando saiu o álbum *Kaya*, que comprei na [loja de discos] Hi-Fi. Lembro que era a primeira edição com a capa original, que trazia a foto do baseado na contracapa e eu fiquei pirado. Logo depois comecei a comprar outros em uma loja de discos importados e foi quando ouvi o *Natty Dread*. Marley é um gênio, difícil achar alguma música ruim. Esse foi o primeiro álbum de Bob Marley sem Bunny Wailer e Peter Tosh, e tem uma unidade autoral que eu gosto mais, sem falar na sonoridade incrível que me lembra outro disco que poderia estar nesta lista, *There's No Place Like America Today*, do Curtis Mayfield.

STEVIE WONDER – *TALKING BOOK* (1972)

Todos os discos de Stevie Wonder dos anos 1970 são foda, *Innervisions*, *Songs In The Key Of Life* etc. Mas escolhi este por lembrar que eu estava na loja Sears, do Shopping Iguatemi, procurando uma música que eu tinha ouvido ("You And I"), mas não sabia de quem era. Neste disco tem uma música com o mesmo nome, e foi assim que descobri Stevie Wonder. Logo descobri que a "You and I" que eu procurava era de outro artista, Rick James.

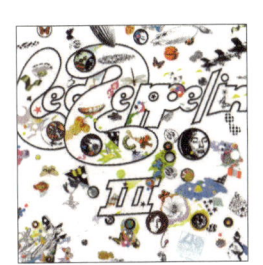

LED ZEPPELIN
LED ZEPPELIN III
(1970)

GEORGE HARRISON
ALL THINGS MUST PASS
(1970)

NEIL YOUNG
AFTER THE GOLD RUSH
(1970)

BOB MARLEY
NATTY DREAD
(1974)

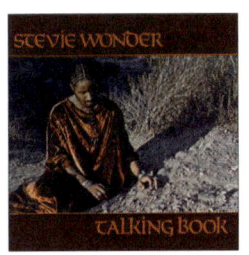

STEVIE WONDER
TALKING BOOK
(1972)

PABLO MIYAZAWA

Jornalista, ex-editor das revistas Rolling Stone Brasil, EGM, Herói e Nintendo World. Pablo também é blogueiro do UOL e colabora com diversas publicações.

THE BEACH BOYS	MILES DAVIS	THE BEATLES	RAMONES	BIG STAR
PET SOUNDS	*KIND OF BLUE*	*REVOLVER*	*ROCKET TO RUSSIA*	*#1 RECORD*
(1966)	(1959)	(1966)	(1977)	(1972)

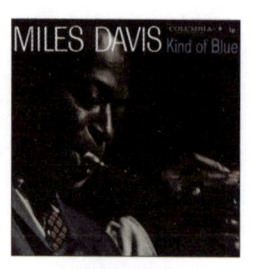

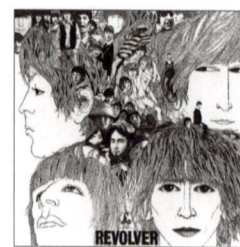

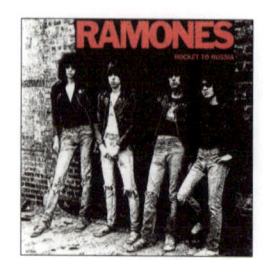

Meu Top 10 de todos os tempos. São os favoritos, mas não os necessariamente melhores. Provavelmente são os que trazem mais sensações boas.

THE BEACH BOYS – *PET SOUNDS* (1966)
O mais perfeito e eterno conjunto de canções já costurado em uma sequência lógica e intocável.

MILES DAVIS – *KIND OF BLUE* (1959)
A trilha sonora para voar, se esquecer da vida e pensar na vida, tudo ao mesmo tempo.

THE BEATLES – *REVOLVER* (1966)
Não apenas uma das provas da genialidade dos Beatles, mas o melhor apanhado de canções pop em um só pacote.

RAMONES – *ROCKET TO RUSSIA* (1977)
Não há tédio, cansaço ou tristeza que esse disco não cure.

BIG STAR – *#1 RECORD* (1972)
O melhor álbum de rock que quase ninguém ouviu, da banda mais subestimada de todos os tempos.

NICK DRAKE – *PINK MOON* (1972)
Uma profunda e dolorida experiência solitária, tal como uma conversa franca consigo mesmo.

BLACK SABBATH – *PARANOID* (1970)
É o disco que me apresentou a guitarra para eu nunca mais largá-la.

PAVEMENT – *CROOKED RAIN, CROOKED RAIN* (1994)
Pureza melódica embrulhada em sujeira sônica, virtuosismo pop e irretocável senso de humor.

WEEZER – *WEEZER* (1994)
Meu "guilty pleasure" favorito me soa como uma história de uma vida breve e feliz, com começo, meio e fim.

CREEDENCE CLEARWATER REVIVAL – *CHRONICLE* (1976)
O bom e o melhor da maior banda norte-americana de rock por excelência.

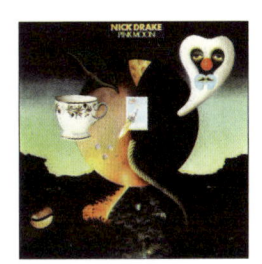

NICK DRAKE
PINK MOON
(1972)

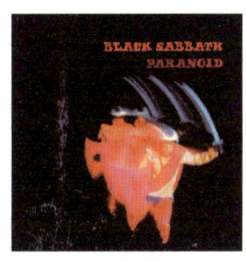

BLACK SABBATH
PARANOID
(1970)

PAVEMENT
CROOKED RAIN, CROOKED RAIN
(1994)

WEEZER
WEEZER
(1994)

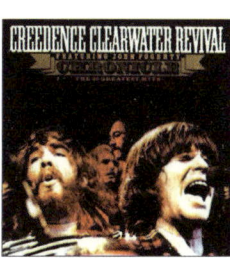

CREEDENCE CLEARWATER REVIVAL
CHRONICLE
(1976)

PEDRO PELOTAS

Músico gaúcho, Pedro Pelotas é tecladista da banda Cachorro Grande.

THE BEATLES
THE BEATLES
(1968)

THE ROLLING STONES
EXILE ON MAIN ST.
(1972)

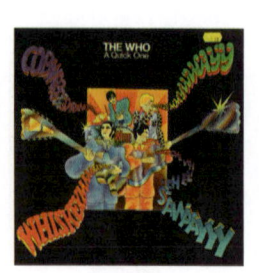

THE WHO
A QUICK ONE
(1966)

BOB DYLAN
BOB DYLAN
(1962)

THE KINKS
ARTHUR (OR THE DECLINE AND FALL OF BRITISH EMPIRE)
(1969)

Listas sempre são divertidas. Quem nunca fez a sua? Eu fiz centenas, com os mais variados temas, diferentes critérios, tamanhos e importâncias. Achei que essa ia ser fácil. Não foi. Quando me dei conta que ela vai estar impressa em um livro ao lado das listas de alguns dos meus heróis, meu cérebro deu um nó. Essa lista se tornou a minha definitiva. Portanto, tive que estabelecer os critérios fundamentais. Primeiro, não se tratam dos discos que eu considero os dez melhores de todos os tempos, e sim os dez discos que mais mudaram a minha vida. Por exemplo, eu não acho que o *LOOP* do Supergrass seja um disco melhor que o *Pet Sounds* dos Beach Boys, mas foi o disco e a banda que abriu os meus olhos e ouvidos para o rock contemporâneo, no final da minha adolescência.

Também estabeleci que não repetiria artistas, para evitar uma lista só com os Beatles e suas respectivas carreiras solo. A única coletânea da lista só esta lá porque foi o primeiro e mais importante dos vários Greatest Hits da carreira de Ray Charles, e muitas músicas só tinham sido lançadas anteriormente como singles, sendo esse o primeiro álbum onde elas aparecem. Finalmente cheguei em uma lista com vinte discos, para então decidir quais são os dez. Assim, álbuns como *Songs in the Key of Life* do Stevie Wonder, *Hot Rats* do Frank Zappa, *John Barleycorn Must Die* do Traffic, *Sandinista!* do The Clash, *A Space in Time* do Ten Years After, *Jardim Elétrico* dos Mutantes, entre outros, tiveram que ficar de fora, mas merecem a menção honrosa!

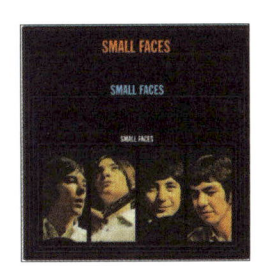

SMALL FACES
SMALL FACES, SMALL FACES, SMALL FACES
(1967)

RAY CHARLES
GREATEST HITS
(1962)

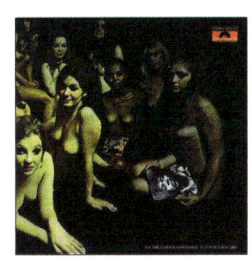

THE JIMI HENDRIX EXPERIENCE
ELECTRIC LADYLAND
(1968)

LED ZEPPELIN
HOUSES OF THE HOLY
(1973)

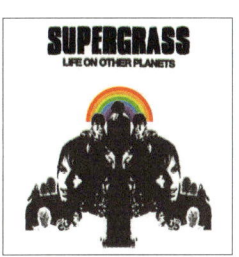

SUPERGRASS
LIFE ON OTHER PLANETS (L.O.O.P.)
(2002)

PEPE ESCOBAR

Jornalista brasileiro, nos anos 1980 teve uma coluna no jornal *Folha de S.Paulo* sobre música e cultura pop. É correspondente internacional desde 1985. Atualmente escreve a coluna The Roving Eye para o *Asia Times Online*, de Hong Kong, e é analista político do canal de TV *Russia Today*. ¶

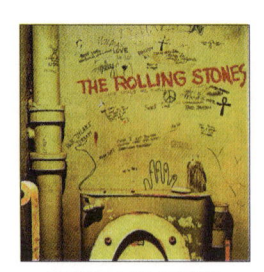

THE ROLLING STONES
BEGGARS BANQUET
(1968)

THE WHO
WHO'S NEXT
(1971)

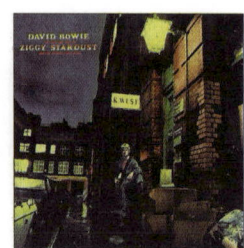

DAVID BOWIE
THE RISE AND FALL OF ZIGGY STARDUST AND THE SPIDERS FROM MARS
(1972)

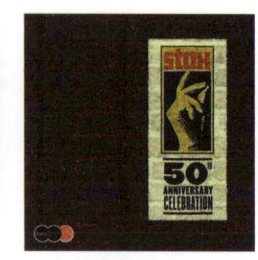

STAX 50TH ANNIVERSARY CELEBRATION
(2007)

THE ALLMAN BROTHERS BAND
AT FILLMORE EAST
(1971)

É impossível – inumano – uma Top Ten list de melhores do rock, deixando de lado a miríade de declinações de black music americana, além da miríade de declinações pós-punk. Esta mini-lista reflete um approach crítico de quando eu escrevia sobre música, e incorpora "afinidades eletivas", como diria Goethe; aqueles vinis que marcam uma vida.

Beggars Banquet, assim como o *Let It Bleed*, representa toda a discografia, piratas inclusos (dos quais o melhor é *Brussels Affair*, 1973). *Who's Next* representa todo Who – e estaria na lista apenas por "Baba O'Riley" e "Won't Get Fooled Again".

Ziggy é a essência de Bowie – o fake/jogo de máscaras que propulsou no mínimo duas gerações para fora do armário. O duplo da Stax resume a alma/fusão/swing do American South; e também um aceno para seu contraponto, a Motown em Detroit.

O duplo dos Allman Brothers é sério candidato a melhor álbum ao vivo de blues rock da história. O primeiro do Velvet estava no mínimo três décadas à frente de tudo.

A trilogia inicial do Zeppelin é inseparável – especialmente na recente versão remasterizada por Jimmy Page, mais alternate takes. "Immigrant Song" é a progressão lógica de "Dazed and Confused".

Electric Ladyland representa todo Hendrix apontando para seu futurista blues/jazz psicodélico. *Blood on the Tracks* representa todo Dylan – um continuum espantoso, dilacerado, derivado de *Highway 61 Revisited* e *Blonde On Blonde*.

Doors ainda é, para mim e muitos, o símbolo sonoro do Sonho, o dos 60, que morreu em Altamont no concerto dos Stones. Jimbo era um xamã moderno; podemos passar a vida ouvindo e recriando "The End". E como em uma contínua meditação budista, continuar "breaking on through (to the other side)".

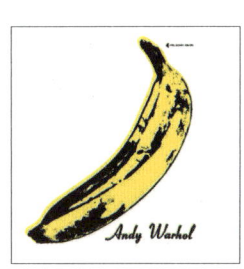

THE VELVET UNDERGROUND
THE VELVET UNDERGROUND & NICO
(1967)

LED ZEPPELIN
LED ZEPPELIN I [REMASTERED 2014]
(1969)

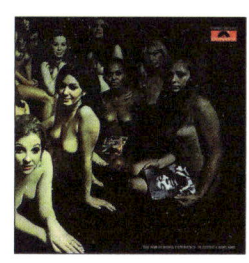

THE JIMI HENDRIX EXPERIENCE
ELECTRIC LADYLAND
(1968)

BOB DYLAN
BLOOD ON THE TRACKS
(1975)

THE DOORS
THE DOORS
(1967)

PÉRICLES CAVALCANTI

Importante cantor e compositor, nascido no Rio de Janeiro e criado em São Paulo, Péricles já teve músicas gravadas por Caetano Veloso, Arnaldo Antunes, Cássia Eller, Gal Costa, Simone, Adriana Calcanhoto, Lulu Santos, entre muitos outros. Também produziu trilhas para teatro e cinema, e esteve ligado ao pessoal do Asdrúbal Trouxe o Trombone. Em 2012, o músico foi homenageado com o disco/projeto *Mulheres de Péricles*, no qual 15 cantoras interpretam suas músicas. ¶

Dez, entre meus discos favoritos.

RAY CHARLES – *THE GENIUS HITS THE ROAD* (1960)

Minha porta de entrada pra esse disco em que Ray canta canções ligadas a estados ou cidades norte-americanas foi o single de "Georgia on my Mind", que na minha adolescência foi o compacto simples que mais vezes coloquei na vitrola para tocar (quase "até furar", como se costumava dizer). Esta gravação da bela canção de Hoagy Carmichael e Stuart Gorrell, foi a que primeiro, e mais intensamente, me introduziu ao canto rouco, emocional, potente e de tempos quase infinitamente estendidos (tão característicos!) do gênio da soul music. Salve Ray Charles, sempre!

JOÃO GILBERTO – *O AMOR, O SORRISO E A FLOR* (1960)

Entre os três primeiros LPs de João, este, lançado em 1960, foi o meu preferido e também o que mais escuto até hoje, pelas canções (mais o instrumental "Um abraço no Bonfá"), pelos arranjos econômicos, inspirados, despojados e precisos de Tom Jobim (que procurei imitar, homenageando, em algumas faixas de meu disco *Canções*) e pelo "Som", propriamente dito. Em *O amor, o sorriso e a flor*, a voz quase sem vibrato de João está praticamente sem "reverb", assim como o violão percussivo e harmonicamente complexo. Concentrado em 22 minutos, um disco, para sempre, inspirador!

THE BEATLES – *RUBBER SOUL* (1965)

Durante meu curso secundário, eu e Luiz Antônio, um colega de classe, sempre que um novo disco dos Beatles era lançado, íamos da

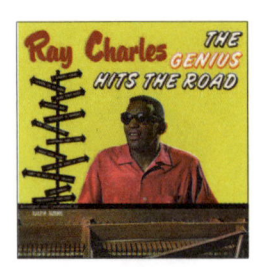

RAY CHARLES
THE GENIUS HITS THE ROAD
(1960)

JOÃO GILBERTO
O AMOR, O SORRISO E A FLOR
(1960)

THE BEATLES
RUBBER SOUL
(1965)

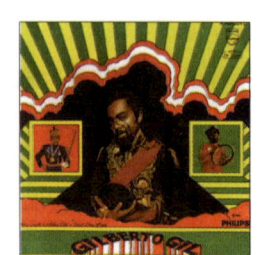

GILBERTO GIL
GILBERTO GIL
(1968)

JORGE BEN
BEN
(1972)

escola direto à uma loja para comprar e, depois, pra casa dele, vizinha, para escutar. E, este, naqueles anos, dentre todos, foi o que mais nos empolgou. *Rubber Soul* (um nome tão significativo!) apresentou a primeira virada do quarteto de Liverpool, no sentido de uma maior sofisticação do repertório, dos arranjos e também no uso de alguma experimentação, como, por exemplo, a cítara indiana em "Norwegian Wood", uma das grandes canções do repertório.

GILBERTO GIL – *GILBERTO GIL* (1968)

Neste disco, em que aparece na capa vestindo o fardão da Academia Brasileira de Letras, e que considero, do ponto de vista do conceito e do som, o melhor dentre os discos feitos nos anos Tropicalistas, Gil realizou, com a colaboração de Os Mutantes e de Rogério Duprat, uma produção musical coesa e inventiva, avançada para a época, com poucos instrumentos (com exceção da faixa "Domingo no parque"), tendo como referência, entre outras coisas, a melhor e mais moderna música pop internacional da época, mesmo nas canções mais brasileiras, como "Pé da Roseira", "Luzia Luluza" ou a sensacional "Pega a voga, cabeludo".

JORGE BEN – *BEN* (1972)

Eu tinha acabado de chegar de Londres, onde tinha ficado por um período de dois anos, quando no início de 1972 fui convidado para ir ao lançamento de um disco de Jorge Ben, de quem eu já era fã havia muitos anos. Foi numa boite em Copacabana, no Rio, e quando lá cheguei, me surpreendi com um "pocket show" do próprio Jorge, cantando o novo e espetacular repertório. Além disso, cada convidado ganhou da gravadora um LP (outros tempos!) que, quando ouvi, se revelou também maravilhoso, como formação instrumental (com o comando do violão de Jorge) e como sonoridade. Algum tempo depois, o Ben Jor me contou que este disco ganhou um prêmio internacional por todas essas qualidades!

THELONIOUS MONK – *PIANO SOLOS* (1978)

Este LP foi lançado aqui no Brasil na segunda metade dos anos 1970, pelo selo *Imagem*, e consiste na reunião de várias gravações solo, realizadas ainda em 78 rpm, no começo dos anos 1950. Desde que ouvi Monk pela primeira vez, ele se tornou a referência máxima do que é um grande compositor e instrumentista de Jazz. Nesse disco, que ainda tenho e ouço, todas as composições são dele, desde a já clássica "Round Midnight", com exceção de "Smoke gets in your eyes", do grande Jerome Kern com Otto Harbach, e em todas há um verdadeiro show de piano inventivo, singularmente percussivo e, sempre, arrebatador. Ouvir e homenagear T. Monk tornou-se, pra mim, mais que um hábito, uma necessidade.

THE POLICE – *SYNCHRONICITY* (1983)

Eu já tinha gostado do Police desde o primeiro sucesso deles, aqui entre nós, o single "De do do do, De da da da". Quando saiu este disco mais conceitual e mais complexo, do ponto de vista das composições e arranjos, ficou evidente que todas aquelas qualidades presentes no começo se confirmaram e, ainda mais, se desenvolveram: originalidade instrumental e timbres sofisticados e funcionais, mantendo a atmosfera de espontaneidade e potência, tão características do melhor Rock 'n' Roll. E todas as canções são sensacionais, embora muito diferentes entre si!!

OS PARALAMAS DO SUCESSO – *O PASSO DO LUI* (1984)

Ainda me lembro do dia em que, com alegria e emoção, ouvi "Óculos" no rádio. Imediatamente fiquei contagiado pelo frescor do som, pela sutil armação rítmica e a coloquialidade da letra dessa gravação, feita pelo grupo que mais naturalmente absorveu, transmutou e tornou original a influência de "The Police" no rock Brasil. E, além do mais, foi neste segundo disco que Herbert Vianna, mais claramente, se afirmou como o ótimo compositor que é, com canções como "Meu erro", "Fui eu" e "Assaltaram a gramática", a surpreendente parceria dele com Lulu Santos e Waly Salomão.

continua na página 217

THELONIOUS MONK
PIANO SOLOS
(1978)

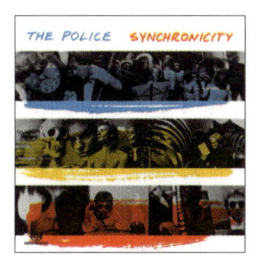

THE POLICE
SYNCHRONICITY
(1983)

OS PARALAMAS DO SUCESSO
O PASSO DO LUI
(1984)

CHICO SCIENCE E NAÇÃO ZUMBI
DA LAMA AO CAOS
(1994)

MARCELO D2
A PROCURA DA BATIDA PERFEITA
(2003)

RAFAEL RAMOS

Músico e produtor carioca, Rafael Ramos ganhou notoriedade nos anos 1990 por ter descoberto a banda Mamonas Assassinas, através de uma fita-demo. Já trabalhou com artistas como Pitty, Los Hermanos, Ultraje a Rigor, Cachorro Grande, Dead Fish, Titãs, Black Alien, entre outros. Atualmente é Diretor Artístico e Produtor Musical na Deckdisc.

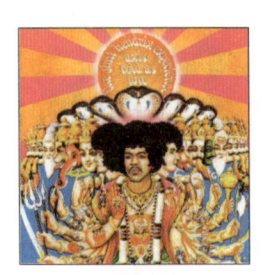

THE JIMI HENDRIX EXPERIENCE
AXIS: BOLD AS LOVE
(1967)

DEAD KENNEDYS
FRESH FRUIT FOR ROTTING VEGETABLES
(1980)

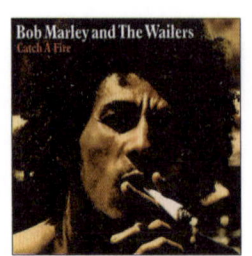

BOB MARLEY & THE WAILERS
CATCH A FIRE
(1973)

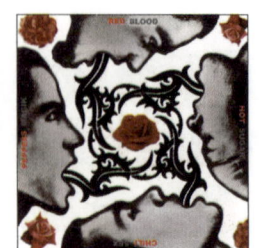

RED HOT CHILI PEPPERS
BLOOD SUGAR SEX MAGIK
(1991)

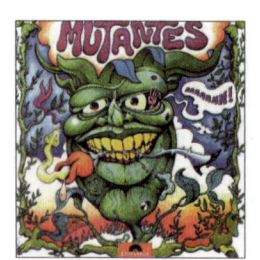

OS MUTANTES
JARDIM ELÉTRICO
(1971)

THE JIMI HENDRIX EXPERIENCE – *AXIS: BOLD AS LOVE* (1967)
Mesmo evitando os Beatles e os Rolling Stones (talvez as duas bandas mais importantes da minha vida), não falar de Jimi Hendrix aqui me faria um cara menos interessante.

DEAD KENNEDYS – *FRESH FRUIT FOR ROTTING VEGETABLES* (1980)
Punk e hardcore são os estilos que mais curto, coleciono e ouço. Escolhi esse disco para representar toda uma ideia/estilo, talvez por ele ser o mais livre de qualquer ideia/estilo. E o mais violento também.

BOB MARLEY & THE WAILERS – *CATCH A FIRE* (1973)
Quando um roqueiro descobre Bob Marley, ele abre mão de qualquer pré-concepção ou preconceito musical comum entre os jovens... Esse disco abriu a minha cabeça. Aumentou a minha curiosidade, me fez querer engolir o mundo.

RED HOT CHILI PEPPERS – *BLOOD SUGAR SEX MAGIK* (1991)
O *Sgt. Pepper's* da minha época? Explosão de criatividade e funk!

OS MUTANTES – *JARDIM ELÉTRICO* (1971)
O Liminha toca baixo nesse disco. Junto àqueles outros monstros sagrados do rock brasileiro... Bem, não preciso ficar me justificando aqui, né?

METALLICA – *METALLICA* (1991)
Foi o que me fez querer ser produtor musical e nunca mais sair do estúdio.

THE VELVET UNDERGROUND – *THE VELVET UNDERGROUND & NICO* (1967)
Marcou para sempre.

RAIMUNDOS – *RAIMUNDOS* (1994)
Acompanhei a banda desde o começo. Quando o disco chegou nas lojas, um amigo me ligou e colocou o início no telefone (no qual o Zé Nilton dizia: "Eu quero é Rock!"); larguei tudo e atravessei a cidade pra roubar o disco dele. É a cópia que tenho até hoje!

QUEENS OF THE STONE AGE – *SONGS FOR THE DEAF* (2002)
O diabo fez esse disco.

DAVID BOWIE – *THE NEXT DAY* (2013)
Não podia faltar Bowie. Como toda a obra dele é muito brutal, coloquei o mais recente que é tão lindo e perfeito quanto todos os outros (até mais do que alguns).

METALLICA
METALLICA
(1991)

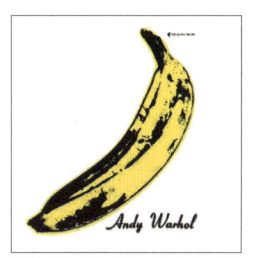

THE VELVET UNDERGROUND
THE VELVET UNDERGROUND & NICO
(1967)

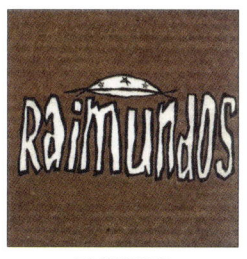

RAIMUNDOS
RAIMUNDOS
(1994)

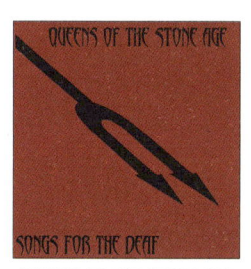

QUEENS OF THE STONE AGE
SONGS FOR THE DEAF
(2002)

DAVID BOWIE
THE NEXT DAY
(2013)

RAFAEL CORTEZ

Ator, músico e jornalista, ficou conhecido por sua participação no programa CQC. É violonista e tem dois álbuns lançados. ¶

MARIA BETHÂNIA – *MEL* (1979)
Esse é o disco de Bethânia que mais me toca. As três primeiras faixas, "Mel", "Ela e Eu" e "Cheiro de Amor" são avassaladoras de tão românticas e sentimentais. Há também "Grito de Alerta", de Gonzaguinha, que virou um clássico obrigatório da MPB assim que nasceu. "Infinito Desejo" foi a música que embalou minha paixão por uma garota linda quando eu tinha 15 anos. Ela canta Ângela Rô Rô em "Gota de Sangue", que deixa a composição ainda maior. Mas ouço até hoje muitas vezes por semana porque "Cheiro de Amor" é a música de Maria Bethânia que eu mais gosto nessa vida. E olha que eu gosto MUITO de Maria Bethânia.

NARA LEÃO – *VENTO DE MAIO* (1967)
Sou fã incondicional de Nara Leão. Gosto de praticamente tudo que ela fez. Mas esse disco consolidou meu amor por Nara tão logo me descobri fã da cantora. Sua gravação de "O Circo", de Sidney Miller, é de uma beleza e candura comoventes. Tem a faixa título com uma quebra de ritmo que a deixa irresistível. Amo o duo de Nara com o jovem Gil em "Noite dos Mascarados" – ambos estão cantando lindamente! Duas faixas difíceis mostram que Nara dominava bem a respiração, letra e harmonia: "Um Chorinho" e "Rancho das Namoradas". "Passa, passa, gavião" e "Maria Joana", ambas também de Sidney Miller, estão perfeitas em sua voz. Mas "Maria Joana" é minha canção predileta na voz de Nara Leão.

PUBLIC ENEMY – *FEAR OF A BLACK PLANET* (1990)
Um disco que ouvi à exaustão desde meus 13 anos, e continuo ouvindo até hoje. Public Enemy é a contradição do meu gosto musical, que sempre privilegiou a MPB e o repertório clássico. Mas de todos artistas que gosto mesmo, idolatro de verdade Nara Leão e Public Enemy. Mas o Public Enemy ainda está aí, ativo, produzindo, aparecem de vez em quando no Brasil, e isso tudo deixa minha histeria um pouco maior. Neste disco, há uma faixa absurdamente popular e boa de Flavor Flav, "911 is a joke". Há uma surra na boca do estômago com faixas de protesto incríveis como "Brothers Gonna Work it Out", "Fight the Power" e "Welcome to the Terrordome", que eu amo tanto que uso para abrir meu solo de

MARIA BETHÂNIA
MEL
(1979)

NARA LEÃO
VENTO DE MAIO
(1967)

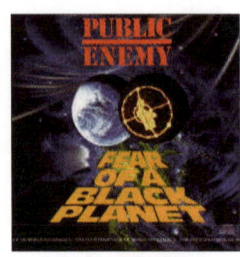

PUBLIC ENEMY
FEAR OF A BLACK PLANET
(1990)

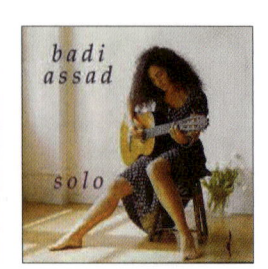

BADI ASSAD
SOLO
(1994)

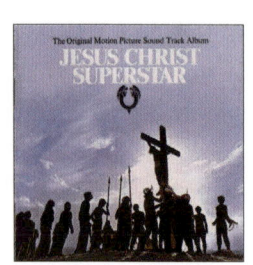

JESUS CHRIST SUPERSTAR
(1970)

humor há seis anos, mesmo ela não tendo nada de cômico. Por fim, está nesse disco a melhor música de rap de todos os tempos, na minha opinião: "Revolutionary Generation". Acho que nunca ouvi nada tão bom no rap como essa música. Ela é uma bomba nuclear sonora. Jamais poderá ser feita outra igual.

BADI ASSAD – SOLO (1994)

Fui aluno de violão da Badi por um período no começo da década passada. Foi a consumação de um sonho. Eu era fã de ir em todos os shows, de delirar com sua técnica e domínio do violão. O trabalho que me apresentou Badi foi justamente seu primeiro CD, Solo. Aqui, Badi ainda está mais violonista do que cantora, mas mostra beleza na voz que começa a ganhar corpo, e habilidade em criações onde canto, percussão e instrumento aparecem virtuosamente juntos. Como solista de violão, a interpretação de "Palhaço", do Gismonti, com arranjo de Sérgio Assad, está entre as 10 músicas mais bonitas do meu mundo. Há toda uma energia em "Fuoco", que já a vi tocar com a mesma força ao vivo. Não tem truque ali. Eu adoro as batucadas de Badi no violão em "Vrap". E claro, tem "Valseana", de Sérgio Assad.

JESUS CHRIST SUPERSTAR (1970)

Esse disco foi a trilha sonora da minha infância com meus irmãos porque era um dos discos prediletos do meu pai. Ele o ouvia sempre. Logo, se tornou um dos nossos discos mais queridos. Nós sabemos cantar todas as músicas de cor e sabemos todas as cenas, até hoje. Os protagonistas, Ian Gillan (Jesus) e Murray Head (Judas) têm interpretações possantes e magníficas. Yvonne Elliman como Maria Madalena me fazia chorar com sua faixa principal, um hit arrebatador ("I Don't Know How to Love Him"). O grave da voz do cantor que dá vida a Cayphas ainda é uma das coisas que mais me impressiona nas músicas cantadas. Fora a abertura instrumental, que eu amaria ouvir um dia em um arranjo para violão solo. Aquilo é muito, mas muito bom.

ANDRÉS SEGOVIA – THE SEGOVIA COLLECTION VOL. 1: THE LEGENDARY ANDRÉS SEGOVIA IN AN ALL-BACH PROGRAM (1987)

Essa é uma reunião de gravações do genial violonista espanhol interpretando obras de Bach que foram transcritas por ele para o violão solo. Segovia era um gênio. Tocava com um som gordo, robusto, mas era absolutamente personalizado em sua arte, que impunha como definitiva, chegando até mesmo a ser cruel. Ele abusava de vibratos, arrastes e glissandos que deixavam seu som açucarado demais e extremamente romântico – e ele exigia o mesmo de seus alunos. Como intérprete de músicas barrocas, que sempre são ritmadas e com toda uma cartilha a seguir no ato de tocar, Segóvia é, até hoje, muito criticado. Dizem que sua liberdade de interpretação e arranjos fugiam do estilo exigido pelo Barroco em forma e conteúdo; que era um atentado à composição. Mas para mim isso não importa. Neste disco há versões de derreter o coração mais duro. Mas o suprassumo é a faixa final: a versão definitiva da "Chacone" de Bach para violão. Tem um peso dramático único. Segóvia pensou em cada nota, em cada detalhe de seu arranjo e execução. Eu amo com toda força essa música. O Segóvia era demais!

FABIO ZANON – OBRA COMPLETA DE HEITOR VILLA-LOBOS PARA VIOLÃO SOLO (1997)

Muitos já gravaram a inacreditável obra de Villa-Lobos para violão. Versões boas e mais ou menos pipocam pelo mundo afora, mas a definitiva, a melhor de todas, é a do brasileiro Fabio Zanon. E essa opinião não é apenas minha, mas de muita gente muito mais gabaritada que eu em música e especialmente na cultura violonística. Zanon teve um trabalho grande de interpretar os manuscritos de Villa, e não as versões editadas que todo mundo conhece hoje. Tal material revelou compassos inteiros que foram sumariamente cortados por editores e pelos primeiros intérpretes das peças de Villa-Lobos, como o próprio Segóvia (que, pelo que se conta, odiou os 12 Estudos Para Violão que Villa lhe dedicou). As três últimas faixas, os estudos 10, 11 e 12, são tocadas com uma energia de erguer qualquer cidadão da cadeira!

continua na página 217

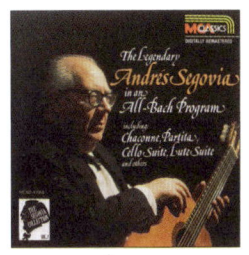

ANDRÉS SEGOVIA
THE SEGOVIA COLLECTION VOL. 1: THE LEGENDARY ANDRÉS SEGOVIA IN AN ALL-BACH PROGRAM
(1987)

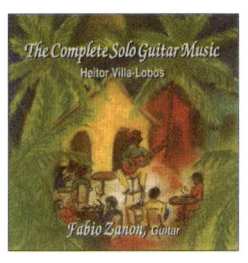

FABIO ZANON
OBRA COMPLETA DE HEITOR VILLA-LOBOS PARA VIOLÃO SOLO
(1997)

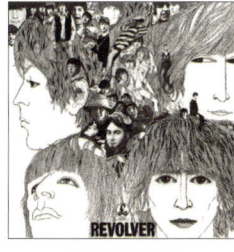

THE BEATLES
REVOLVER
(1966)

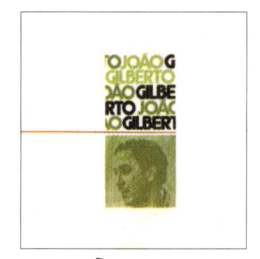

JOÃO GILBERTO
JOÃO GILBERTO
(1973)

RAFAEL CORTEZ
ELEGIA DA ALMA
(2011)

RAPPIN' HOOD

Rapper, compositor, produtor e apresentador, Rappin' Hood é um dos grandes nomes do rap brasileiro. Nos anos 1990, ele fez parte do grupo Posse Mente Zulu. Alcançou sucesso nacional com sua carreira solo, lançou dois álbuns e está trabalhando no seu terceiro disco. Sempre preocupado com a comunidade, criou a escolinha Rappin Hood Futebol Clube, que mistura ação social e música. Além disso, é apresentador do programa Rap Du Bom (105 FM), que completou 13 anos no ar em 2014. ¶

BILLY PAUL
360 DEGREES OF BILLY PAUL
(1972)

MARTINHO DA VILA
MEMÓRIAS DE UM SARGENTO DE MILÍCIAS
(1971)

JORGE BEN
A TÁBUA DE ESMERALDA
(1974)

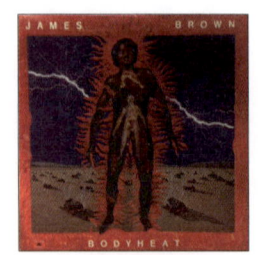

JAMES BROWN
BODYHEAT
(1976)

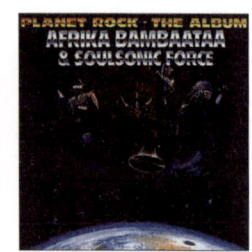

AFRIKA BAMBAATAA
PLANET ROCK
(1986)

Difícil fazer uma lista de dez... vou tentar lembrar de alguns discos por ordem cronológica, aqueles que eu ouvia desde quando era molequinho.

BILLY PAUL – *360 DEGREES OF BILLY PAUL* (1972)
Foi a primeira referência que eu tive da música americana na minha vida. Minha mãe ouvia esse disco a toda hora.

MARTINHO DA VILA – *MEMÓRIAS DE UM SARGENTO DE MILÍCIAS* (1971)
E esse é um álbum que meu pai ouvia muito. E eu junto.

JORGE BEN – *A TÁBUA DE ESMERALDA* (1974)
Esse disco é foda, mas nem sei se ouvi mais esse ou o *Ben*, ou aquele em que ele aparece com a maçã na capa. Ouvi toda a obra dele.

JAMES BROWN – *BODYHEAT* (1976)
Eu já conhecia o James Brown, mas quando veio esse disco... Tem "Bodyheat", "Don't Tell it", meus tios piraram. Na verdade minha mãe comprou dois discos iguais, um pro meu tio, que estava fazendo aniversário, e outro pra mim. Ouvi pra caralho...

AFRIKA BAMBAATAA – *PLANET ROCK* (1986)
Esse foi o disco que me chamou a atenção para o hip hop.

PUBLIC ENEMY – *IT TAKES A NATION OF MILLIONS TO HOLD US BACK* (1988)
Disco foda, tinha todas as músicas célebres, "Don't Believe the Hype", "She Watch Channel Zero?!", "Bring the Noise".

RACIONAIS MC'S – *RAIO X BRASIL* (1993)
Eu já acompanhava os Racionais, andava com eles, somos parceiros. Foi uma época maravilhosa em que fizemos muitos shows juntos. Todo mundo fala do *Sobrevivendo no Inferno*, que vendeu um milhão de cópias, mas essa fase, de "Fim De Semana No Parque", "Homem Na Estrada", é a que gosto mais. Pra mim, esse é o disco dos Racionais.

THAIDE E DJ HUM – *HUMILDADE E CORAGEM SÃO NOSSAS ARMAS PARA LUTAR* (1992)
É um disco especial, da época em que saíram da gravadora Eldorado e foram para uma independente, a TNT Records. É um puta disco, um clássico do rap brasileiro.
E eu vou falar pra vocês, sou um rapper nacional por causa desses caras, eles são demais, os arquitetos do rap nacional!

BOB MARLEY AND THE WAILERS – *CATCH A FIRE* (1973)
O disco que me fez descobrir o que era o reggae; esse e o *Exodus*. Esse disco é muito bom, sofisticado. Fora a surpresa dele fumando a bomba na capa, que era desafiador. Eu só escutava funk, amava isso, coisas como o *Zapp 1*, que tem "Be Alright" e deveria estar nesta lista. Lembro que eu trabalhava de office boy no Papel Simão e uma vez um amigo, Elton, queria meus discos emprestados. Fui até a casa do Elton e o irmão dele me perguntou se eu conhecia reggae. Eu disse que sim, cantei coisas do tipo do Eddy Grant, e o cara me disse: "Não! Reggae é Bob Marley". Ele ficou com os meus discos pra gravar e me emprestou toda a coleção do Bob. Cheguei em casa e o primeiro que eu ouvi foi o justamente o *Catch A Fire*.

LECI BRANDÃO – *UM OMBRO AMIGO* (1993)
Sempre ouvi muitas mulheres, as gringas todas, aquele disco da Sandra de Sá que tem "Olhos coloridos", mas tenho que escolher uma e vai ser Leci Brandão. Amo a Leci como pessoa e é minha amiga, a tia Leci! *Um ombro amigo*, que tem a música "Isso é fundo de quintal", é um disco célebre. Tive a oportunidade de fazer muitos shows e gravar com ela. Ela se tornou minha madrinha musical.

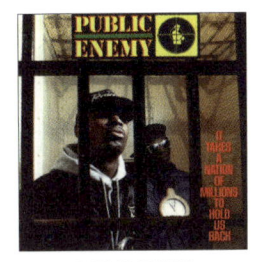

PUBLIC ENEMY
IT TAKES A NATION OF MILLIONS TO HOLD US BACK
(1988)

RACIONAIS MC'S
RAIO X BRASIL
(1993)

THAIDE E DJ HUM
HUMILDADE E CORAGEM SÃO NOSSAS ARMAS PARA LUTAR
(1992)

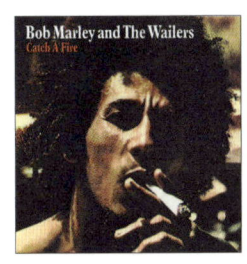

BOB MARLEY AND THE WAILERS
CATCH A FIRE
(1973)

LECI BRANDÃO
UM OMBRO AMIGO
(1993)

REGIS DAMASCENO

Guitarrista cearense, Regis é considerado um dos mais criativos da nova geração. Integrante do Cidadão Instigado, também toca no projeto Mockers e na banda de Marcelo Jeneci, dentre outros projetos.

THE BEATLES
REVOLVER
(1966)

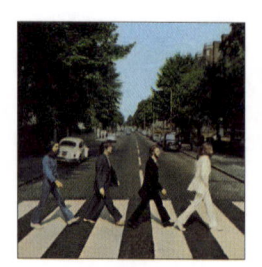

THE BEATLES
ABBEY ROAD
(1969)

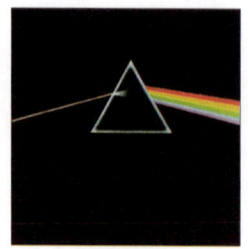

PINK FLOYD
THE DARK SIDE OF THE MOON
(1973)

LED ZEPPELIN
LED ZEPPELIN II
(1969)

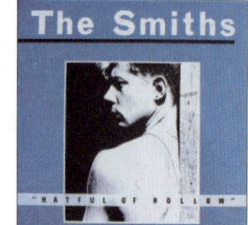

THE SMITHS
HATFUL OF HOLLOW
(1984)

Muito difícil fazer uma lista dessas. Pensei bastante em: importância histórica, originalidade, legado, produção musical e artística, enfim. São muitos os vetores pra analisar e produzir o resultado em 10 grandes discos, dessa produção humana que é um retrato do momento em que foi criada.

Depois que fiz minha lista, percebi que 9 dos 10 são do século passado, e a maioria foi produzida nos anos 1960. Percebo então que fui concordante com meu gosto pessoal: penso que essa década foi a mais produtiva em termos de som, atitude, música. Apenas um disco de minha seleção é do século 21. Prefiro pensar que se essa lista for feita daqui a 50 anos, talvez mais discos entrariam. Creio que ainda não deu tempo dos novos artistas deixarem sua marca. Acredito e gosto bastante de bandas e artistas novos, sempre mantenho o radar ligado, mas o crivo do tempo tem de ser respeitado. Quando fiz minha lista tentei ver se esses discos derivariam outros que poderiam entrar também, mas optei por manter os mais antigos, priorizando o fator originalidade. Fiquei feliz por minha lista contemplar minhas bandas preferidas, meu cantor preferido (Richie Havens) e minha cantora preferida (Nina Simone), que apesar de serem discos de intérpretes são importantes demais para ficarem de fora. Todos são de autor, muita personalidade e creio que jamais serão esquecidos.

Eis minha lista, sem ordem de preferência

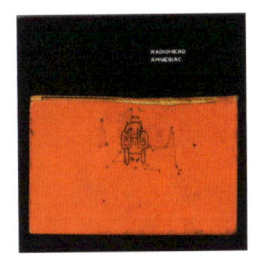

RADIOHEAD
AMNESIAC
(2001)

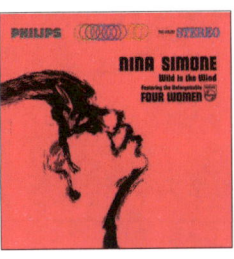

NINA SIMONE
WILD IS THE WIND
(1966)

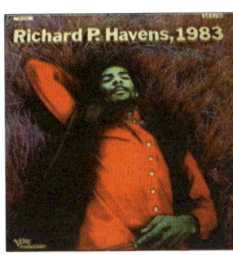

RICHIE HAVENS
RICHARD P. HAVENS, 1983
(1969)

SONIC YOUTH
SISTER
(1987)

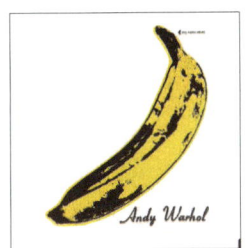

THE VELVET UNDERGROUND
THE VELVET UNDERGROUND & NICO
(1967)

RENATA SIMÕES

Jornalista, radialista e apresentadora de TV. ¶

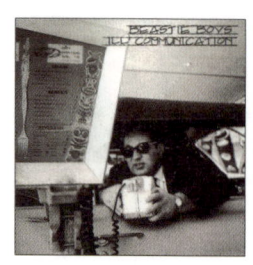

DISCOTECA BÁSICA

BEASTIE BOYS
ILL COMMUNICATION
(1994)

CHICO SCIENCE & NAÇÃO ZUMBI
DA LAMA AO CAOS
(1994)

EXPLOSIONS IN THE SKY
THE EARTH IS NOT A COLD DEAD PLACE
(2003)

RONI SIZE / REPRAZENT
NEW FORMS
(1997)

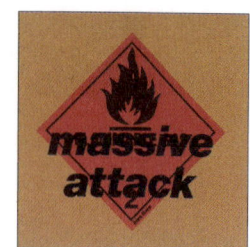

MASSIVE ATTACK
BLUE LINES
(1991)

A proposta para listar 10 discos me jogou numa espiral transcendental, uma experiência sublime de cavoucar as memórias da vida através da música.

Veio a imagem dos discos de vinil da minha mãe: The Police, Dire Straits, Sigue Sigue Sputnik, Nina Hagen, Tina Turner, Caetano, Titãs, Coisas do Gênero (banda indie paulistana antes de o termo indie ser cunhado).

O repertório sertanejo que arrasa em qualquer karaokê, coisa do meu pai, que vem do interior do estado. Até hoje sou capaz de cantar "O Menino da Porteira" de ponta a ponta.

Eu já colecionava CDs – U2, RUN-DMC, Queen, Gil, Guns N' Roses, entre outros – quando meu primo incrível foi viajar e deixou sua coleção comigo. Algumas centenas de discos – Living Colour, Soul II Soul, Sugarcubes, Prince –, oriundos de um rolo que ele fizera em viagem a Israel.

Descobri a incrível sensação de ser arremessada para fora do mundo, pousando nem sempre de maneira tranquila em outra dimensão. Um espaço sem tempo, que independe da distância do lançamento, de ser o primeiro ou último disco de determinado artista. É uma porta para explorar um universo e que afetará o seu.

O novo universo veio primeiro com discos de rap – de Thaide a NWA, passando por Racionais, Outkast e The Pharcyde. Cheguei à música eletrônica via drum'n'bass e techno. Curioso perceber que foi graças a ela (e ao melhor DJ que a música brasileira já teve) que conheci os clássicos e fui olhar o passado. E do passado fui para o mundo das guitarras e canções, e aos negros contemporâneos que faziam outros tipos de canções.

Música boa merecia ser um gênero, definido por "a sua vida que você conhecia já era depois de ouvir...".

CAETANO VELOSO
TRANSA
(1972)

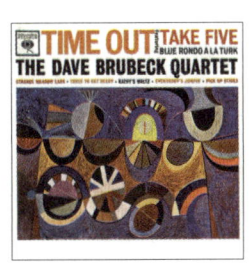

THE DAVE BRUBECK QUARTET
TIME OUT
(1959)

BECK
MELLOW GOLD
(1994)

ERASMO CARLOS
CARLOS, ERASMO
(1971)

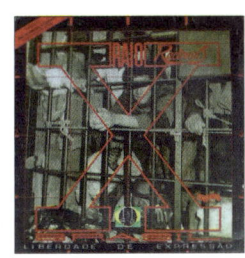

RACIONAIS MC'S
RAIO X BRASIL
(1993)

RICA AMABIS

Músico e compositor paulista, faz parte do coletivo Instituto. Como produtor já trabalhou com SP Funk, Otto, Los Sea Dux, Andrea Marquee, Nação Zumbi e Walter Franco, entre outros.

CHET BAKER
IT COULD HAPPEN TO YOU
(1958)

CHICO BUARQUE
CONSTRUÇÃO
(1971)

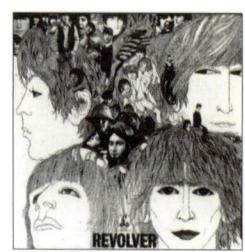

THE BEATLES
REVOLVER
(1966)

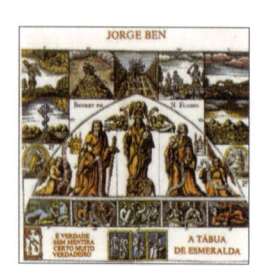

JORGE BEN
A TÁBUA DE ESMERALDA
(1974)

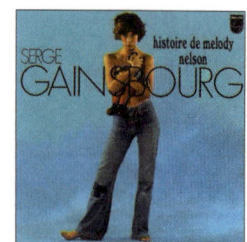

SERGE GAINSBOURG
HISTOIRE DE MELODY NELSON
(1971)

CHET BAKER – *IT COULD HAPPEN TO YOU* (1958)
Pra mim é um clássico! É incrível como a voz e o trompete se confundem. Em várias músicas ele nem chega a tocar o instrumento, apenas canta a frase. A banda e o repertório são impecáveis.

CHICO BUARQUE – *CONSTRUÇÃO* (1971)
É o disco da minha infância. A música "Construção" sempre me chamou muito a atenção, tanto pela forma e letra, como pelo lindo arranjo de Rogério Duprat.

THE BEATLES – *REVOLVER* (1966)
Assistir a evolução de uma banda que você admira é sempre inspirador, ainda mais em se tratando dos Beatles. Do primeiro álbum ao último nota-se isso, porém, pra mim, o *Revolver* é o divisor de águas.

JORGE BEN – *A TÁBUA DE ESMERALDA* (1974)
Tudo que foi dito sobre o *Revolver*, serve para esse disco. Jorge Ben conseguiu ter uma carreira de evolução constante e o ápice é *A Tábua de Esmeralda*. Todas as músicas são clássicos e os arranjos de Osmar Milito são lindos.

SERGE GAINSBOURG – *HISTOIRE DE MELODY NELSON* (1971)
O meu preferido de Serge Gainsbourg. Um disco que é um roteiro, conta uma história em 28 minutos. Junta um power trio com o spoken do Serge, orquestra e coral arranjados por Jean-Claude Vannier, e combinam lindamente. Dita regra até hoje.

BOB MARLEY & THE WAILERS – *CATCH A FIRE* (1973)
Foi um grito social e cultural do sul para o norte. Com letras fortes e ritmo novo, esse disco apresentou o reggae para o mundo e colocou Bob Marley entre os grandes. A Jamaica nunca mais saiu do *mainstream* mundial.

BADEN POWELL E VINICIUS DE MORAES – *OS AFRO-SAMBAS* (1966)
A junção de um excepcional músico com um grande poeta para a criação de um álbum conceitual, só poderia virar um clássico. Uma homenagem à cultura africana. As músicas desse disco se incorporaram no inconsciente coletivo nacional, você escuta e tem certeza de que as conhece desde sempre.

CHICO SCIENCE & NAÇÃO ZUMBI – *AFROCIBERDELIA* (1996)
Um disco que mostrou novos caminhos para a música brasileira. Fez uma ponte entre o sul e o norte, que até hoje é muito movimentada. Sempre escuto e acho atual. Clássico é assim.

DJ SHADOW – *ENDTRODUCING...* (1996)
Quando escutei esse disco pela primeira vez, percebi que era possível fazer música bonita sem ser músico. Ainda estou tentando chegar lá, quem sabe um dia.

ELLA FITZGERALD & LOUIS ARMSTRONG – *ELLA AND LOUIS* (1956)
Ella, que tem a voz de Deus, e Louis, que tem o sorriso e o suingue inigualáveis, juntos cantando *standards* de jazz. Não tem nada mais reconfortante do que ouvir esse disco.

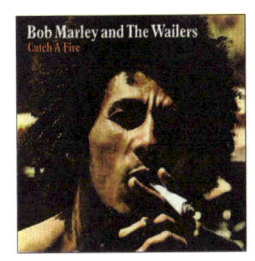

BOB MARLEY & THE WAILERS
CATCH A FIRE
(1973)

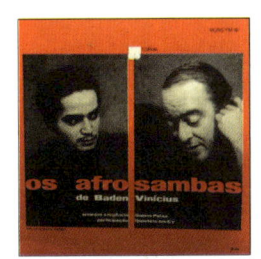

BADEN POWELL E VINICIUS DE MORAES
OS AFRO-SAMBAS
(1966)

CHICO SCIENCE & NAÇÃO ZUMBI
AFROCIBERDELIA
(1996)

DJ SHADOW
ENDTRODUCING...
(1996)

ELLA FITZGERALD & LOUIS ARMSTRONG
ELLA AND LOUIS
(1956)

RICARDO ALEXANDRE

Jornalista e escritor, trabalhou no Estadão, na revista Bizz e também na revista Época São Paulo. É autor de três importantes livros sobre música brasileira: *Dias de luta: O rock e o Brasil dos anos 80* (Ed. DBA), *Nem vem que não tem: A vida e o veneno de Wilson Simonal* (Ed. Globo) e *Cheguei bem a tempo de ver o palco desabar* (Arquipélago Editorial). Com o seu estúdio de prestação de serviços editoriais (Tudo Certo Conteúdo Editorial) já dirigiu três documentários. Ele também é blogueiro do R7.

THE BEATLES – *SGT. PEPPER'S LONELY HEARTS CLUB BAND* (1067)

Aqui importou menos a música do que a capa. Quando meu pai explicou aquela velha lenda de que os Beatles de terninho estavam sendo velados e os novos e multicoloridos Beatles surgiam em seu lugar, minha cabeça foi levada à estratosfera. Passava dias e dias analisando cada milímetro da capa. Sempre amei música, mas naquele momento entendi que havia todo um universo artístico e comportamental ao redor dos sons que saíam da caixa acústica. Acho que virei jornalista ali, mesmo sem saber.

ODAIR CABEÇA DE POETA & GRUPO CAPOTE – *O FORRÓ VAI SER DOUTOR* (1975)

A beleza da inocência de uma criança é crescer achando que a maior banda do Brasil era o Grupo Capote. Ouvia esse disco em paridade com os do Roberto Carlos e dos Beatles. Só muitos anos depois fui descobrir que *O forró vai ser doutor* era um *nugget* apadrinhado pelo proscrito Tom Zé e lançado pelo poeirento selo CID. Eles falavam em "forrock" vinte anos antes dos Raimundos. Dos "discos perdidos" da MPB, eis um que precisa urgentemente ser redescoberto.

JORGE BEN – *JORGE BEN* (1969)

Só fui descobrir que esse disco não era uma coletânea já adulto. Na verdade, é o primeiro álbum do Jorge com o Trio Mocotó, no qual ele grava sua própria versão para músicas que ele havia dado a outros artistas nos dois anos anteriores. Com esse disco, Jorge sai de um período de ostracismo e entra numa fase absolutamente brilhante, de um cinco ou seis anos de obra-prima atrás de obra-prima. Coisas como "Descobri Que Eu Sou Um Anjo" e mesmo "País Tropical" eram como uma brincadeira delirante, na qual eu era levado a outras realidades. Acho que Jorge provoca isso até hoje em mim.

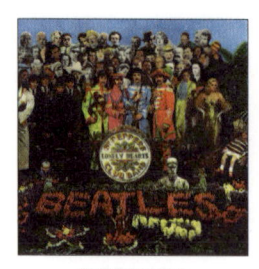

THE BEATLES
SGT. PEPPER'S LONELY HEARTS CLUB BAND
(1967)

ODAIR CABEÇA DE POETA & GRUPO CAPOTE
O FORRÓ VAI SER DOUTOR
(1975)

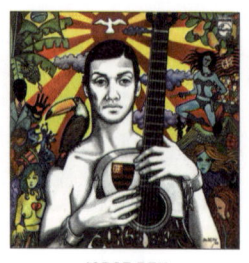

JORGE BEN
JORGE BEN
(1969)

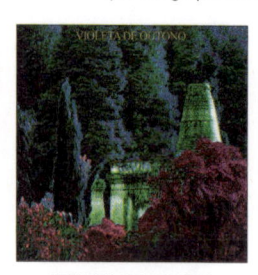

VIOLETA DE OUTONO
VIOLETA DE OUTONO
(1987)

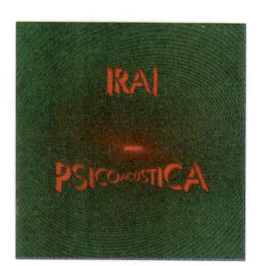

IRA!
PSICOACÚSTICA
(1988)

VIOLETA DE OUTONO – *VIOLETA DE OUTONO* (1987)
Durante os anos 1980, era a "minha" banda, a que eu defendia nas discussões contra qualquer fã do RPM, Titãs ou Plebe Rude. O que mais me impressionava no som original do Violeta era a evidente filiação à psicodelia dos anos 1960, mas sem soar nem um pouco anacrônico. Eles estavam tão alinhados com Syd Barrett quanto com o Echo & The Bunnymen, tanto com Soft Machine quanto com Durutti Column. Depois, foram melhorando como músicos, ganharam outros atributos, mas perderam esse charme em particular.

IRA! – *PSICOACÚSTICA* (1988)
O Ira! foi a primeira banda que assisti ao vivo. Na época do *Vivendo e não Aprendendo* (1986) e de "Flores Em Você", eles estavam quase se tornando populares de verdade. Quando voltaram, depois de um tempão sumidos, apresentaram essa espécie de recompensa aos fãs mais fiéis. *Psicoacústica* era, visivelmente, um drible no grande público. Adorava ouvi-lo no fone de ouvido, deitado no chão da sala de casa. Sem contar que "Pegue Essa Arma" me lembrava Violeta de Outono, o que era uma baita virtude.

VOIVOD – *NOTHINGFACE* (1989)
Quando meus primos se "converteram" ao *metal*, eu estava mais preocupado nas obscuridades dos anos 1960. Mas o que eu vivia era o rock brasileiro dos anos 1980. Daí, passado tudo isso, o Voivod me vem com um disco de *metal* cerebral, psicodélico, inteligente, repleto de escaninhos (ilustrações malucas, conceitos, cover do Pink Floyd) que parecia juntar tudo o que eu curtia na época e ia além.

THE STONE ROSES – *THE STONE ROSES* (1989)
Essa é a banda da minha vida. Reconheço todas as limitações e todo o *hype*, mas fazer o quê? Gosto é uma reação orgânica, e o fato de uma banda assim ter surgido naquela época naquelas circunstâncias, na idade que eu tinha, me bateu de um jeito indescritível. Quando eles recusaram a oferta de abrir um show dos Rolling Stones para não compactuar com paternalismos, foi como uma palavra de incentivo para quem tinha a vida toda pela frente e podia chegar tão alto quanto sonhasse, sem precisar das bênçãos de ninguém. Os *singles* dos Stone Roses lançados depois deste álbum são muito melhores e mais ousados, mas foi o LP que soou como se feito pra mim. Conforta saber que estou em companhia de muita gente. O Beckham e o Liam Gallagher que o digam.

CHRIS ISAAK – *BAJA SESSIONS* (1996)
Pra entrar definitivamente no clima dessa obra-prima, é preciso casar com o *homevideo*, que mostra Isaak e sua banda tocando canções semi-acústicas em hotéis e pontos turísticos da Baixa Califórnia, no México. Isaak é um sujeito muito engraçado e consegue transmitir uma fina ironia pro romantismo exacerbado de seu repertório – e do repertório alheio. E canta pacas.

TEENAGE FANCLUB – *GRAND PRIX* (1995)
Quando *Bandwagonesque* saiu, eu tinha a minha própria banda de rock em Jundiaí, e fiquei muito desestimulado por notar que já havia uma banda, profissional e escocesa, fazendo exatamente o que eu sonhava em fazer, com uma qualidade que eu jamais igualaria. *Grand Prix* cristaliza tudo aquilo num álbum para adultos, feito por quatro indies em busca do segredo da canção perfeita. Ouço e me emociono até hoje.

LUCAS SOUZA BANDA – *CIDADE DO AMOR* (2009)
Sempre tive muita dificuldade em conciliar minha espiritualidade (de tradição cristã protestante) com meu amor pela música. Isso porque sempre amei música que se impusesse sobre o mercado, e basicamente o que se define como "gospel" no Brasil é música feita pro mercado evangélico. E tanto minha fé quanto meu gosto musical são sagrados demais para serem barateados assim. Mas Lucas Souza é uma exceção artística num mar de *entertainers* sorridentes, cantando o amor com delicadeza e elegância eletrificados em tonéis de rock inglês. De toda a sua carreira, este é o mais maduro e bem acabado – e o que conta com a participação mais determinante de seu irmão, o tecladista e produtor Lúcio Silva, que depois seguiria em elogiada carreira solo conhecido simplesmente como Silva. Para os não-iniciados, recomendo começar por "Teus Olhos, Meus Horizontes", como eu, por acaso, comecei.

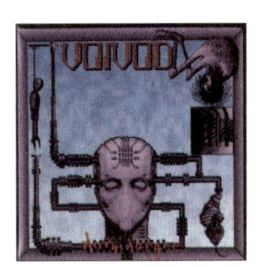

VOIVOD
NOTHINGFACE
(1989)

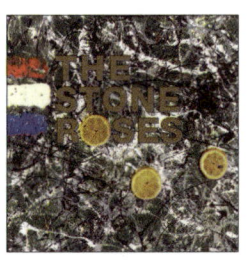

THE STONE ROSES
THE STONE ROSES
(1989)

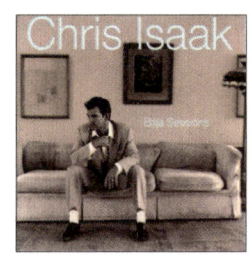

CHRIS ISAAK
BAJA SESSIONS
(1996)

TEENAGE FANCLUB
GRAND PRIX
(1995)

LUCAS SOUZA BANDA
CIDADE DO AMOR
(2009)

RITCHIE

Músico inglês radicado no Brasil, ficou famoso por sucessos como "A Vida Tem Dessas Coisas", "Pelo Interfone", "Casanova" e "Menina Veneno". Em 2012 lançou *60*, seu primeiro álbum cantado em inglês, com versões de clássicos dos anos 1960.

Segue minha lista final. Foi bem difícil chegar aos 10, muita coisa ficou de fora, claro. Mas acabei optando por uma lista menos "óbvia" para dar uma certa "arejada" no consenso geral. Organizei em ordem mais ou menos cronológica porque nenhum disco é "maior" do que outro, são todos obras-primas na minha opinião.

THE BEATLES – *REVOLVER* (1966)
Foi quando ouvi "Eleanor Rigby" pela primeira vez que decidi que queria ser músico e, de preferência, um artista pop. "Taxman", do George, é outra favorita.

THE MAHAVISHNU ORCHESTRA WITH JOHN MCLAUGHLIN – *THE INNER MOUNTING FLAME* (1971)
Eu ouvi o Mahavishnu Orchestra por "engano" quando fui assistir a um show do Yes no Crystal Palace, em Londres. M.O. era a banda de abertura. Pelo nome eu esperava por uma banda Hare Krishna ou coisa parecida. Quando abriram o set, com o riff hipnotizante de "Meeting of the Spirits", fui fisgado para sempre.

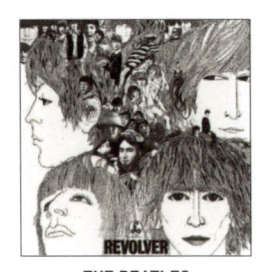

THE BEATLES
REVOLVER
(1966)

THE MAHAVISHNU ORCHESTRA WITH JOHN MCLAUGHLIN
THE INNER MOUNTING FLAME
(1971)

MILTON NASCIMENTO E LÔ BORGES
CLUBE DA ESQUINA
(1972)

JONI MITCHELL
COURT AND SPARK
(1974)

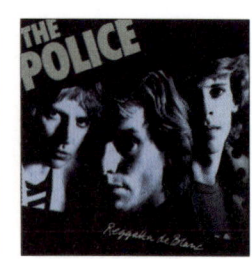

THE POLICE
REGGATTA DE BLANC
(1979)

MILTON NASCIMENTO E LÔ BORGES – *CLUBE DA ESQUINA* (1972)
O disco que me fez querer morar e fazer música no Brasil. "Cais" é a música mais bonita do Brasil, na minha humilde opinião.

JONI MITCHELL – *COURT AND SPARK* (1974)
Tenho mais de 18 álbuns da Joni, todos excelentes, mas acho que esse é o que mais me agrada como um todo. Joni Mitchell é, de longa data, minha compositora favorita. As faixas "People's Parties" e "Car On A Hill" são obras-primas.

THE POLICE – *REGGATTA DE BLANC* (1979)
Eu estava de passagem pela Inglaterra em 1976 e assisti à primeira apresentação deles no *The Old Grey Whistle Test*, programa de TV com bandas ao vivo, da BBC. Sting estava usando um par de óculos escuros enormes e o apresentador o fez mostrar os olhos inchados (devido a um acidente recente envolvendo uma lata de spray para cabelo). Comprei o disco e trouxe de volta ao Brasil, onde "ocupou" minha vitrola por meses a fio.

GERRY RAFFERTY – *CITY TO CITY* (1978)
Uma belíssima coleção de canções que inclui o megahit "Baker Street", com aquele sax marcante, entre outras maravilhas sonoras. Esse disco me influenciou muito na composição do meu primeiro disco solo.

AIMEE MANN – *LOST IN SPACE* (2002)
A melancolia explícita desse disco é contrabalanceada pela beleza das melodias e os delicados arranjos para orquestra em faixas sensíveis e belas como "Invisible Ink". Aimee Mann é uma compositora que eu acompanho de perto desde a época em que ela ainda era a baixista da banda Til Tuesday nos anos 1980. Tenho tudo que ela já gravou.

ELVIS COSTELLO & BURT BACHARACH – *PAINTED FROM MEMORY* (1998)
Dois monstros sagrados da música popular se juntaram para compor este álbum de joias raras. O disco todo é uma ilha de exemplar beleza, a ser apreciado de preferência a dois e com um bom vinho tinto.

DONALD FAGEN – *SUNKEN CONDOS* (2012)
Apenas o mais recente disco numa série de brilhantes lançamentos solo (entre outras aventuras musicais), sem contar com seu trabalho, ao lado do guitarrista Walter Becker, no lendário Steely Dan. A 'crème de la crème' do West Coast Sound.

PREFAB SPROUT – *CRIMSON/RED* (2013)
Quando menos se espera, essa banda (que agora conta apenas com o compositor Paddy McAloon, que canta e toca quase todos os instrumentos no novo disco) reaparece, após um longo hiato, com uma obra-prima de canções pop, simples e cheias de graça e personagens fascinantes: o ladrão de joias em "The Best Jewel Thief In The World", o velho mágico desencantado de "The Old Magician", o Sheik Sha Jehan da Índia que sonha com a amante falecida em "Grief Built The Taj Mahal", o menino Billy que encontra um trompete caído na neve e sai tocando a vida, o pintor cego de "List of Impossible Things". Meu disco predileto de 2013, sem sombra de dúvida.

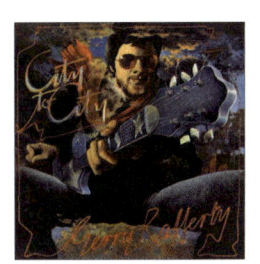

GERRY RAFFERTY
CITY TO CITY
(1978)

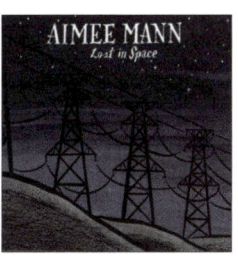

AIMEE MANN
LOST IN SPACE
(2002)

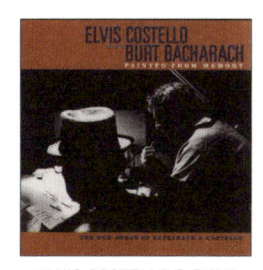

ELVIS COSTELLO & BURT BACHARACH
PAINTED FROM MEMORY
(1998)

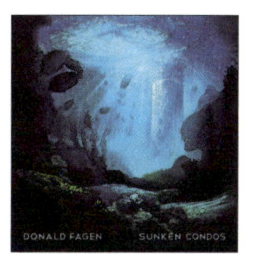

DONALD FAGEN
SUNKEN CONDOS
(2012)

PREFAB SPROUT
CRIMSON/RED
(2013)

ROBERTO MAIA

Apontado pela revista inglesa *Record Collector* como um dos maiores conhecedores de música pop do planeta, o jornalista Roberto Maia possui um acervo com mais de 150 mil títulos. Foi diretor artístico de diversas rádios e hoje trabalha na 89FM, de São Paulo (SP).

THE WHITE STRIPES – *ELEPHANT* (2003)
Foi a banda que mostrou o caminho para o terceiro milênio, que o rock tem que ser mais simples do que estava sendo feito e que seria uma loucura exagerar na produção e na eletrônica. E inaugurou esse formato de dupla, que eu acho muito preciso, o resto é agregar... Um disco fundamental para entender o rock depois do ano 2000.

PINK FLOYD – *THE PIPER AT THE GATES OF DAWN* (1967)
O primeiro disco do Pink Floyd que eu conheci foi a trilha do *Zabriskie Point*, do Antonioni, pois sempre gostei muito de cinema. Mas esse disco me deixou em dúvida. Todo mundo falava da banda e eu disse: "É legal, mas não é tudo aquilo que eu pensei que fosse". Logo depois descobri *The Piper At The Gates Of Dawn* e entendi porque a banda foi parar onde está. Esse disco mostra o potencial do que poderia ter sido aquela banda. Syd Barrett até hoje é uma pessoa incompreendida, ele mostrou caminhos. Esse disco é memorável.
Engraçado que conheço mais gente que odeia o Pink Floyd do que gente que ama. Esse disco é um que essas pessoas poderiam ouvir pra dar um desconto e gostar um pouco mais.

DAVID BOWIE – *HUNKY DORY* (1971)
David Bowie foi uma das grandes surpresas pra mim. Eu tive a grata oportunidade de descobrir o Bowie quando ele estava começando, nos anos 1970.
Revendo essa lista percebo que escolhi discos que foram marcos iniciais da carreira de vários artistas. Apesar deste disco ser menos badalado do que *Ziggy Stardust*, acho tão genial quanto, ou talvez mais. Sempre gostei das coisas que o Bowie propôs nesse álbum.

THE WHITE STRIPES
ELEPHANT
(2003)

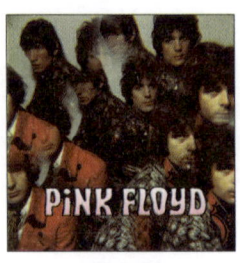

PINK FLOYD
THE PIPER AT THE GATES OF DAWN
(1967)

DAVID BOWIE
HUNKY DORY
(1971)

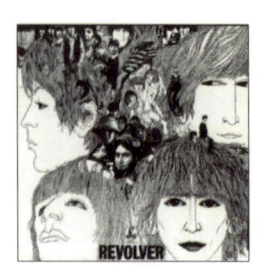

THE BEATLES
REVOLVER
(1966)

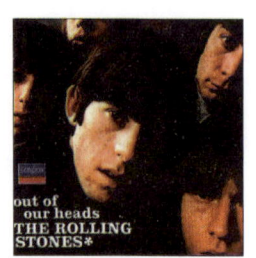

THE ROLLING STONES
OUT OF OUR HEADS
(1965)

THE BEATLES – *REVOLVER* (1966)

Apesar de amar cada disco dos Beatles, de maneiras diferentes, esse é um disco simbólico dentre todos os álbuns. Eu poderia fazer uma lista de 10 álbuns só dos Beatles. A cada dia gosto mais deles, e cheguei à conclusão de que é impossível saber tudo sobre eles. Cada vez descubro uma coisa mais interessante e fico fascinado. Acho inacreditável o que esses caras fizeram.

THE ROLLING STONES – *OUT OF OUR HEADS* (1965)

A primeira fase dos Rolling Stones me emociona demais. Eles eram uma banda de palco, e continuam provando como são bons fazendo shows até hoje. Esse disco reflete o jeito que eu gosto de ver um show, em um palco pequeno, aquela coisa mais crua, como eram os Stones dos anos 1960. E essa era a grande diferença entre os Beatles e eles, que sabiam emocionar, quando estavam ao vivo. Fico imaginando o começo dos Stones naqueles pubs e clubes tão gostosos de Londres. Esse disco me transporta para os anos 1960, eu acho demais.

THE JIMI HENDRIX EXPERIENCE – *ARE YOU EXPERIENCED* (1967)

Esse é um daqueles discos que eu acho genial do começo ao fim. Você vai ouvindo da primeira à última faixa, viajando e percebendo como o cara foi visionário. A questão da utilização do estúdio pra mim é inacreditável. Ele parecia ser desligado da coisa tecnológica, mas não, na verdade era um gênio da tecnologia. Dizem que ele amava os estúdios, e dá pra perceber. Hendrix foi um cara que uniu tudo, a tecnologia e a maestria de ser um virtuoso.

LOU REED – *TRANSFORMER* (1972)

Acho muito legal essa ideia de caras como o David Bowie e o Mick Ronson se juntarem pra produzir o Lou Reed e dar condições para que ele pudesse ultrapassar todas as barreiras. Ele poderia ter sido confinado no underground do Velvet, que todo mundo adora citar e ninguém ouve os discos. Acho que esse disco revelou Lou Reed para o mundo. Foi por esse disco que ele se tornou um mito, e a gente entende o que ele representa.

THE STOOGES – *THE STOOGES* (1969)

Pra mim Iggy Pop é a essência do músico de rock. Ao mesmo tempo é tudo e ao mesmo tempo é nada, consegue ser polêmico nas declarações, consegue ser um cara que entende muito de música... Ele traduz o conhecimento erudito de uma forma selvagem. Sempre fiquei fascinado com as histórias e entrevistas em que ele fala das influências do soul e do blues, e como ele sempre transforma tudo isso do jeito que ele pode. A leitura que ele faz de tudo, da história da música, é algo fantástico. Ele pega uma coisa e transforma em uma nova estética quase abstrata.

BOB DYLAN – *HIGHWAY 61 REVISITED* (1965)

Sempre que me perguntam quem é o maior de todos, respondo o Dylan sem pensar. Mas não compreendo totalmente o Dylan, ele é muito complexo, faz as coisas simples, mas não tem duas músicas parecidas. É impossível falar que duas músicas dele são iguais, como acontece com muitas bandas. Estou citando esse disco só porque preciso. A obra de Dylan merece por si só listas e mais listas.

OTIS REDDING – *OTIS BLUE/OTIS REDDING SINGS SOUL* (1965)

O dia em que eu morrer quero que toquem Otis Redding no meu funeral. Nunca vi uma voz tão emocionante. O jeito que ele atuava no palco, a história, a morte precoce. Ele era o crossover em pessoa, conseguia trafegar entre o soul e o rock de uma forma elegante, única não necessariamente na música, mas pela postura, por frequentar os mesmos festivais, como Monterey, que pra mim foi uma alegação do que ele poderia ser. Estou citando só um disco, mas também é toda a obra.

THE JIMI HENDRIX EXPERIENCE
ARE YOU EXPERIENCED
(1967)

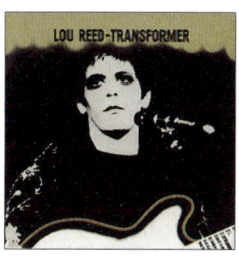

LOU REED
TRANSFORMER
(1972)

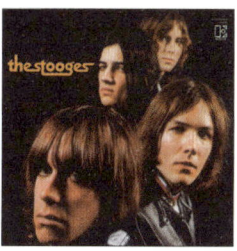

THE STOOGES
THE STOOGES
(1969)

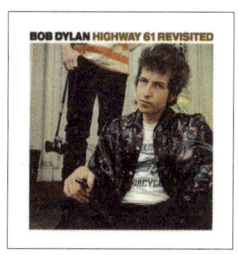

BOB DYLAN
HIGHWAY 61 REVISITED
(1965)

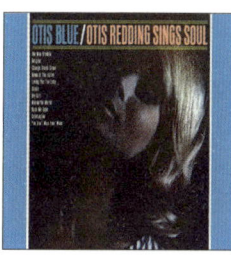

OTIS REDDING
OTIS BLUE/OTIS REDDING SINGS SOUL
(1965)

RODRIGO BRANDÃO

MC dos grupos Zulumbi e Ekundayo, Rodrigo foi VJ da MTV, onde apresentou o *Yo! MTV Raps*, dentre outros programas. Ele também foi o idealizador do festival Indie Hip Hop, que aconteceu entre 2002 e 2010.

Nomear os 10 discos mais importantes que já ouvi se revelou uma tarefa tão impossível quanto escolher qual filho é o preferido. Passei dias com essa questão rondando a mente desde que o convite chegou. Mesmo que fossem 100, não seria nada fácil. Tentei dividir por gêneros, um álbum de cada estilo musical que me move. Não ajudou nada... Nina ou Billie? Hendrix ou Stooges? Sem falar no rap: eu poderia listar os 10 melhores de cada ano! E naqueles que não se encaixam em gêneros tão específicos, como Gil Scott-Heron e o Parliament-Funkadelic. Ou figuras com obra tão vasta quanto genial, tipo Coltrane, Tim Maia, Fela, Marvin Gaye, e por aí afora. Decidi partir pra alguma espécie de recorte, busquei qualquer limitação facilitadora. Só discos brasileiros? Reggae roots? Trip hop? Só álbuns independentes? Trilhas sonoras? A dificuldade se manteve. Quem mandou ser um nerd que respira música o tempo todo?!!?! Depois de rodar muito vinil, ufa, clareou.

Essa lista é formada por LPs que mudaram minha vida, feitos por gente com quem já tive a honra de dividir palco e/ou estúdio. Artistas que me inspiraram, moldaram minh'alma e que, graças às bênçãos cósmicas, se tornaram parceiros, e hoje posso chamar de amigos.

ANTIPOP CONSORTIUM – *TRAGIC EPILOGUE* (2000)

Na virada do milênio, o underground do rap americano borbulhava. Nomes como Mos Def, Jurassic 5, e tantos outros emergiam com estilos variados e inovadores. Mesmo assim, esse disco caiu como uma bomba nos ouvidos atentos e não-caretas. Desde a capa, passando pelos timbres, levadas e mesmo o som das vozes, tudo era estranho, no melhor sentido da palavra. Por um lado, ecoava mais Last Poets e Kraftwerk do que a tradição do boom bap. Por outro, respondia diretamente aos tambores digitais do Afrika Bambaataa, e era informado pela parceria do Basquiat com Rammellzee em "Beat Bop". Ou, como sintetizou o saudoso Sabotage, um fã improvável que se apaixonou à primeira audição, "um Wu-Tang Clan que os manos ainda não flagraram". Tudo isso ao mesmo tempo.

CHICO SCIENCE & NAÇÃO ZUMBI – *AFROCIBERDELIA* (1996)

Já disse antes e vale repetir: 1. Chico Science me mostrou que ser brasileiro é "daora". Isso

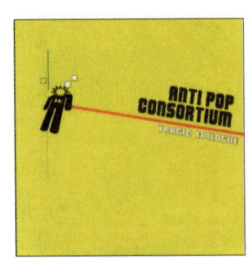

ANTIPOP CONSORTIUM
TRAGIC EPILOGUE
(2000)

CHICO SCIENCE & NAÇÃO ZUMBI
AFROCIBERDELIA
(1996)

COLLIN WALCOTT, DON CHERRY & NANÁ VASCONCELOS
CODONA
(1978)

DE LA SOUL
BUHLOONE MINDSTATE
(1993)

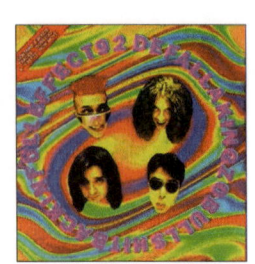

DEFALLA
KINGZOBULLSHITBACKINFUL-LEFFECT92
(1992)

pode parecer óbvio hoje em dia, mas no início dos anos 90, em plena ressaca do rock nacional que clonava sem dó nem vergonha o pós--punk inglês, fez muita diferença. 2. A Nação Zumbi ainda não recebeu o devido crédito por ter se reinventado de forma tão eficaz frente à perda do seu carismático ponta de lança. Pergunta pro The Wailers como é osso. Sempre que esse disco toca, dá mó saudade do que o autointitulado Dr. Charles Zambohead ainda viria a fazer. Mas alegro em dizer que fui a todos os shows do CSNZ que pude, e pulei muito. E a força de "Manguetown", "Macô", "O Cidadão Do Mundo", a versão de "Maracatu Atômico", só pra citar algumas, bate no peito até hoje. Maioral, é assim que é.

COLLIN WALCOTT, DON CHERRY & NANÁ VASCONCELOS – *CODONA* (1978)
Liga aqueles discos que pulam na sua frente por um preço tão baixo que a curiosidade te obriga a levar? Então. Eu estava começando a curtir jazz, e mesmo sem sacar quase nada, já tinha gravado algumas alcunhas importantes. Don Cherry era uma. Nem imaginava, no entanto, que ele teve um grupo com esse percussionista brasileiro cujo nome também me era mais familiar que a obra. Eis que um punhado de moedas fez toda diferença. Matou meu preconceito com o termo *fusion*, abriu os horizontes pro poder da música brasileira, e seu caráter afro em especial. Mandou pro espaço qualquer limite imposto pelo formato de canção. Mas acima de tudo, me fez perceber o tamanho do monstro sagrado que é Naná. Coisa que Freddie Hubbard, Milton Nascimento e Miles Davis já sabiam.

DE LA SOUL – *BUHLOONE MINDSTATE* (1993)
Que o trio de Long Island é das mais sólidas e longevas instituições da história do hip hop, é inegável. Que o disco de estreia *3 Feet High & Rising* virou o gênero de ponta cabeça e ganhou status de audição essencial, também. E que o segundo, *De La Soul Is Dead*, é talvez o mais lindo caso de auto-sabotagem de todos os tempos, idem. Agora, pouco se comenta o quanto o álbum seguinte, que encerra a trilogia de ouro do grupo e a parceria com o gênio de estúdio Prince Paul, é dos segredos mais bem guardados do universo das rimas e batidas. No entanto, sons como "Ego Trippin' (Part 2)", "I Am I Be" e "Breakadawn" não costumam faltar no setlist dos shows até hoje. E ainda tem as participações do finado Guru (Gang Starr, Jazzmatazz) e do Maceo Parker, saxofonista de James Brown e do P-Funk.

DEFALLA – *KINGZOBULLSHITBACKINFULLEFFECT92* (1992)
Seria muita ingratidão da minha parte excluir a banda do Edu K nessa lista. Foi ele quem me puxou pra atravessar a fronteira da plateia pro palco pela primeira vez. Mas que fique bem claro: razões pessoais à parte, o DeFalla foi das bandas mais influentes pra quem quer que tenha presenciado um show deles entre o fim da década de 80 e meados dos anos 90. Inquieto, autodidata e talentoso ao extremo, o frontman mais selvagem dos pampas também tinha parceiros à altura da sua criatividade frenética. Apesar do par de discos iniciais ter a formação clássica, com a incrível Biba Meira nas baquetas, Flávio Santos (vulgo Flu) no baixo e Castor Daudt na guitarra + segunda batera, creio que o escolhido aqui representa o auge, quando roubaram a estreia nacional dos Chili Peppers e tudo.

DELTRON 3030 – *DELTRON 3030* (2000)
Antigamente, as previsões juravam que no ano 2000, robôs e naves espaciais seriam coisas comuns pra humanidade. Eis que na hora H, nada se mostrou tão turbinado assim... Mas, se o futuro não chegou prateado no cotidiano, ninguém pode culpar o descolado produtor Dan The Automator, nem o super DJ Kid Koala, ou tampouco o mestre do microfone Del The Funky Homosapien. Conhecidos coletivamente como Deltron 3030, o trio fez o que pôde. Se até hoje a associação entre rap e ficção científica soa como excentricidade pra maioria dos terráqueos, imagina naquela época! Porém, o sucesso mundial de "Clint Eastwood", parceria do Gorillaz de Damon Albarn com Del e Automator, é prova irrefutável de que o projeto foi visionário, a ponto de gerar ainda a continuação *Event 2*, em 2013.

continua na página 218

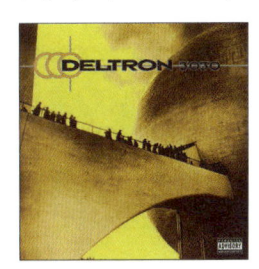

DELTRON 3030
DELTRON 3030
(2000)

DIGABLE PLANETS
BLOWOUT COMB
(1994)

MEIRELLES & OS COPA 5
O SOM
(1964)

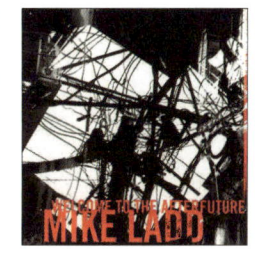

MIKE LADD
WELCOME TO THE AFTERFUTURE
(2000)

PHAROAH SANDERS
KARMA
(1969)

RODRIGO CARNEIRO

Uma das figuras centrais da cena alternativa paulista, Rodrigo é jornalista, escritor e vocalista da banda Mickey Junkies. ¶

A lista a seguir é resultado de prazer e angústia. Afinal, confesso, tive uma dificuldade tremenda para restringir em apenas uma dezena os, como diria o reverendo Fabio Massari, prediletos da casa. Na cabeça de vento, os títulos ficavam mudando a todo momento. Uns se impunham aos outros, para depois serem subjugados por terceiros. Aí a memória afetiva vinha com um novo dado irrefutável. Ao menos, havia um prazo final para o envio. Caso contrário, estaria eu ainda lutando, e, claro, me deleitando, com as escolhas.

ACE FREHLEY – *ACE FREHLEY* (1978)
O Kiss é importantíssimo na minha formação roqueira. Criança, fiquei fascinado com o som, a maquiagem, o figurino e todas as histórias que circundavam a banda ("Eles sacrificam pintinhos no palco", minha finada e amedrontada avó dizia, repetindo uma das inverdades do folclore pop da época). Dos discos solo que eles lançaram simultaneamente, o do guitarrista do espaço se destaca. É rockão para dançar tendo um globo de luz sob a cabeça. Um dos primeiros álbuns de música jovem que eu comprei na vida.

GRITO SUBURBANO (1982)
Lembro de ter assistido a um clipe dos Sex Pistols no extinto programa *Som Pop*, da TV Cultura, mas a primeira geração do punk brasileiro, representada nesse disco (que traz performances de Olho Seco, Inocentes e Cólera) e em tantos outros do mesmo período, foi o que realmente, digamos, me desencaminhou e formou parte do meu caráter. Molequinho de tudo, disse para mim mesmo: "entendi o recado desses caras e, sim, sou punk."

THE JESUS AND MARY CHAIN – *PSYCHOCANDY* (1985)
A audição do disco de estreia do Jesus and Mary Chain foi outra experiência definitiva na vida loka. E olha que naquele período eu estava bastante familiarizado com a agressividade e o barulho do hardcore europeu. Foi um choque. O álbum era tão ruidoso, angustiado e sexy que eu tomei aquilo como norte – claro que não dizia isso aos companheiros mais radicais de gangue, afinal, havia uma patrulha ideológica/auditiva entre as chamadas tribos urbanas. O primeiro show deles no Brasil, em 1990, é um grande marco para minha geração. E aos irmãos Reid e companhia eu também agradeço a introdução a grupos que lhes eram referência e me emocionam, e muito, até hoje: The Velvet Underground e Love, por exemplo.

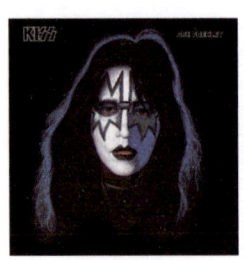

ACE FREHLEY
ACE FREHLEY
(1978)

GRITO SUBURBANO
(1982)

THE JESUS AND MARY CHAIN
PSYCHOCANDY
(1985)

THE DOORS
SOFT PARADE
(1969)

BAD BRAINS
BAD BRAINS
(1982)

THE DOORS – *SOFT PARADE* (1969)

O fato é que eu adoro tudo relacionado aos Doors. A "redescoberta" da sonoridade da banda [de "People Are Strange" gravada pelo grande Echo & The Bunnymen, em 1987, para o filme *The Lost Boys*, de Joel Schumacher, ao lançamento de *Jim Morrison por ele mesmo*, publicação organizada pelo saudoso citarista e filósofo Alberto Marsicano, passando pela estreia de *The Doors* (1991), de Oliver Stone, nos cinemas] me pegou de jeito. Tenho uma infinidade de histórias cujas composições do quarteto foram trilha sonora. Porém, não convém divulgá-las em livro. *The Soft Parade* é o disco que mais levou pancada da crítica musical, mas eu acho ótimo. Assim como toda a discografia. Já falei isso, né?

BAD BRAINS – *BAD BRAINS* (1982)

Imaginem o que significou para um garoto negro saber da existência de algo como o Bad Brains. Eis aí outros sujeitos que eu acompanho com fidelidade canina. Mesmo da experiência controvertida da apresentação deles no Brasil, em 2013 [onde o vocalista HR só confirmou viver mesmo em uma órbita particular], eu consegui enxergar o lado, por assim dizer, positivo. Anos antes, quando da primeira passagem deles pelo país, em 2008, o guitarrista e fundador Dr. Know me disse que o Bad Brains não é uma banda, e sim um conceito que extrapola os indivíduos envolvidos nele. Aliás, foi uma ótima entrevista concedida a mim por ele e Israel Joseph-I, que gravou com eles o álbum *Rise*, de 1993, e foi o cantor daquela ocasião. Ah, ao lado do Clash e dos Wailers, o Bad Brains é responsável pelos meus primeiros passos na veneração à cultura jamaicana. Jah bless.

FUNKADELIC – *FREE YOUR MIND… AND YOUR ASS WILL FOLLOW* (1970)

O Funkadelic, que mais tarde, em meio às atividades do Parliament, mais ligado ao soul, tornaria-se Parliament-Funkadelic, ou ainda P-Funk, foi uma agremiação funk-futurista detentora de um intrincado universo particular de narrativas intergalácticas, consciência negra, alter egos e cultura lisérgica. Enfim, um negócio seríssimo. Além da sonoridade e do discurso, a capa de *Free Your Mind… And Your Ass Will Follow* é uma das mais lindas já cometidas. O "restante" da vasta discografia da usina maluca é incrível. Sempre recorro aos mais diversos títulos dela.

MILES DAVIS – *MILES AHEAD* (1957)

Há uma longeva história de amor envolvendo esse disco fenomenal que merece ser citada: aquela entre a cantora Flora Purim, uma das maiores do mundo, e o primoroso percussionista Airto Moreira. Filha de pai violinista e mãe pianista, desde muito nova, Flora sempre soube tudo de música erudita e jazz. Ávida colecionadora de discos, certo dia ela chamou Moreira, com quem estava tocando em uma boate paulistana, para uma audição de *Miles Ahead*, disco que Miles Davis havia lançado em 1957. Por alguma razão inexplicável, Moreira sempre lhe fora distante. Nos ensaios, conversava o estritamente necessário. E só aceitou o convite por se tratar da audição de um álbum de Miles que ele desconhecia. Algo que Flora insistia que ele fizesse. "O disco tem tudo a ver com você", argumentava. Talvez intuísse que anos mais tarde, lá estaria Moreira na banda e na ficha técnica de *Bitches Brew* (1970), outro momento luminoso de um dos artistas mais importantes do século 20. Pois foram os dois para a casa da cantora. *Miles Ahead* foi colocado na vitrola. Aos primeiros acordes de "My Ship", de Kurt Weill, Moreira baixou a guarda. Caiu em prantos, extremamente tocado pela interpretação de Miles. Flora então perguntou se estava tudo bem. E aproveitou para brincar com o músico que se debulhava em lágrimas: "Homem não chora, Airto". Ao que o percussionista prontamente respondeu: "Pode até não chorar, mas agora eu já não sou nem mais homem. Sou só música, e estou completamente apaixonado por você".

JORGE BEN – *A TÁBUA DE ESMERALDA* (1974)

Aposto que esse álbum aparece em muitas das listas deste livro. De minha parte, só posso dizer que a obra-prima de Jorge Ben operou milagres. Salvou-me. Salve.

continua na página 219

FUNKADELIC
FREE YOUR MIND… AND YOUR ASS WILL FOLLOW
(1970)

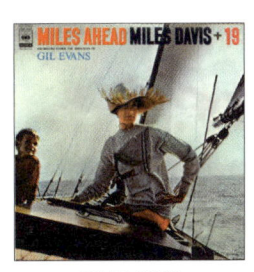

MILES DAVIS
MILES AHEAD
(1957)

JORGE BEN
A TÁBUA DE ESMERALDA
(1974)

JOÃO GILBERTO
CHEGA DE SAUDADE
(1959)

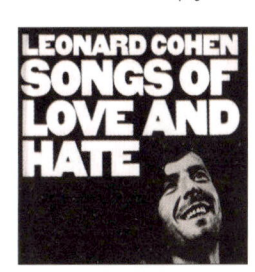

LEONARD COHEN
SONGS OF LOVE AND HATE
(1971)

RUI MENDES

Um dos principais fotógrafos musicais do Brasil, responsável por diversas capas de discos de rock dos anos 1980. Rui também realizou trabalhos para inúmeras publicações importantes.

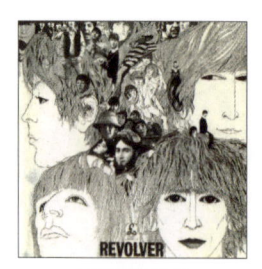

DISCOTECA BÁSICA

THE BEATLES
REVOLVER
(1966)

OS NOVOS BAHIANOS
É FERRO NA BONECA!
(1970)

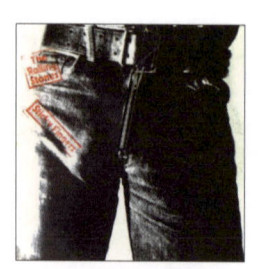

THE ROLLING STONES
STICKY FINGERS
(1971)

CARTOLA
CARTOLA
(1974)

LED ZEPPELIN
LED ZEPPELIN II
(1969)

Sou filho de pai e mãe baianos. Em casa, na minha infância e parte da minha adolescência, sempre ouvi muita MPB, com ênfase em Dorival Caymmi, Nelson Gonçalves e Clara Nunes, que eram os preferidos de meu pai. Aos quinze anos, em 1978, fui morar sozinho em Vancouver (Washington), para fazer intercâmbio. Um belo dia, um amigo me convidou para ver um show de uma banda chamada Led Zeppelin que eu, na minha total ignorância, nunca tinha ouvido falar. Mudavam ali, naquelas duas horas, minha vida e meu gosto musical... Virei fotógrafo profissional, fui fazer ECA, caí de cabeça no incipiente "Rock Brazuca" da década de 1980 e trabalhei como freelancer na revista *Bizz*. Passei a ouvir de tudo, o rock'n'roll das décadas de 1960/1970, a soul music da Motown, Ella Fitzgerald, e a boa MPB. Essa é a compilação dos meus 10 discos preferidos que levaria para uma ilha deserta...

MARVIN GAYE
WHAT'S GOING ON
(1971)

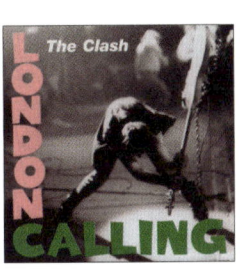

THE CLASH
LONDON CALLING
(1979)

CAETANO VELOSO
TRANSA
(1972)

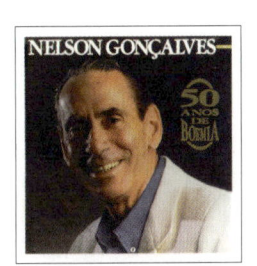

NELSON GONÇALVES
*50 ANOS DE BOEMIA,
VOLUMES I, II E III*
(1991)

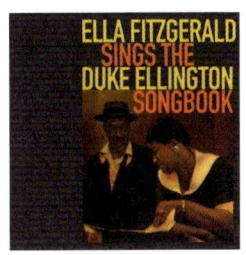

ELLA FITZGERALD
*ELLA FITZGERALD SINGS THE
DUKE ELLINGTON SONG BOOK*
(1957)

SÉRGIO MARTINS

Sérgio Martins é crítico musical da revista Veja. Começou sua carreira no jornal Notícias Populares e trabalhou nas revistas BIZZ e Época. Colaborou com os jornais Folha de S. Paulo, Estado de S. Paulo, Jornal da Tarde e com a revista americana Time.

CLARA NUNES – *CANTO DAS TRÊS RAÇAS* (1976)
Na minha casa, Clara Nunes sempre reinou com folga sobre Elis Regina e Gal Costa. A cantora mineira reunia atributos que até hoje eu considero insuperáveis. Ela é uma intérprete magnífica, que combina um canto torto e emotivo com uma afinação impecável. O repertório era o fino. Tinha Nelson Cavaquinho, Candeia, Delcio Carvalho e Dona Ivone Lara... Enfim, a nata do samba. Por fim, Clara Nunes era PO PU LAR. Conseguia ser entendida tanto pelos críticos de MPB quanto pelos porteiros de prédio (e por favor, nenhum preconceito contra os porteiros de prédio). *Canto das Três Raças* é seu melhor disco. Clara era então casada com o compositor Paulo César Pinheiro, autor da faixa-título (em parceria com Mauro Duarte) e "Retrato Falado" (com Eduardo Gudin). Há momentos sublimes, como "Lama" (de Mauro Duarte) e "Tenha Paciência" (de Nelson Cavaquinho e Guilherme de Brito). É um disco que até hoje me emociona bastante.

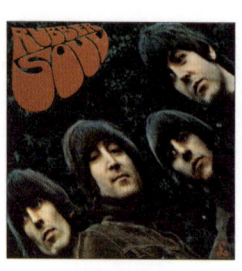

THE BEATLES – *RUBBER SOUL* (1965)
A minha introdução à Beatlemania se deu com *Os Reis do Iê Iê Iê*, filme que assisti no início dos anos 1970 na extinta TV Tupi. A minha incursão pelo universo musical dos Beatles aconteceu no final dos anos 1970, quando um amigo comprou a coletânea *Rock and Roll Music* (acredite, no Brasil dos anos 70 era extremamente raro e caro possuir uma coleção do quarteto e Liverpool). *Rubber Soul* é uma paixão que nasceu no início da década de 1990. Sim, eu sei que *Revolver* (1966) e *Sgt. Pepper's* (1967) são tecnicamente superiores e não há nada em Rubber Soul que bata a pequena sinfonia criada por Paul McCartney no segundo lado em vinil do *Abbey Road* (1969). O que me atrai nesse disco é justamente a passagem dos Beatles para a idade adulta. Ídolos adolescentes, em *Rubber Soul* eles pensaram no álbum como um todo e não apenas uma coleção de singles. Músicas como "Norwegian Wood" e "In My Life" (de Lennon), "If I Needed Someone" (de Harrison, com sua Rickenbacker que foi influenciar grupos como The Byrds) e "You Won't See Me" e "Michelle" (de Paul McCartney) são provas do crescimento deles como compositores. *Rubber Soul* inspirou a criação de outra obra-prima, *Pet Sounds*, dos Beach Boys.

CLARA NUNES
CANTO DAS TRÊS RAÇAS
(1976)

THE BEATLES
RUBBER SOUL
(1965)

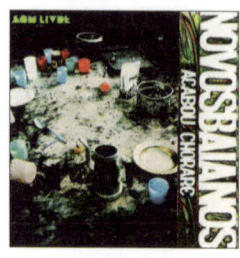

NOVOS BAIANOS
ACABOU CHORARE
(1972)

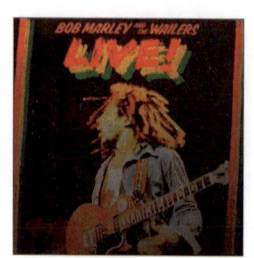

BOB MARLEY & THE WAILERS
LIVE!
(1975)

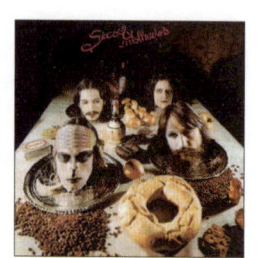

SECOS & MOLHADOS
SECOS & MOLHADOS
(1973)

NOVOS BAIANOS – *ACABOU CHORARE* (1972)

O meu primeiro contato com essa obra-prima foi através de fitas que meu pai, então funcionário de uma loja de departamentos de Santos, gravava para escutarmos em casa. Uma delas trazia "Preta Pretinha", composição de Moraes Moreira e Galvão. Foi amor à primeira vista. Eu fui finalmente escutar *Acabou Chorare* bem mais tarde – já tinha até assistido a shows de Moraes, do casal Pepeu Gomes e Baby Consuelo e de A Cor do Som, liderada pelo baixista Dadi. O disco deu régua e compasso para as gerações posteriores, que cruzaram rock com MPB. Reza a lenda que os Novos Baianos, então uma banda de rock (mas com influência confessa do tropicalismo) se voltaram para o samba após uma visita de João Gilberto no apartamento e cobertura em que moravam, no bairro do Botafogo. Eu prefiro acreditar que *Acabou Chorare* trouxe o melhor das influências de cada integrante do grupo. O violão bossa nova de Moraes, com a guitarra hendrixiana de Pepeu Gomes, a personalidade de crooner de Paulinho Boca de Cantor e esse furacão chamado Baby Consuelo. Tudo temperado pelas letras de Galvão e pela seção rítmica formada pelos excelentes Dadi e Jorge Gomes (bateria). O repertório vai da bossa ("Acabou Chorare") ao rock ("Tinindo Trincando", "A Menina Dança"), do samba ("Brasil Pandeiro", "Swing de Campo Grande") à balada ("Preta Pretinha").

BOB MARLEY & THE WAILERS – *LIVE!* (1975)

Foi o disco que me salvou de uma vida resumida a heavy metal. Não que a sonoridade *from hell* não faça parte da minha vida (eu tenho uma considerável coleção de álbuns de Judas Priest, Motörhead e Mastodon). Mas *Live!*, que escutei assim que voltei do Rock in Rio, em 1985, abriu para mim o universo do reggae. Foi importante também para mostrar o quanto Bob Marley influenciou os artistas que eu tanto gostava – Paul McCartney, Eric Clapton, Police... *Live!* é um álbum de transição. Peter Tosh e Bunny Livingston, os Wailers originais, haviam abandonado o barco após a gravação de *Burnin'* (1973). Marley recrutou as I-Threes, formada pela mulher, Rita, e pelas cantoras Judy Mowatt e Marcia Griffiths, além de músicos de estúdio jamaicanos. Gravou *Natty Dread* (1974) e caiu na estrada. Aston Barrett (baixo) e Carlton Barrett (bateria) são como a fundação de uma casa. A base sólida dos irmãos Barrett dão o tom para Marley discorrer seu repertório sobre injustiças do mundo e elogios à filosofia rastafári. Uma paulada atrás da outra, "Trenchtown Rock", "No Woman, No Cry", "Get Up, Stand Up"... Fundamental.

SECOS & MOLHADOS – *SECOS & MOLHADOS* (1973)

O primeiro impacto do trio formado por Ney Matogrosso, João Ricardo e Gerson Conrad na minha vida foi visual. Garoto, eu tinha um pôster dos Secos & Molhados na sala da minha casa e era fascinado por suas caras pintadas e pelos requebros do Ney. Só muito mais tarde fui perceber a importância do grupo. Secos & Molhados, para mim, foi uma das tentativas mais bem-sucedidas de se fazer um pop brasileiro de qualidade. Canções bem engendradas, com influências da MPB, do rock e até do folclore. Um time de instrumentistas talentosos, que ia do baixista Willy Verdaguer (ex-Beat Boys, que acompanhou Caetano em "Alegria Alegria") a Zé Rodrix (teclados, flauta e ocarina), letras que iam de adaptações de poemas de Vinicius de Moraes, Manuel Bandeira e João Apolinário (pai de João Ricardo) a parcerias com a então novata Luhli (em "O Vira") e um dos repertórios mais sólidos de um disco pop lançado no Brasil ("Fala", "Amor", "Sangue Latino"...). Em plena ditadura, eles ainda se arriscavam a falar de política, como mostram em "Mulher Barriguda" e "O Patrão Nosso de Cada Dia". A formação clássica se desfez em 1974, logo após o lançamento do segundo disco. Ricardo buscou o sucesso com outros integrantes, sem nunca ter atingido a beleza do disco de estreia – embora eu ame o disco de 1978, com o guitarrista Wander Taffo e o baterista Gel Fernandes (futuros Rádio Táxi) e o cantor Lili Rodrigues e sucessos como "De Mim pra Você" e "Que Fim Levaram Todas as Flores".

continua na página 219

LED ZEPPELIN *PHYSICAL GRAFFITI* (1975)	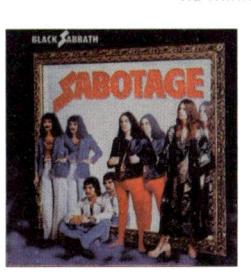 **BLACK SABBATH** *SABOTAGE* (1975)	**BRUCKNER SYMPHONY 8 IN C MINOR BERLINER PHILHARMONIKER, NIKOLAUS HARNONCOURT** (2000)	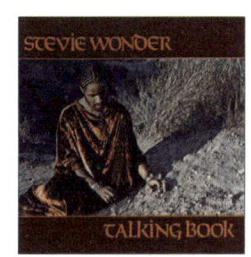 **STEVIE WONDER** *TALKING BOOK* (1972)	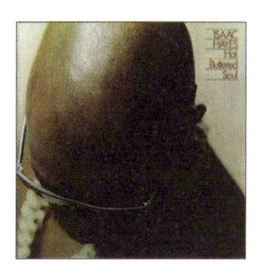 **ISAAC HAYES** *HOT BUTTERED SOUL* (1969)

SESPER

Um dos mais importantes artistas plásticos da atualidade, Sesper já fez inúmeras exposições no Brasil e no exterior. Ele também é vocalista da banda Garage Fuzz. Em 2009, realizou o projeto RE:BOARD – Brasil Skate Art and Deck Research, que se desdobrou em um documentário e uma exposição.

Essa é a lista dos álbuns que sempre dou uma escutada, tenho esses discos muitas vezes em CD, vinil e fita. Ou seja, acho que quando chega ao ponto de colecionar várias versões do mesmo disco é porque são os de cabeceira mesmo. Pelo todo: arte, produto e música.

CHEMICAL PEOPLE – *SO SEXIST!* **(1988)**
Em uma era de extremismo politicamente correto, este é o meu primeiro lugar, o cruzamento perfeito do pop punk com o *golden age* do *porn*, uma obra-prima conceitual. Jeanna Fine de modelo na capa, falas de Tesco Vee, e letras sobre um mundo politicamente incorreto que hoje em dia parece mais coerente do que a chatice que a música se tornou.

SONIC YOUTH – *SISTER* **(1987)**
Este também é importante em conceito musical e artístico, além de ser um que podíamos comprar em lojas no Brasil por um preço decente. Foi o meu primeiro disco do Sonic Youth. Tem a colagem na capa que é mais uma referência, tem a minha primeira visão de uma foto do Richard Kern, de quem eu me tornaria fã, e também foi por causa desse disco que eu conheci a banda Crime.

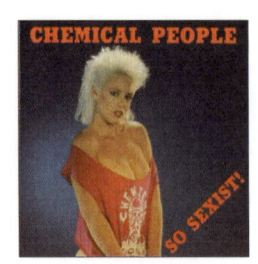

CHEMICAL PEOPLE
SO SEXIST!
(1988)

SONIC YOUTH
SISTER
(1987)

HÜSKER DÜ
ZEN ARCADE
(1984)

SPACEMEN 3
SOUND OF CONFUSION
(1986)

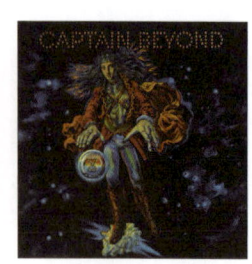

CAPTAIN BEYOND
CAPTAIN BEYOND
(1972)

HÜSKER DÜ – ZEN ARCADE (1984)
Este é um que eu escutava em cassete no final dos anos 1980, e tenho que admitir que ficava horas na loja Blaster, em Santos, admirando aquele belo *gatefold* em vinil com a arte cabulosa que também virou influência artística pra mim, com a pintura feita a lápis de cor e aquarela sobre a Xerox. Musicalmente é uma obra-prima. Talvez seja por este disco que partes acústicas foram se tornando admissíveis na nossa turma.

SPACEMEN 3 – SOUND OF CONFUSION (1986)
Foi a trilha de 1990/1991. Gravei em cassete na loja Blaster, de Santos. Era a época das minhas experiências psicodélicas, tocava guitarra e devo ter tocado "Losing Touch with My Mind" sozinho no meu quarto muitas vezes. Nunca acompanhei a fundo os trabalhos dos músicos após o final do Spacemen 3.

CAPTAIN BEYOND – CAPTAIN BEYOND (1972)
Em 1990, um amigo nosso chamado Chico tirou uma fita velha escrito Captain Beyond, e assim mostrava que no rock existiam caminhos que nós nem imaginávamos. Nunca mais parei de escutar esse disco, já fizemos cover de duas músicas desse álbum que na minha opinião é uma obra-prima da *golden era* do hard rock 70.

POISON IDEA – WAR ALL THE TIME (1987)
Esse também conheci em uma loja de discos em Santos chamada "Metal Rock", em 1988, com a capa original que era desenhada, e a música que na época era um "crossover diferenciado" do que estava rolando no hardcore metal. Esse pode não ser o maior disco de hardcore da história, mas é um dos mais marginais sem dúvida.

ICEBURN – POETRY OF FIRE (1994)
Este disco de 1994 estava à frente do que viria na próxima década. Aqui tem tudo: free jazz com experimental, stoner rock e arte. Comprei o CD no ano em que saiu, quando eu era sócio de uma loja de discos em Santos, e nunca mais parei de escutar. Ajudou a me inteirar sobre arte por causa do artista que assina a capa, Rich Jacobs, uma grande influência na minha vida relacionada às artes plásticas. Sempre coloco este disco quando preciso de períodos de criação. Tenho nas versões CD, vinil e cassete.

LES THUGS – AS HAPPY AS POSSIBLE (1993)
Este é meu disco do meio dos anos 1990. Vindos da França e fazendo um post pop punk pré-grunge, é um dos que lembra meus vinte anos.

SWERVEDRIVER – RAISE (1991)
Meu disco de composições e texturas de guitarras favorito! Ele me lembra uma época de transição, do que estava escutando do final dos anos 1980 para o que iria escutar nos anos 1990, antes do efeito Nirvana.

PHIL SEYMOUR – 2 (1982)
Quando eu tive um problema de saúde em 2005, tive que ficar um período de molho em casa, e naquela época eu voltei a escutar The Muffs e esse tipo de banda de Los Angeles. Estavam surgindo os blogs de power pop e pop punk no Blogspot, daí eu fiz download de todos os discos e demos desse cara já falecido, chamado Phil Seymour. Eu nem sabia da existência desse disco, mas me pegou durante anos, e fez com que eu seguisse um caminho musical diferente, descobrindo novas bandas e discos obscuros.

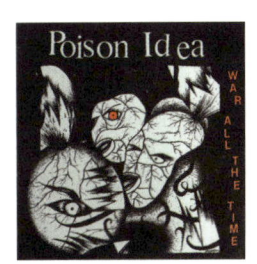

POISON IDEA
WAR ALL THE TIME
(1987)

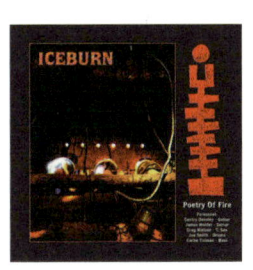

ICEBURN
POETRY OF FIRE
(1994)

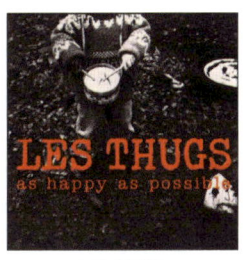

LES THUGS
AS HAPPY AS POSSIBLE
(1993)

SWERVEDRIVER
RAISE
(1991)

PHIL SEYMOUR
2
(1982)

STEPHEN LAWRIE

Vocalista e líder da banda de dream pop/noise inglesa The Telescopes. ¶

THE VELVET UNDERGROUND – *THE VELVET UNDERGROUND & NICO* **(1967)**
Estreia da banda em 1967. Gravado durante uma turnê do evento multimídia de Andy Warhol *Exploding Plastic Inevitable*. Música experimental, pop, folk e barulhenta. Músicas sobre desvios e abuso. "Black Angel's Death Song" e "Heroin" foram as primeiras a chamar minha atenção e, logo, fiquei fã de quase tudo o que a banda fez. Só que, apesar do que muitos consideram uma produção ruim, este álbum continua sendo o meu preferido de todos, para mim ele tem tudo, todo o espectro do VU. Ele nunca está longe do meu toca-discos. E a produção é absolutamente perfeita, complexa e primitiva. Revelações puras.

SUICIDE – *SUICIDE* **(1977)**
Seu álbum de estreia, forjado em anos de apresentações ao vivo. Paisagens sonoras eletrônicas enervantes surgem sob o pulso denso e hipnótico dos sintetizadores de Martin Rev, enquanto o vocalista Alan Vega vem como um Gene Vincent do inferno improvisando histórias das ruas na vida urbana, frequentemente sobre pessoas que conhecia. No começo do The Telescopes, várias vezes ouvíamos a faixa "Frankie Teardrop" o mais alto possível com as luzes apagadas e as cortinas fechadas. Uma baita experiência. Altamente recomendada.

PSYCHIC TV – *N.Y. SCUM* **(1984)**
Gravado ao vivo em 1983 no Danceteria em Nova York, tem John Balance e Peter 'Sleazy' Christopherson do Coil. Comprei este em uma loja de segunda mão em Leeds por uma mixaria, um verdadeiro achado, pois é uma edição limitada apenas 5.000 cópias, que não era muita coisa naquela época. No momento em que a agulha tocou no disco, não consegui acreditar no que ouvia. O fato de ser um álbum ao vivo só o deixa ainda mais notável.

THE 13TH FLOOR ELEVATORS – *THE PSYCHEDELIC SOUNDS OF...* **(1966)**
Notável para muitos pelo uso do 'electric jug', a banda teve outros dois álbuns de estúdio: *Easter Everywhere*, que provavelmente é um disco mais do Tommy Hall (que tocava o curioso instrumento), e cujos conceitos líricos parecem ser a força motriz, e *Bull of the Woods*, que tem um clima mais alterado, frequentemente associado à luta de Stacy Sutherland contra o vício em drogas. *Psychedelic Sounds of...* tem um pouco de tudo e parece movido pela dinâmica vocal

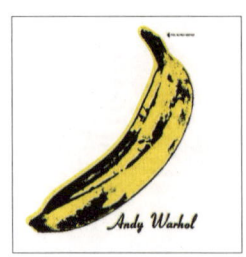

THE VELVET UNDERGROUND
THE VELVET UNDERGROUND & NICO
(1967)

SUICIDE
SUICIDE
(1977)

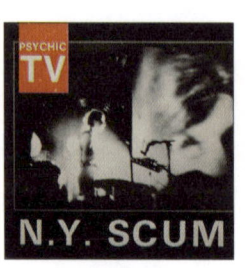

PSYCHIC TV
N.Y. SCUM
(1984)

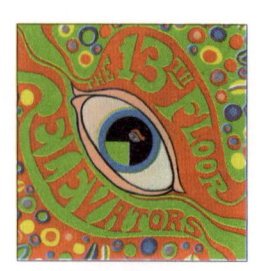

THE 13TH FLOOR ELEVATORS
THE PSYCHEDELIC SOUNDS OF...
(1966)

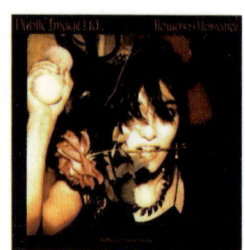

PIL
THE FLOWERS OF ROMANCE
(1981)

crua do Roky Erickson. O Elevators tirou Roky do Spades, que tinha começado a ganhar reconhecimento com o single "You're Gonna Miss Me". Foi este single que chamou minha atenção pela primeira vez quando foi incluído em uma coletânea da série Pebbles, de música psicodélica de garagem dos EUA. Ele me atraiu para a voz de Roky – frequentemente citado como uma inspiração para Janis Joplin, que era amiga dele.

PIL – *THE FLOWERS OF ROMANCE* (1981)
Uma mistura de música concreta, violino, guitarras reversas, baixo com arco e zumbidos de sintetizador trançados em uma percussão altamente processada. Menos uma obra de banda do que os outros discos do PIL, criado na maior parte por John Lydon e Keith Levene, com alguma ajuda de Martin Atkins. Um grande álbum experimental, que funciona dentro de um contexto pop gloriosamente.

BUFFALO SPRINGFIELD – *AGAIN* (1967)
Acho que a banda estava se desfazendo quando fez este álbum. Neil Young trabalhando separado do grupo com Jack Nitzsche e o início das colaborações entre Stephen Stills e David Crosby. Do *riff* de garagem cheio de fuzz em "Mr. Soul", a faixa de abertura, à colagem sonora de encerramento de "Broken Arrow", o disco tem uma seleção diversificada de estilos musicais executados perfeitamente. As harmonias complexas e os arranjos musicais são simplesmente lindos.

THE CRAMPS – *...OFF THE BONE* (1983)
Uma coletânea dos primeiros tempos do Cramps, produzida por Alex Chilton do Big Star. Poison Ivy Rorschach é uma das maiores guitarristas de todos os tempos, Bryan Gregory também. Ambos estavam no Cramps com um dos maiores frontman de todos os tempos, Lux Interior. Não há baixo e você nunca sente falta dele. O negócio todo é executado perfeitamente na batida pesada de Nick Knox, que comprova a teoria de que, quando se fala em tocar bateria, trata-se mais do que fica de fora do que se coloca. Se você nunca ouviu a banda, este é um lugar insano para começar e continua um forte favorito para mim.

CAN – *LIMITED EDITION* (1974)
Uma coletânea de músicas inéditas de 1968 a 1976, pendendo mais para o lado experimental da banda do que para os solos exagerados de rock que aparecem em muitos de seus discos. Alguns dos títulos contêm as palavras E.F.S. (série de falsificações etnológicas), imitações inseguras de gêneros da world music – uma prática que se tornou mais comum ao longo dos anos.

SUN RA – *STRANGE STRINGS* (1967)
Chamado pelo próprio Sun Ra como "um estudo sobre a ignorância", os músicos receberam alguns instrumentos de corda comprados em lojas de segunda mão e também prepararam uma série de instrumentos caseiros – e não tinham a menor ideia de como afinar a maioria deles. Sun Ra apontava para cada instrumento que queria que tocassem a qualquer momento. Os resultados são notáveis. Peças com texturas atonais. Sun Ra acreditava que as cordas podiam tocar as pessoas de um jeito especial, diferente de outros instrumentos. A maior parte dos instrumentos foi destruída em um acidente de carro, então as apresentações nunca foram repetidas.

EINSTÜRZENDE NEUBAUTEN – *KOLLAPS* (1981)
Outro LP de estreia. Gravado em 1981. Blixa Bargeld é outro dos meus guitarristas preferidos. Suas capacidades vocais frequentemente são ignoradas, mas ele tem um grande estilo, cheio de intensidade. A foto no verso da capa é uma brincadeira com *Ummagumma* do Pink Floyd, onde todos colocaram seus instrumentos deitados em uma pista de asfalto, exceto os kollaps, os instrumentos formados por coisas como furadeiras pneumáticas e tal. Sua música é descrita como industrial, um termo cunhado pela primeira vez pelo Throbbing Gristle em seu slogan "música industrial para pessoas industriais".

BUFFALO SPRINGFIELD
AGAIN
(1967)

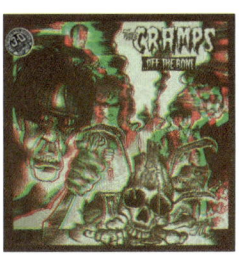

THE CRAMPS
...OFF THE BONE
(1983)

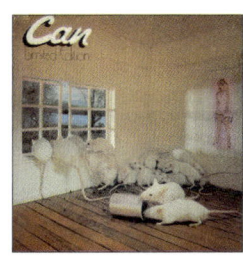

CAN
LIMITED EDITION
(1974)

SUN RA
STRANGE STRINGS
(1967)

EINSTÜRZENDE NEUBAUTEN
KOLLAPS
(1981)

STUART BAKER

Criador dos selos ingleses Soul Jazz Records e Sounds of the Universe

DISCOTECA BÁSICA

KING TUBBYS PRESENTS SOUNDCLASH DUBPLATE STYLE
(1988)

QUARTETO NOVO
QUARTETO NOVO
(1967)

STEVE REICH
MUSIC FOR A LARGE ENSEMBLE
(1980)

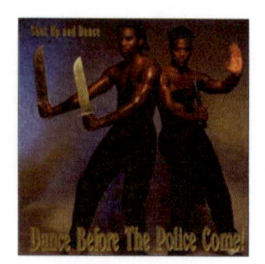

SHUT UP AND DANCE
DANCE BEFORE THE POLICE COME!
(1991)

MR FINGERS
AMMNESIA
(1988)

KING TUBBYS PRESENTS SOUNDCLASH DUBPLATE STYLE (1988)
Praticamente sem nenhuma instrumentação – só com uma linha de baixo no teclado, uma bateria eletrônica e um MC (vocalista) –, este disco é um dos mais cheios de alma que tenho.

QUARTETO NOVO – *QUARTETO NOVO* (1967)
Amo este disco – tudo sobre música brasileira que você não consegue encontrar em outro lugar. Melodias inacreditáveis, ritmos e musicalidade em músicas de três minutos. O engraçado é que comprei uma cópia em uma loja de discos na Sunset Boulevard, em Los Angeles, há 30 anos. Então, um amigo meu conheceu Airto e conseguiu um autógrafo. Mais tarde, a Soul Jazz Records também trabalhou um tempo com Theo de Barros.

STEVE REICH – *MUSIC FOR A LARGE ENSEMBLE* (1980)
Estranhamente, um disco com o qual cresci desde os 12 anos, sempre amei (tem 20 minutos de duração) e do qual nunca me cansei – não dá para dizer isso de muitos álbuns (estou com 49 anos). Além disso, tem "Violin Phase" no álbum, acho, e também gosto dela.

SHUT UP AND DANCE – *DANCE BEFORE THE POLICE COME!* (1991)
Quando a cena rave começou na Inglaterra, eu ouvia jazz e soul norte-americanos. Então, cheguei ao SUAD depois de mergulhar no reggae por uns 10 anos, o que me levou ao jungle, especialmente ao ragga jungle – do qual os reis são The Ragga Twins e SUAD.

MR FINGERS – *AMMNESIA* (1988)
House music profunda e espiritual. É parecido com *A Love Supreme* do John Coltrane na minha cabeça – profundo, espiritual, ritualista, inspirador.

DOLLY PARTON – *TOUCH YOUR WOMAN* (1972)
Touch Your Woman é um dos primeiros álbuns de Dolly Parton. Comecei a ouvir country há poucos anos e sou mais atraído por cantoras que parecem subverter a conotação conservadora desse estilo (ou como a percebi). Para mim, Dolly é a melhor – as melhores músicas, melhores letras, melhor atitude, uma mulher muito legal. Eu, minha namorada e meus dois filhos fizemos uma viagem especial para o Dollywood no Tennessee no ano passado.

RAMONES – *ROCKET TO RUSSIA* (1977)
"Chewing out a rhythm on my bubble gum, sun is out and I want some". Ainda lembro a letra 40 anos depois. Álbum fantástico. Encontrei Seymour Stein (dono da Sire) no ano passado e ele me contou como contratou a banda – muito interessante!

MUSIQUE – *KEEP ON JUMPIN'* (1978)
Patrick Adams (o homem por trás do Musique) é outra figura lendária da música. De modo discreto, esteve por trás de muitos projetos disco, incluindo este álbum fantástico lançado pela Prelude. Para mim, é como *Rumours* do Fleetwood Mac para a música disco. Bom, meio que isso.

JOHN COLTRANE – *A LOVE SUPREME* (1965)
Quando David Crosby do Crosby, Stills and Nash estava chapado dirigindo um carro em Los Angeles, ele e os amigos estavam ouvindo uma fita cassete do John Coltrane em volume muito alto. Eles chegaram a um cruzamento ferroviário, as cancelas baixaram e um trem passou cheio de… carvão*. Poucos artistas de jazz conseguiram atingir um público tão fora de seu mundo como este.

MAYA DEREN – *DIVINE HORSEMEN/THE VOODOO GODS OF HAITI* (1980)
Eu também incluiria as gravações de Katherine Dunham aqui. Música seriamente profunda – para fazer os deuses descerem à Terra! Nós (da Soul Jazz Records) viajamos ao Haiti em 1996, gravando várias coisas de vodu.

*NT: jogo de palavras no original - "coal train" (trem de carvão) tem o mesmo som de "Coltrane"

DOLLY PARTON
TOUCH YOUR WOMAN
(1972)

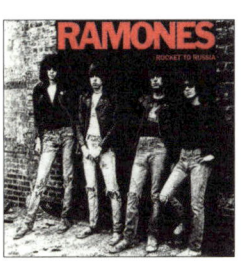

RAMONES
ROCKET TO RUSSIA
(1977)

MUSIQUE
KEEP ON JUMPIN'
(1978)

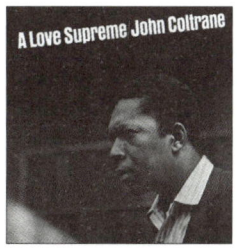

JOHN COLTRANE
A LOVE SUPREME
(1965)

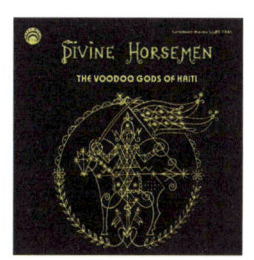

MAYA DEREN
DIVINE HORSEMEN/THE VOODOO GODS OF HAITI
(1980)

SUPLA

Cantor, compositor, ator e apresentador de TV, Supla começou nos anos 1980 à frente da banda Tokyo. Atualmente toca no duo Brothers of Brazil, ao lado do seu irmão João Suplicy.

THE BEATLES – *HELP!* (1965)

Eu sempre amei os Beatles, e é por isso que o Brothers tem uma música que se chama "I Hate The Beatles!". Este álbum tem músicas com ótimas melodias: "Ticket To Ride" (John), "I Need You" (George), "Yesterday" (Paul)... Precisa falar mais? Preciso! Sem contar que o filme foi uma das coisas mais empolgantes para mim na época... "Nossa, eu vou ver onde os Beatles dormiam"... Naquela época era muito difícil ter acesso a algum material dos Fab 4 no Brasil.

DAVID BOWIE – *LET'S DANCE* (1983)

Terno bonito, cabelo excelente, Steve Ray Vaughan na guitarra e foi o primeiro show que eu assisti do Bowie na Alemanha. Muito teatral e tinha cabelo branco (meio alaranjado). A música soava tão bem que foi um momento que eu quis que durasse para sempre... a voz grave com sotaque inglês carregado... "I've been putting out the fire with gasoline".

THE ROLLING STONES – *SOME GIRLS* (1978)

"Miss You" é linda e "Beast Of Burden" mais ainda. Eu escuto estas músicas e me dá vontade de chorar de felicidade... It's only rock and roll but i love it!!! A capa é fantástica (você pode trocar a cara com os cabelos).

THE BEATLES
HELP!
(1965)

DAVID BOWIE
LET'S DANCE
(1983)

THE ROLLING STONES
SOME GIRLS
(1978)

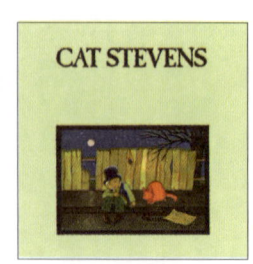

CAT STEVENS
TEASER AND THE FIRECAT
(1971)

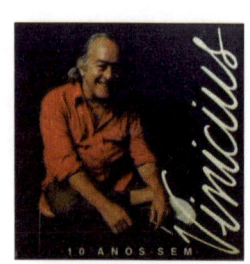

VINICIUS E AMIGOS
10 ANOS SEM VINICIUS
(1990)

CAT STEVENS – *TEASER AND THE FIRECAT* (1971)
Lembra a minha infância, na época em que eu morava nos Estados Unidos. Me faz lembrar os meus pais e são canções que falam de amor ("How Can I Tell You"), de uma forma muito triste, que eu adoro. Os arranjos são magníficos e Cat Stevens está sempre procurando uma resposta de onde vamos parar.

VINICIUS E AMIGOS – *10 ANOS SEM VINICIUS* (1990)
Por um longo tempo este passou a ser o meu álbum preferido... aprendi a tocar bossa nova tirando músicas como "Tomara" e "Canto de Ossanha". Neste álbum, Toquinho e Vinicius barbarizam... fodam-se os Sex Pistols!! Pois neste álbum tem muito amor, decepção, alegria, poesia, samba e a música mais triste do mundo (parece que alguém vai cortar os pulsos de tão triste)... a canção se chama "Apelo" e é cantada por Vinicius e a fantástica Maria Bethânia. Uma vez, em um camarim, eu falei para o Toquinho tocar esta música, porque eu sabia de cor e ia cantar para ele. Toquinho desacreditou!

CAETANO VELOSO – *CINEMA TRANSCENDENTAL* (1979)
A música "Oração ao Tempo" me faz viajar. A melodia é abençoada, principalmente no trecho "tempo tempo tempo tempo". A ginga de "Trilhos Urbanos" no violão, a meia valsa fúnebre "Cajuína". Acredito que o João [Suplicy] adora este álbum também, eu me lembro dele perambulando na casa de nossos pais.

CHICO BUARQUE – *MEUS CAROS AMIGOS* (1976)
"O Que Será"... Chico cantando com Milton Nascimento é de outro mundo. A profundidade da letra e a voz de Milton são mágicas. Minhas primas do Rio escutavam este álbum em Petrópolis direto, e eu adorava (o João não tinha nem nascido ainda). Só por esta música já vale!

BOB MARLEY – *KAYA* (1978)
Got to have kaya now... that's right baby!!! A canção "Is This Love" é tão batida, mas ela é linda! Eu ia surfar com meus amigos e esta era a nossa trilha sonora. Minha preferida é "She's Gone"!!!

DON MCLEAN – *AMERICAN PIE* (1971)
Este álbum me faz lembrar da minha infância na América... A gente tinha aquele tocador de fitas de 8 canais no carro... "American Pie", música título do álbum, é um hit instantâneo. A música fala sobre quando o autor (Don) soube da notícia de que vários grandes nomes da música haviam morrido em um trágico acidente aéreo (Buddy Holly, Ritchie Valens, entre outros), como é citado no verso "the day the music died". Uma outra canção, "Vincent", foi feita para o pintor Van Gogh misturando sua esquizofrenia com imagens dos quadros. O arranjo é delicadíssimo, com som de órgão e me toca profundamente.

NINA SIMONE – *THE VERY BEST OF NINA SIMONE* (2006)
Acredito que Amy Winehouse escutou estas músicas (o timbre é parecido). O jeito que ela interpreta e toca o piano é único. O Brothers se inspirou muito neste álbum para desenvolver o nosso primeiro punknova... Escutem "Ain't Got No, I Got Life", best song ever!!! Ou "I Put A Spell On You"!!!

CAETANO VELOSO
CINEMA TRANSCENDENTAL
(1979)

CHICO BUARQUE
MEUS CAROS AMIGOS
(1976)

BOB MARLEY
KAYA
(1978)

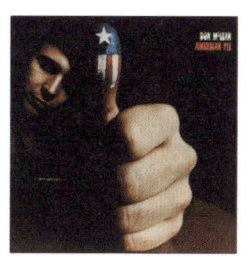

DON MCLEAN
AMERICAN PIE
(1971)

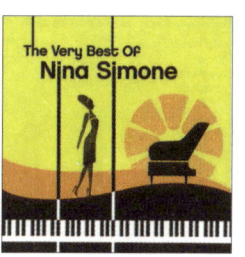

NINA SIMONE
THE VERY BEST OF NINA SIMONE
(2006)

TATOLA

Apresentador da 89FM - A Rádio Rock, Tatola também comanda o programa *Encrenca* na Rede TV. Ele é vocalista da banda Nem Liminha Ouviu e diretor de desenvolvimento do Hotel Unique. Foi um dos fundadores da banda punk Não Religião. ¶

THE BEATLES
RUBBER SOUL
(1965)

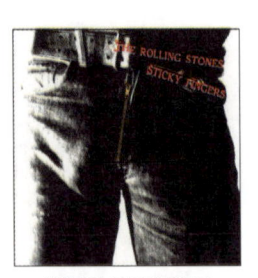

THE ROLLING STONES
STICKY FINGERS
(1971)

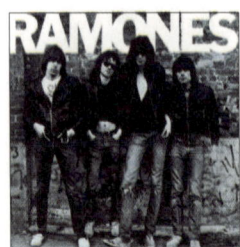

RAMONES
RAMONES
(1976)

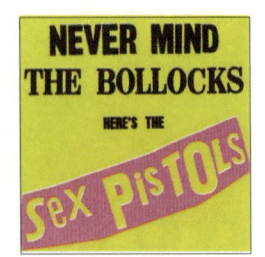

SEX PISTOLS
NEVER MIND THE BOLLOCKS, HERE'S THE SEX PISTOLS
(1977)

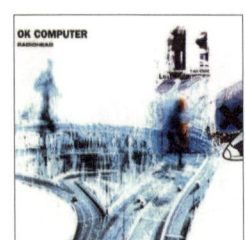

RADIOHEAD
OK COMPUTER
(1997)

THE BEATLES – *RUBBER SOUL* (1965)
THE ROLLING STONES – *STICKY FINGERS* (1971)
Falar o quê desses aí? Beatles e Rolling Stones de tão importantes são quase institucionais, você tem que ter. São bons de fio a pavio!

RAMONES – *RAMONES* (1976)
SEX PISTOLS – *NEVER MIND THE BOLLOCKS, HERE'S THE SEX PISTOLS* (1977)
Tudo o que gosto, levo e carrego comigo foi mudado com Ramones e Sex Pistols. Essas bandas me fizeram sonhar em tocar e ter uma banda. Mudaram até o meu caráter!

RADIOHEAD – *OK COMPUTER* (1997)
Aí é coisa de gênio, tenho inveja, quero fazer igual e não consigo.
Entre vários vídeos que vi do Radiohead, um deles mostra o Bono Vox assistindo os caras na primeira fila... porra, se o Bono tava lá... Se os Pistols e os Ramones me dizem pra ter uma banda, o Radiohead é o contrário, me diz, "deixa pra lá, melhor não fazer"! Dá vontade de parar a banda!

THE CLASH – *LONDON CALLING* (1979)
Não me movimenta como Pistols e Ramones, mas merece estar aqui porque foi uma influência fundamental.

NIRVANA – *NEVERMIND* (1991)
Mudou o planeta. Lembro de levar uma fita cassete para a rádio 89, com várias músicas de várias bandas, e entre elas o Nirvana. O Tavinho Ceschi, que na época era coordenador da rádio, me disse: "Isso não vai dar certo, eu não gostei".
Perguntei: "Como assim? Como você não gosta? Isso vai mudar o mundo...". Aconteceu, e ele se fodeu.

THE SMITHS – *THE SMITHS* (1984)
Morrissey é outro gênio. Pena que ele fica brigando com o outro tonto, o Johnny Marr. Se eles voltassem ficariam milionários, todo mundo ama os Smiths! Eu e o Maia fizemos uma brincadeira aqui na rádio com os Smiths e é impressionante, é música boa atrás de música boa, nem precisa pegar um disco, a carreira inteira é referência.

THE STROKES – *IS THIS IT* (2001)
Strokes é moderno, me atrai, causa em mim a mesma sensação que eu senti com os Ramones e os Pistols. Eles têm uma "irresponsabilidade" pra fazer música... mas é algo dinâmico, reverbera... E fazem hits sem saber, chegam até nós sem embalagem!

ELVIS PRESLEY – *THE SUN SESSIONS* (1976)
Precisa falar alguma coisa?

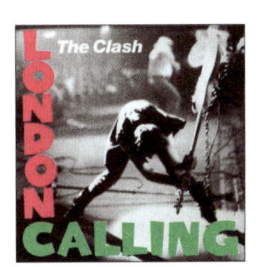

THE CLASH
LONDON CALLING
(1979)

NIRVANA
NEVERMIND
(1991)

THE SMITHS
THE SMITHS
(1984)

THE STROKES
IS THIS IT
(2001)

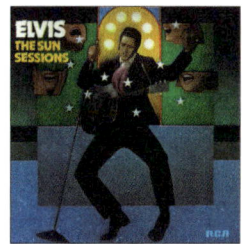

ELVIS PRESLEY
THE SUN SESSIONS
(1976)

THALES DE MENEZES

Jornalista e escritor, Thales é editor-assistente do caderno Ilustrada, do jornal Folha de S. Paulo. ¶

DISCOTECA 200 BÁSICA

SECOS & MOLHADOS
SECOS & MOLHADOS
(1973)

LED ZEPPELIN
LED ZEPPELIN I
(1969)

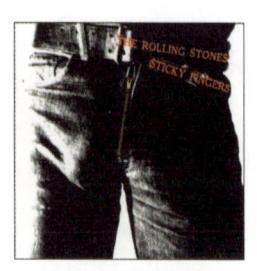

THE ROLLING STONES
STICKY FINGERS
(1971)

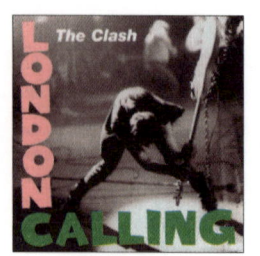

THE CLASH
LONDON CALLING
(1979)

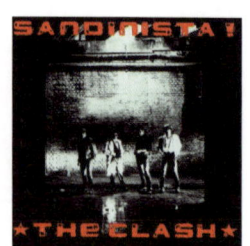

THE CLASH
SANDINISTA!
(1980)

Os dez discos da minha vida, sem classificação de importância, sem ordem alfabética, sem a data que cada um deles entrou na minha jornada, enfim, sem organização, como a minha vida.

SECOS & MOLHADOS – *SECOS & MOLHADOS* (1973)

Isso sim é fenômeno. No meio da ditadura, com todos os caretas do Brasil torcendo contra, a banda virou mania em questão de poucas semanas. Todo mundo com a cabeça aberta gostava. Era rock, mas era brasileiro demais. E eu não achava nada estranho. Era lindo.

LED ZEPPELIN – *LED ZEPPELIN I* (1969)

O primeiro, com o dirigível na capa. Foi um amigo hippie mais velho que me apresentou a isso. Ficou me contando curiosidades, como a maneira revolucionária que o Jimmy Page adotava para colocar os microfones na gravação. Nasceu ali minha vontade eterna de conhecer todos os detalhes dos meus discos favoritos.

THE ROLLING STONES – *STICKY FINGERS* (1971)

Era o disco com um zíper na capa. Gostei logo de cara, muito tempo antes de considerá-lo o melhor disco dos Rolling Stones. Até hoje eu acho. Guitarras, baladas, um monte de pequenas surpresas nas faixas. E tem "Bitch". E "Sister Morphine".

THE CLASH – *LONDON CALLING* (1979)

Nada me nocauteou na mesma intensidade. Tinha rock, reggae, jazz, coisas esquisitas. E muita fúria. O Clash era a banda da qual eu queria fazer parte. Tinham a roupa certa, o cabelo certo, o discurso certo. Para mim, o maior álbum de rock de todos os tempos.

THE CLASH – *SANDINISTA!* (1980)

Não tão impactante quanto o *London Calling*, mas muito mais nervoso, com erros e acertos. Gaitas de fole, hip hop antes do tempo, crianças cantando, várias versões de uma mesma melodia, a política escancarada em "Washington Bullets". Nunca mais ouvi tantas ideias musicais num mesmo disco.

THE SMITHS – *HATFUL OF HOLLOW* (1984)

O primeiro disco dos Smiths que caiu na minha mão. Tem a música mais sublime já gravada, "How Soon Is Now?". As frases de guitarra que nunca imaginei que existissem, o gênio de Johnny Marr. E Morrissey, claro, o cara que pôs poesia e sentido em toda (a minha) angústia adolescente.

GUNS N' ROSES – *APPETITE FOR DESTRUCTION* (1987)

Eu tinha 26 anos quando esse disco saiu. Ouvi o Guns N' Roses e me senti com 14.

PATTI SMITH – *EASTER* (1978)

O disco da Patti Smith no qual ela mostra as axilas peludas na capa. Dentro, canções de rasgar o coração. Eu me apaixonei por Patti antes de terminar de ouvir o disco pela primeira vez. Ainda ouço hoje. Ouço tudo dela. Leio tudo dela. E por ela descobri Rimbaud.

BRUCE SPRINGSTEEN – *BORN TO RUN* (1975)

Bruce Springsteen me pareceu logo de cara um Bob Dylan em tom épico. Este disco, notadamente a música que dá título ao álbum e "Thunder Road", me mostrou que a vida podia ser mais interessante pela visão dos perdedores.

THE DOORS – *THE DOORS* (1967)

"Pai, eu quero te matar!" "Mãe, eu quero te foder!" A gente precisa ouvir um cara que escreve versos de rock desse jeito. Foi ouvindo Jim Morrison e lendo sobre ele que eu descobri filósofos e poetas que mudariam a minha vida. Não tanto quanto o próprio Morrison.

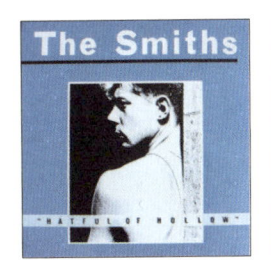

THE SMITHS
HATFUL OF HOLLOW
(1984)

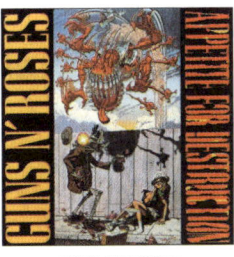

GUNS N' ROSES
APPETITE FOR DESTRUCTION
(1987)

PATTI SMITH
EASTER
(1978)

BRUCE SPRINGSTEEN
BORN TO RUN
(1975)

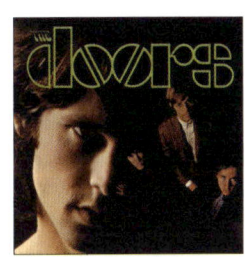

THE DOORS
THE DOORS
(1967)

TITI MÜLLER

Atriz e apresentadora, começou a carreira como VJ da MTV. Atualmente está no canal Multishow, com o programa *Anota aí*, que traz dicas diferentes de viagem. ¶

THE BEATLES – *THE BEATLES* (1968)
Todo o clichê tem uma razão e o motivo pelo qual este disco é citado em 11 de 10 listas é pelo simples fato de ser genial. Ele tem um lugar quase sagrado no meu coração, inclusive fico períodos longos sem escutá-lo para ter sempre a mesma reação a cada música, um arrepio que começa na base da coluna e vai até o topo da cabeça. Essa sensação não muda desde o meu primeiro contato com ele, aos 13 anos.

OS MUTANTES – *MUTANTES* (1969)
É quase impossível eleger apenas um disco dos Mutantes, então escolhi esse que foi a trilha sonora do carnaval de 2004 em Santa Catarina, em uma casa cheia de adolescentes, destilados e cogumelos. Entendi de fato o que é psicodelia escutando "Caminhante Noturno" em uma noite em que caminhei muito. E se fosse escolher hoje, diria que "Fuga nº 2" é a minha música favorita da banda.

JORGE BEN – *A TÁBUA DE ESMERALDA* (1974)
No início dos anos 2000 aconteceu um fenômeno em Porto Alegre chamado "Brasil Suado", em que a vida noturna deixou de ser indie e passou a celebrar o samba rock. Tim Maia, Simonal e Chico Buarque tomaram o lugar do Radiohead e afins nas pick ups. *A Tábua de Esmeralda* foi o disco que mais dancei em uma pista, é maravilhoso do início ao fim e merece estar aqui.

NANCY SINATRA – *HOW DOES THAT GRAB YOU?* (1966)
Já conhecia Nancy Sinatra e passei um período obcecada por ela graças ao Tarantino, que fez "Bang Bang" tocar mais do que "Ai se eu te pego" depois do filme *Kill Bill*. Esse disco foi basicamente composto por Lee Hazlewood e na voz de Nancy ficou absurdamente lindo. Meu gosto musical tende muito aos 60's e a minha paixão por esse disco sintetiza isso. "Call Me" e "The Shadow

THE BEATLES
THE BEATLES
(1968)

OS MUTANTES
MUTANTES
(1969)

JORGE BEN
A TÁBUA DE ESMERALDA
(1974)

NANCY SINATRA
HOW DOES THAT GRAB YOU?
(1966)

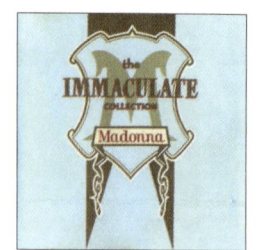

MADONNA
THE IMMACULATE COLLECTION
(1990)

of Your Smile" estão no meu top 20 de músicas favoritas da vida.

MADONNA – *THE IMMACULATE COLLECTION* (1990)

Foi o disco que coroou Madonna como a rainha soberana do pop, e nada do que ela fez ou ainda fará pode superar essa bomba nuclear de hits. Em todas as situações em que me pedem para discotecar só existe uma certeza: a primeira música vai ser "Like a Prayer". Não que eu faça isso com muita frequência, porque quem me conhece sabe que existem dois tipos de setlists que sigo: os absolutamente sessentistas, passando por toda a discografia dos Beatles, Kinks e Zombies, e a de consumo irônico anos 80/90. Na segunda opção intercalo o *Immaculate Collection* com Spice Girls, Claudinho e Buchecha, Alanis, Menudo e encerro com "Total Eclipse of the Heart". É arrebatador.

ALANIS MORISSETTE – *JAGGED LITTLE PILL* (1995)

A Alanis furiosa, xingando, gritando e se descabelando de raiva é definitivamente muito melhor musicalmente do que a Alanis transcendida, que foi pra Índia e encontrou o verdadeiro amor. Esse disco é um hino para a minha geração e já levei multa no prédio por berrar junto com ele enquanto fazia esteira depois das 22h. Alanis, leve um chifre e faça mais um disco como esse, por favor.

THE SMASHING PUMPKINS – *MELLON COLLIE AND THE INFINITE SADNESS* (1995)

Não existe posição exata para este disco nesta lista. Ele está em um compartimento separado no meu coração e posso dizer que foi o disco que mais escutei na vida. Colocava no meu discman e ficava lá, doendo. Por coincidência e magia do destino, a primeira entrevista que fiz como VJ na Mtv foi com o Billy Corgan e, depois de anos entrevistando entidades sagradas da música nacional e internacional, nada supera aquele momento. Consegui fazer todas as perguntas sem tremer nem gaguejar a ponto de inviabilizar o conteúdo, mas não contive as lágrimas ao sair da sala de imprensa. Talvez só uma entrevista com Paul McCartney me cause esse efeito novamente.

ZOMBIES – *ODESSEY AND ORACLE* (1968)

Disco fofo, querido, de dançar de olhinho fechado e que termina com uma das músicas mais sensuais já feitas, "Time of the Season". Depois de conhecê-lo fui atrás dos outros álbuns da banda e não me decepcionei, virou uma das minhas favoritas. Já sofri *bullying* por gostar de Zombies, muita gente acha os backing vocals exagerados e irritantes, mas nem ligo. Acho que dá um clima "épico" pra essa fofura toda.

LOS HERMANOS – *VENTURA* (2003)

A comoção causada por esse disco levou os fãs de Los Hermanos ao mesmo patamar dos fãs de Legião Urbana, a ponto de serem igualmente odiados por quem não é tão apaixonado pela banda assim. Mas eu estava lá, em todos os shows, cantando todas as letras até mesmo nas partes da música que não tem letra, apenas "tã tã tãaaa". Sim, eu cantei "tã tã tãaaa", tive uma overdose dos barbudos e peguei ranço. Mas o tempo passou e voltei a escutar – de forma saudável – e é impossível não reconhecer a qualidade absurda desse disco.

THE BEATLES – *WITH THE BEATLES* (1963)

A vontade que tenho é colocar Beatles do início ao fim neste top 10, mas o bom senso me impede. Escolhi esse disco por ser o que mais me anima e é o que estou escutando enquanto escrevo essa lista. E "Devil in her heart" já foi o meu "about me" no Orkut! A gente muda, passa a ter mais autocrítica nas redes sociais, mas Beatles é sempre Beatles.

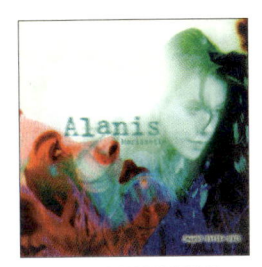

ALANIS MORISSETTE
JAGGED LITTLE PILL
(1995)

THE SMASHING PUMPKINS
MELLON COLLIE AND THE INFINITE SADNESS
(1995)

ZOMBIES
ODESSEY AND ORACLE
(1968)

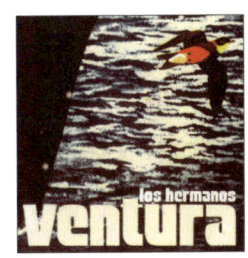

LOS HERMANOS
VENTURA
(2003)

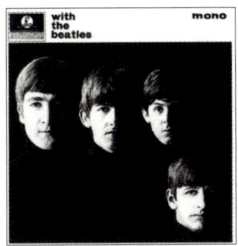

THE BEATLES
WITH THE BEATLES
(1963)

WANDI DORATIOTTO

Músico paulista, Wandi é vocalista, violonista e compositor do Premê. Também tem um disco solo, *Pronto!*, e um livro, *Haicais*, lançado em 2006. Como ator já participou de vários filmes, novelas, comerciais e séries. Wandi foi o apresentador do extinto programa *Bem Brasil*, da TV Cultura.

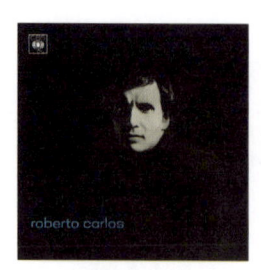

ROBERTO CARLOS
ROBERTO CARLOS
(1966)

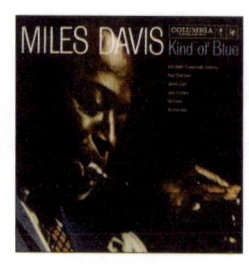

MILES DAVIS
KIND OF BLUE
(1959)

OS MUTANTES
A DIVINA COMÉDIA OU ANDO MEIO DESLIGADO
(1970)

PAULINHO DA VIOLA
PAULINHO DA VIOLA
(1971)

CARTOLA
CARTOLA
(1974)

ROBERTO CARLOS – *ROBERTO CARLOS* (1966)
Disco fundamental para os meus 15 anos. Pura emoção ouvi-lo nos alto-falantes espalhados pelas ruas do comércio do Bairro da Lapa. Quando o Natal se aproximava, tocava o tempo todo. "Negro Gato" era um delírio. Viva o Roberto daquela época!

MILES DAVIS – *KIND OF BLUE* (1959)
Esse trabalho de estúdio do músico americano Miles Davis, gravado em 1959, talvez seja o maior álbum de jazz de todos os tempos. "So What" e "All Blues" já justificam a grandeza dessa obra-prima.

OS MUTANTES – *A DIVINA COMÉDIA OU ANDO MEIO DESLIGADO* (1970)
Álbum de 1970 dos Mutantes, quando eles começam a se desligar do Tropicalismo e se aproximam mais do rock. A notável canção "Ando meio desligado" e a regravação de "Chão de Estrelas" (Silvio Caldas e Orestes Barbosa), de forma experimental, são o máximo. Meu apreço por essa fantástica banda psicodélica vem desde o princípio, quando então assistia alguns ensaios da turma no Bairro da Pompéia.

PAULINHO DA VIOLA – *PAULINHO DA VIOLA* (1971)
Basicamente porque esse artista é o meu preferido entre os grandes da música brasileira. Quando tinha pouco mais de 18 anos, ouvi a música "Um Certo Dia para 21" no rádio do meu Fusca 66, estacionado em baixo de um abacateiro no Bairro da Lapa, onde me criei, e o impacto foi grande. Decidi que seria um compositor profissional.

CARTOLA – *CARTOLA* (1974)
Álbum gravado em 1974 pelo selo Marcus Pereira, tendo os músicos Dino e Meira aos violões e um repertório inacreditável. Cartola tinha 66 anos de idade e nunca tinha gravado nenhum de seus sambas como cantor. Nessa época era lavador de carros no Rio de Janeiro. Experimente a faixa "Tive Sim". Vou ao paroxismo: é o maior disco de samba da história!

BADEN POWELL – *AO VIVO NO TEATRO SANTA ROSA* (1966)
Um prodígio genial. Um dos maiores violonistas de todos os tempos. Ganhou reconhecimento mundial com sua singularidade sonora. Fico com o álbum *Ao Vivo no Teatro Santa Rosa* (1966).

MOACIR SANTOS – *OURO NEGRO* (2001)
Gravado em 2001, com produção de Mario Adnet e Zé Nogueira, com participação de alguns dos maiores músicos da nossa terra. Moacir Santos, um dos maiores músicos do mundo, fez um jazz nordestino com referências africanas. Impagável.

GILBERTO GIL – *EXPRESSO 2222* (1972)
Álbum de 1972 do grande Gilberto Gil. Além da canção que dá nome ao disco, tem "Chiclete com Banana" que é o máximo. Para mim, Gil ainda é a melhor síntese da música brasileira.

PREMEDITANDO O BREQUE – *PREMEDITANDO O BREQUE* (1981)
Álbum de estreia daquele que virou PREMÊ, foi gravado em 1981 e foi o start para nós que iniciávamos carreira profissional. O rock "Fim de Semana" (Domingão), de minha autoria, fez sucesso, e foi um estímulo para continuar compondo.

THE BEATLES – *SGT. PEPPER'S LONELY HEARTS CLUB BAND* (1967)
Álbum dos Beatles de 1967. Sua influência e poder de renovação são tamanhos na história do rock e da música, que tudo que se falar será pouco. Deixa quieto, vamos fruí-lo.

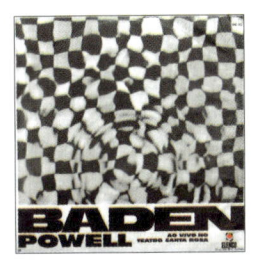

BADEN POWELL
AO VIVO NO TEATRO SANTA ROSA
(1966)

MOACIR SANTOS
OURO NEGRO
(2001)

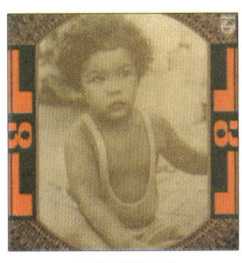

GILBERTO GIL
EXPRESSO 2222
(1972)

PREMEDITANDO O BREQUE
PREMEDITANDO O BREQUE
(1981)

THE BEATLES
SGT. PEPPER'S LONELY HEARTS CLUB BAND
(1967)

XICO SÁ

Jornalista e escritor cearense, Xico Sá é autor de inúmeros livros, como *Big Jato* e *Modos de Macho e Modinhas de Fêmea - A Educação Sentimental do Homem*. Xico também fez parte da bancada dos programas *Saia Justa* (GNT) e *Cartão Verde* (TV Cultura).

NELSON GONÇALVES – *A VOLTA DO BOÊMIO* **(1967)**
A parada aqui é afetiva e freudiana. Nada mais justo do que começar a lista com o vinilzão mais ouvido na infância, por tabela dos meus velhos e depois por gosto, lá em casa, ainda no rancho do Sítio das Cobras, Santana do Cariri, extremo sul cearense. "Deusa do asfalto", "Meu vício é você" e "Escultura" são belos poemas radicais de exaltação às fêmeas, talvez venha daí a origem da minha escrita derramada pelas moças.

ROBERTO CARLOS – *ROBERTO CARLOS* **(1971)**
Se outro cabeludo aparecer, na sua rua... Aqui está outra grande obra da minha educação sentimental. Fiquei careca e continuo achando importante tudo que aprendi com este disco. Tem "Detalhes" mas não se esqueça que tem "Como dois e dois", com aquele jeitão meio soul. Só hit real. E a bateria inesquecível de "Amada amante"? RC fez até uma canção do exílio para Caetano – "Debaixo dos caracóis dos seus cabelos" – e a bíblica "Todos estão surdos".

FAGNER – *MANERA FRU FRU, MANERA* **(1973)**
Morava ainda no Cariri e planejava desmentir (rs) a letra de "O último pau de arara", era o sonho de migrante na veia. À época, na cabeça havia outro baião-de-dois permanente, misturando Beatles e Luiz Gonzaga, nosso vizinho de Exu, mas as primeiras cachaças sempre acabavam com o *Manera* na radiola, furando a faixa da versão de "Nasci para chorar", de Erasmo Carlos ou a de "Moto 1", música de Fagner em parceria com Belchior. Um discaço que conta com um tal de Bruce Henry, um contrabaixista inglês da pesada, Naná Vasconcelos e Nara Leão.

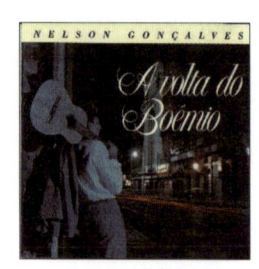

NELSON GONÇALVES
A VOLTA DO BOÊMIO
(1967)

ROBERTO CARLOS
ROBERTO CARLOS
(1971)

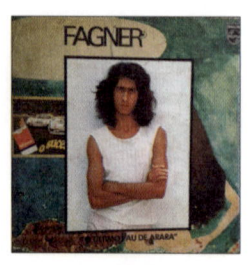

FAGNER
MANERA FRU FRU, MANERA
(ou O ÚLTIMO PAU DE ARARA)
(1973)

CAPTAIN BEEFHEART AND HIS MAGIC BAND
SAFE AS MILK
(1967)

LOVE
FOREVER CHANGES
(1967)

CAPTAIN BEEFHEART AND HIS MAGIC BAND – SAFE AS MILK (1967)

Disco de 1967, mas só fui ouvir o vinilzão iluminado em uma festa no bairro da Várzea, no Recife. A princípio achei que era o Zappa aprontando outra vez. Necas. Chapei com a guitarreira e as letras surreais de fazer Breton um mero trombadinha. Poesia maluca que ficava mais loki ainda no meu inglês de quinta.

LOVE – FOREVER CHANGES (1967)

Até os anos 1990 e tantos tirava onda da buena política bradando o coro "Free Arthur Lee" com os chegados Rodrigo Carneiro (banda Mickey Junkies), Rodrigo Brandão e doctor Mabuse. Reverência ao bravo rapaz da banda do amor e seus desígnios. O vinil que mais ouvi no bairro da Pompeia, o berço do rock paulistano de Mutantes e muito mais, geografia afetiva não é apenas um motel, como sugere a faixa 2 do lado 1.

RACIONAIS MC'S – RAIO X BRASIL (1993)

Chegada à Pauliceia. Trilha marcante na memória das primeiras ideias sobre uma SP que existia da ponte para lá. Estava no lançamento, na quadra da Rosas de Ouro, pelo que me recordo. É o disco, repare bem, de "Fim de Semana no Parque" e "Homem na Estrada", com o cronista Mano Brown já dando a letra do estrago genial que faria depois.

CHICO SCIENCE & NAÇÃO ZUMBI – DA LAMA AO CAOS (1994)

Nos intervalos da correria como repórter investigativo do lamaçal da política, nos primeiros tempos pós-eleições diretas, fumava uns e bebia com os caras. Acrescente-se à saga mangue bit os felas da Mundo Livre S/A, todos em um rodízio sem fim no meu apezim quarto/sala da rua Frei Caneca, edifício Quixote. A turma que tirou a música brasileira da leseira em que havia enfiado os cornos.

LEONARD COHEN – I'M YOUR MAN (1988)

Agora já começa a trilha da dor amorosa, com ou sem chifre. Para lamber a lua na sarjeta. Como se fosse pouco, o cara ainda põe uma elegante música em um poema de Federico García Lorca. A foder, como me dizia uma guria gaúcha que me deixou a chupar todos os Chicabons da solidão em um inverno frio de San Pablo.

SERGE GAINSBOURG – JANE BIRKIN/SERGE GAINSBOURG (1969)

1969. Difícil escolher só um álbum do Serge, meu guru, o cara que sabia, mais do que qualquer feio como este pobre cronista, que a feiura é superior à beleza – a beleza é passageira, a feiura é para sempre. Mestre. Sim, é o disco da melhor canção de motel vagabundo de todos os tempos, "Je t'aime... moi non plus", como o disco também é conhecido. Não se tem notícia de um gozo tão bonito como o simulado (?) por Birkin –a verdadeira *petite mort*, como os franceses tratam o orgasmo, a pequena morte. Assim morro fácil.

DIANA ROSS E MARVIN GAYE – DIANA & MARVIN (1973)

Agora apague a luz, sirva mais um drinque e dance colado sobre aqueles velhos tacos do seu predinho antigo. Diana Ross e Marvin Gaye destruindo corações. "Love Twins", a faixa 2 do lado 1. Assim é covardia. "I'm falling in love with you", e já saltamos para a 3 do lado 2. Segue o baile, como faço agora com a polaquinha em Copacabana, ai de mim Copacabana.

RACIONAIS MC'S
RAIO X BRASIL
(1993)

CHICO SCIENCE & NAÇÃO ZUMBI
DA LAMA AO CAOS
(1994)

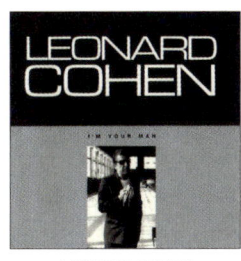

LEONARD COHEN
I'M YOUR MAN
(1988)

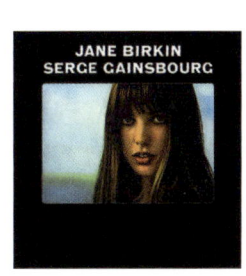

SERGE GAINSBOURG
JANE BIRKIN/SERGE GAINSBOURG
(1969)

DIANA ROSS E MARVIN GAYE
DIANA & MARVIN
(1973)

ZÉ LUIZ

Jornalista, radialista, ator e apresentador, Zé Luiz começou sua carreira em 1985. Atualmente apresenta o *Morning Show*, na Rede TV.

COLEÇÃO DISQUINHO

Vou começar falando das minhas primeiras lembranças, que vem desde os vinis de 45 e 78 rpm do meu avô. Mas na minha história, o que eu me lembro são os disquinhos, aquela coleção com histórias infantis, da Dona Baratinha, Chapeuzinho Vermelho... Eu era criança e tinha todos os disquinhos, com historinhas, aqueles álbuns ilustrados. E o mais bacana é que eu passei isso para as minhas filhas. Hoje elas estão com 20 e 21 anos, mas ouviam isso quando eram mais novas. É claro que hoje as histórias foram relançadas em CD, mas é uma das maiores memórias afetivas que eu tenho com os vinis.

SECOS & MOLHADOS – *SECOS & MOLHADOS* (1973)

Fui passando para a adolescência na época da ditadura militar, onde tudo era proibido. Minha família era de esquerda e a gente vivia naquela pressão, imaginando quando tudo aquilo ia acabar. E demorou bastante. De repente aparecem três caras com a cara pintada, um deles cantando e rebolando e eu pensei: Isso é do caralho! Era a melhor coisa do mundo, Secos & Molhados, com "O Vira", "Rosa de Hiroshima"... O primeiro vinil me marcou muito, o da bandeja, aquele que tem o Conrad, o Zé e o Ney na capa. Aquela capa, o visual, a atitude tão anti-ditatorial me conquistou. Ninguém podia fazer nada e aquele cara rebolava e cantava fino... eu urrava ouvindo esse disco.

THE BEATLES – *THE BEATLES 1967-1970* (1973)

Tinham duas coletâneas famosas dos Beatles nos anos 1970, uma de borda vermelha e outra de borda azul, que era da última fase da banda. Eu devia ter uns nove ou dez anos e já chorava ouvindo "Across The Universe".

ALICE COOPER – *SCHOOL'S OUT* (1972)

Não sou muito de ter ídolos, nunca fui, mas uma figura que me marcou muito foi o Alice Cooper. Foi dele o primeiro show de rock que eu vi na vida, isso em 1974, e também foi a primeira vez que eu vi maconha. Acho que eu tinha 12 ou 13 anos e meu tio me levou pra ver o show. Eram duas apresentações, uma no pavilhão de exposições do Anhembi e outra no palácio das convenções, onde eu fui. Eu gostava muito daquela *mise-en-scène*, da guilhotina, da cobra... Eu tinha todos os vinis, mas o que eu gostava era o *School's Out*, que mesmo aqui no Brasil saiu com aquela capa dupla, que abria como uma carteira, igual a da minha escola. Sem falar no som que era incrível. Lembro de cortar os fios de um toca

COLEÇÃO DISQUINHO

SECOS & MOLHADOS
SECOS & MOLHADOS
(1973)

THE BEATLES
THE BEATLES 1967-1970
(1973)

ALICE COOPER
SCHOOL'S OUT
(1972)

PINK FLOYD
THE DARK SIDE OF THE MOON
(1973)

discos, e emendar vários outros para encher meu quarto de alto-falantes. E eu achava que aquilo era um puta som.

PINK FLOYD – *THE DARK SIDE OF THE MOON* (1973)

Tenho o CD e o vinil de *The Dark Side Of The Moon*. Na época, um amigo chamado Jorge me disse que o irmão dele tinha voltado da Inglaterra e trouxe algo que a gente precisava ouvir. Fomos até a casa dele, e ele mostrou o Pink Floyd. Eu não fazia ideia do que era isso, mas eles tinham um aparelho de som quadrifônico, sofisticado para a época e de repente éramos oito moleques deitados no tapete pra ouvir aquele álbum. E eu pensava como alguém podia ter produzido algo tão louco, tão revolucionário como aquele LP. Eu gostava de progressivo, lembro do *Brain Salad Surgery*, do Emerson Lake & Palmer, que foi o primeiro álbum que eu comprei com o dinheirinho da mesada na loja da dona Pierina, no Sacomã. Gostava deles, de Jethro Tull, Genesis, entre outros, mas o Pink Floyd foi o mais marcante, é claro.

THE TEMPTATIONS – *THE TEMPTATIONS SING SMOKEY* (1965)

Lembro de um compacto que tinha na minha casa, devia ser do meu tio, com uma música dos Temptations, "My Girl". Eu ouvia essa música e achava linda. Muitos anos depois, quando minhas filhas eram bebês, essa era a música que eu colocava quando elas tinham cólicas. Eu as pegava, colocava uma fraldinha, segurava no colo e elas paravam de chorar ouvindo "My Girl", tanto a Manuela quanto a Catarina. Hoje tenho essa música em um CD, mas aquele pequeno vinil é uma lembrança querida da minha infância.

NIRVANA – *NEVERMIND* (1991)

Acho que todos os gêneros musicais funcionam melhor quando fazem parte de uma cena. Tivemos alguns casos aqui no Brasil, como aquela onda de rock nacional com Legião, Paralamas etc. Mas a que mais me marcou foi mesmo aquela das bandas de Seattle, nos anos 1990, que foi chamada de Grunge. Quando ouvi o *Nevermind* pela primeira vez já percebi que aqueles caras eram diferentes, fora da casinha, e foi aí que todo aquele monte de bandas acabou tendo destaque. Também tinha esse em CD e vinil.

RADIOHEAD – *OK COMPUTER* (1997)
CHICO SCIENCE & NAÇÃO ZUMBI – *AFROCIBERDELIA* (1996)

Quando você trabalha com rádio, mexe com música, acaba perdendo um pouco daquele tesão que me fez deitar no chão pra ouvir o Pink Floyd. Desde então eu nunca tinha feito aquilo novamente, até *OK Computer*, do Radiohead. Após todo aquele tempo me deitei no chão pra ouvir e pensar como aquele disco era bom... E essa mesma impressão voltou com o *Afrociberdelia*, do Chico Science & Nação Zumbi. Lembro de ouvir a música e pensar: "O que é isso? Um maracatu? Mas tem essa guitarra, quem está cantando isso?" Fui ver a imagem e perceber que o Chico tinha trazido todo aquele som que a região sudeste fazia de conta que não existia. Ele fez uma revolução. Foi a última coisa musical que realmente me impressionou. Tive boas surpresas, como ver os Raimundos no Juntatribo, mas o Chico foi maior que tudo. Não sou nenhum expert, mas percebi de cara como aquilo tudo era diferente.

BARÃO VERMELHO – *BARÃO VERMELHO 2* (1983)

Quando comecei a pensar nesta lista, fui remexer nos meus vinis e encontrei o *Barão Vermelho 2*, aquele que tem os hits "Pro dia Nascer Feliz" e "Carente Profissional". Esse disco me marcou muito. Lembro de ouvir e pensar que aquele moleque, o Cazuza, escrevia do jeito que eu queria escrever, ele falava de amor de um jeito único. Lembro de uma frase de uma outra música dele: "...paixão cruel, desenfreada, te trago mil rosas roubadas..." Aquilo era brega, mas o Cazuza colocava de uma maneira tão perfeita que virava algo poético.

Se tinha algo que me tirava o humor, era perceber que um vinil meu tinha um risco, tipo *bad hair day* pra uma mulher. E lembrei na hora que eu mesmo risquei esse disco. Eu tinha uma banda na faculdade e fiz isso voltando a faixa sem parar pra gente tirar uma música.

THE TEMPTATIONS
THE TEMPTATIONS SING SMOKEY
(1965)

NIRVANA
NEVERMIND
(1991)

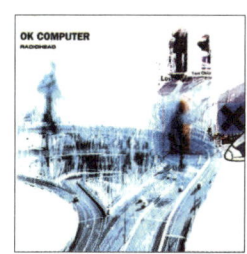

RADIOHEAD
OK COMPUTER
(1997)

CHICO SCIENCE & NAÇÃO ZUMBI
AFROCIBERDELIA
(1996)

BARÃO VERMELHO
BARÃO VERMELHO 2
(1983)

ZECA CAMARGO

Jornalista e apresentador, Zeca Camargo foi VJ e diretor de jornalismo na MTV Brasil. Atualmente está na Rede Globo, onde foi apresentador do Fantástico e do Vídeo Show. Zeca tem vários livros publicados, dentre os quais *A Fantástica Volta ao Mundo: Registros e Bastidores de Viagem* e *De A-HA a U2: Os Bastidores das Entrevistas do Mundo da Música*.

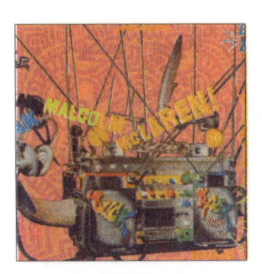

MALCOLM MCLAREN
DUCK ROCK
(1983)

PORTISHEAD
DUMMY
(1994)

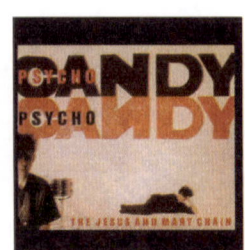

THE JESUS AND MARY CHAIN
PSYCHOCANDY
(1985)

THE STROKES
IS THIS IT
(2001)

MISSY ELLIOTT
MISS E... SO ADDICTIVE
(2001)

MALCOLM MCLAREN – *DUCK ROCK* (1983)
Malcolm McLaren merece todo o crédito do mundo por ter "inventado" os Sex Pistols. Mas McLaren fez mais do que isso em *Duck Rock*: liberou o pop para todo tipo de mistura – tornando-se assim uma espécie de Duchamp do pop.

PORTISHEAD – *DUMMY* (1994)
O som do quase nada: uma voz perfeita, os samplers mais preciosos e um sentido de melodia que poucas bandas mostraram na sofrida história do pop.

THE JESUS AND MARY CHAIN – *PSYCHOCANDY* (1985)
O disco mais simples e mais elaborado que uma banda de rock jamais ousou fazer. Som e fúria numa combinação ridiculamente perfeita.

THE STROKES – *IS THIS IT* (2001)
Provavelmente o último disco de rock "verdadeiro" que foi gravado – não só no espírito em que foi concebido, mas também no seu resultado final. E com isso a banda ganhou passe livre para fazer o que quisesse dali em diante.

MISSY ELLIOTT – *MISS E... SO ADDICTIVE* (2001)
Uma pergunta só: de que planeta veio este álbum? "Sub gênios" do pop (e do hip-hop, ou qualquer outro gênero que você enumerar) ainda estão quebrando a cabeça tentando entender o que aconteceu depois deste disco.

THE SMITHS – *MEAT IS MURDER* (1985)
Um só disco dos Smiths para escolher é crueldade. Mas entre a imaculada inocência do álbum de estreia da banda e o esforço contra o auto-pastiche da sua despedida, *Meat Is Murder* traz todas as qualidades dos Smiths num equilíbrio concebido no paraíso.

MANIC STREET PREACHERS – *THIS IS MY TRUTH TELL ME YOURS* (1998)
Qualquer disco que tivesse a faixa "If you tolerate this your children will be next" já mereceria entrar nesta lista. Mas todo o conjunto da obra justifica essa inclusão. No futuro eles provavelmente serão lembrados por *The Holy Bible*, mas é aqui que o talento dos Preachers para unir melodia e poesia é testado nos seus limites – e aprovado com louvor.

YOUNG MARBLE GIANTS – *COLOSSAL YOUTH* (1980)
Ninguém nunca juntou músicas tão simples, tão honestas e tão tocantes assim num único álbum – que aliás, é o testamento de toda a trajetória da banda. Dúvida? Então pergunte a Kurt Cobain.

NIRVANA – *NEVERMIND* (1991)
Um clichê? Talvez. Mas sinta-se desafiado a ouvir *Nevermind* daqui a 5, 10, 20 anos e não pensar: "Como assim?". "Smells like teen spirit" vai sempre levar a tocha desse álbum adiante, mas ouça bem: essa nem é a música mais nervosa do conjunto – nem mesmo a mais triste. Pense em "Sliver"...

TALKING HEADS – *REMAIN IN LIGHT* (1980)
A única palavra que vem à cabeça para descrever este disco é sublime! Nos livros, vai constar que esse é o momento em que a curiosidade dos Heads por ritmos africanos atinge seu pico criativo. Mas a experiência de ouvir cada faixa de *Light* vai além – muito além disso...

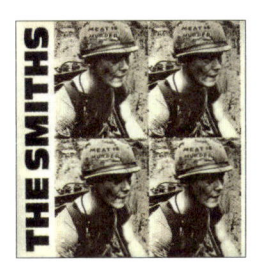

THE SMITHS
MEAT IS MURDER
(1985)

MANIC STREET PREACHERS
THIS IS MY TRUTH TELL ME YOURS
(1998)

YOUNG MARBLE GIANTS
COLOSSAL YOUTH
(1980)

NIRVANA
NEVERMIND
(1991)

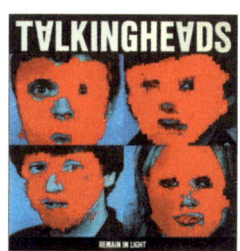

TALKING HEADS
REMAIN IN LIGHT
(1980)

BONUS TRACK

ZÉ ANTONIO ALGODOAL

Diretor de programas de TV e músico, Zé é o responsável por reunir essas 100 personalidades e suas respectivas listas. Como uma *bonus track*, aqui está a lista do autor!

THE BEATLES – *THE BEATLES* (1968)
Tenho poucas recordações dos meus cinco anos, mas lembro com carinho de minha mãe me mostrando "Ob-La-Di, Ob-La-Da" na sala de minha casa em Jaboticabal. Naquela idade, me pareceu a melhor música do mundo. Talvez por isso o *Álbum Branco* foi o primeiro disco que comprei na vida. Lindo, duplo, vinha com fotos, pôster e o nome da banda em relevo na capa. Tinha de tudo um pouco: a beleza de "Dear Prudence", o peso de "Helter Skelter", a esquisitice experimental de "Revolution 9", o vaudeville de "Honey Pie", o avião de "Back in The U.S.S.R.", os porquinhos de "Piggies", os trinados de "Blackbird" e a guitarra de "While My Guitar Gently Weeps"... Era muita informação para um moleque. Até hoje me surpreendo e me emociono com esse disco.

PREMEDITANDO O BREQUE – *PREMEDITANDO O BREQUE* (1981)
Era adolescente quando fui ver o Premê ao vivo. Saí do show sem olhar pra banda: fiquei uma hora e meia prestando atenção só no cara da guitarra, Mário Manga, que naquele tempo se chamava Biafra. Saí de lá com um propósito: comprar uma guitarra e tocar daquele jeito. 30 anos depois não chego nem perto de tocar como ele, e olha que me esforcei. Tive a honra de dividir o palco com o Manga algumas vezes, e ainda hoje olho pra ele e penso "um dia ainda toco assim".

STEVIE WONDER – *SONGS IN THE KEY OF LIFE* (1976)
Quando vi o *Songs in the Key of Life* pela primeira vez, fiquei intrigado. Era um álbum duplo e ainda vinha com um compacto encartado. Me perguntei se o tal do Stevie Wonder tinha tantas músicas boas que não cabiam em dois LPs. Comprei, e logo na primeira audição descobri que a resposta era sim. Aos 12 anos só ouvia bandas pesadas e achava que o rock pauleira (como era chamado na época) era a melhor coisa do mundo, muito mais legal que a disco music, que eu detestava. É claro que hoje adoro muita coisa da disco, amo funk, soul, afro beat, R&B, hip hop... e a chave para esse mundo foi justamente o gênio Stevie Wonder. Ali percebi a riqueza, sofisticação e beleza desses gêneros. Que bom que comprei esse álbum!

A REVISTA POP APRESENTA O PUNK ROCK (1977)
Em 1977 não havia muita informação sobre música no Brasil. Uma das poucas revistas que falavam sobre as novidades era a revista POP, e mesmo assim tudo parecia muito distante. Poucos discos eram lançados aqui e os importados

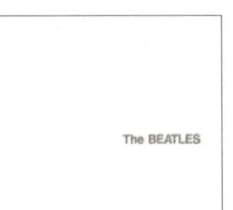

THE BEATLES
THE BEATLES
(1968)

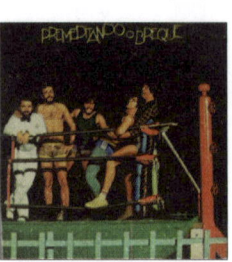

PREMEDITANDO O BREQUE
PREMEDITANDO O BREQUE
(1981)

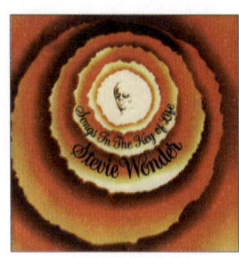

STEVIE WONDER
SONGS IN THE KEY OF LIFE
(1976)

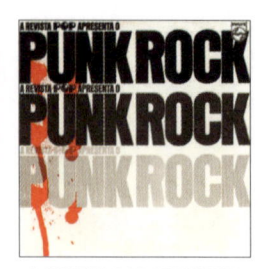

A REVISTA POP APRESENTA O PUNK ROCK
(1977)

PRIMAL SCREAM
SCREAMADELICA
(1991)

custavam uma fortuna. Lembro de ver fotos dos punks e achava incrível, novo, instigante. Ficava imaginando qual era a música sobre a qual tanto falavam. Eis que de repente sai esta coletânea. Ramones, The Jam, Ultravox, Sex Pistols, Stinky Toys... Tudo o que eu queria ouvir estava lá, sujo, agressivo, barulhento, moderno. Foi um dos meus discos de cabeceira por anos a fio.

PRIMAL SCREAM – *SCREAMADELICA* (1991)
Primal Scream continua sendo uma das minhas bandas prediletas. Eu já gostava dos primeiros álbuns (*Sonic Flower Groove*, mais ingênuo, e o segundo *Primal Scream*, que já começava a indicar novos caminhos), mas a primeira vez que ouvi *Screamadelica* foi um choque. Sei que isso parece estranho hoje, mas naquela época house e indie pop quase não se misturavam, e o Primal Scream, com a ajuda do genial Andy Weatherall, conseguiu juntar tudo e ainda colocar elementos de música gospel, dub e psicodelia de maneira primorosa. E ainda tinha uma versão maravilhosa de "Slip inside This House" do 13th Floor Elevators. Foi amor à primeira vista, até porque a capa criada por Paul Cannell já nasceu clássica. Amo esse álbum até hoje.

THE JESUS AND MARY CHAIN – *PSYCHOCANDY* (1985)
Parecia tudo errado: microfonias absurdas, melodias simples e doces, vocais enterrados. Mas funcionava. E era corajoso, inovador. Esse disco me deu vontade de ter uma banda. Alguns anos depois formei o Pin Ups, e o Jesus and Mary Chain foi assumidamente nossa maior influência. Na ingenuidade que todos têm no início, procurei aquele som de guitarra, mas logo percebi que aquilo era tão único que nem mesmo eles conseguiram repetir aqueles timbres, e a beleza é achar o próprio caminho.

MY BLOODY VALENTINE – *LOVELESS* (1991)
Uma das minhas bandas queridas. Conseguiam surpreender a cada álbum novo e o *Loveless* foi o auge. Os timbres da guitarra de Kevin Shields ainda hoje parecem inovadores. Na procura desses sons, Shields ficou dois anos em estúdios e dizem que gastou 250 mil libras, contribuindo para a falência da Creation Records. É claro que ele nega, mas essa é apenas uma das lendas que cercam as gravações deste incrível álbum, que continua servindo de referência para músicos do mundo todo.

STEVE REICH – *MUSIC FOR 18 MUSICIANS* (1978)
Sei que Steve Reich é um dos maiores nomes da música minimalista, que essa composição é sofisticada, baseada em um ciclo de onze acordes etc. E sei também que parece metido citar uma obra dessas, mas juro que o motivo de colocar esse disco na minha lista é um só: me acalma, me deixa feliz. Não me pergunte por quê. Só sei que gosto daquela música repetitiva, cheia de mudanças sutis com quase 57 minutos de duração. E juro, ouço muito isso!

THE STOOGES – THE STOOGES (1969)
Lembro de ver uma foto do Iggy Pop nos anos 70, todo ensanguentado encarando a plateia. Na época eu nem imaginava o tipo de som que aquele cara fazia, mas a foto me impressionou. Pouco depois consegui uma fita k7 com *The Idiot* e não entendi nada... não podia ser o mesmo cara. "Sister Midnight" era muito esquisita para os ouvidos de um garoto de 14 anos. Hoje amo esse álbum, mas na época deixei de lado. Tempos depois, consegui uma cópia do *The Stooges*, e aí sim, tudo fez sentido. Em 1988, eu vi Iggy ao vivo pela primeira vez em um show antológico que rolou no extinto *Projeto SP*. O volume era absurdo, foram quatro dias de ouvido zunindo. Voltei a ver Iggy Pop ao vivo algumas vezes, vi a volta dos Stooges nas duas formações e até entrevistei aquele senhor de olhar doce, que no palco vira um monstro, acha que ainda tem 20 anos e faz a gente esquecer que o tempo passa pra todos nós.

THE BEACH BOYS – *PET SOUNDS* (1966)
Ninguém discorda que este é um dos discos mais importantes da história. Basta lembrar que serviu de inspiração para os Beatles criarem *Sgt. Pepper's Lonely Hearts Club Band*, e que Paul McCartney sempre cita "God Only Knows" como sua canção predileta. Também amo essa música, e foi por causa dela que fui atrás desse álbum. *Pet Sounds* é um daqueles discos cercados de fatos e lendas, que daria pra escrever um livro só falando disso. Enfim, tenho uma ligação afetiva com esse disco revolucionário, bonito, inovador, e confesso que adoro saber que foi lançado em um 16 de maio, dia do meu aniversário.

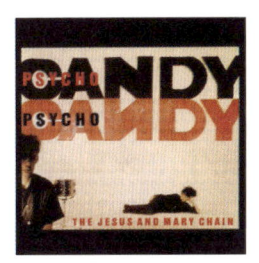

THE JESUS AND MARY CHAIN
PSYCHOCANDY
(1985)

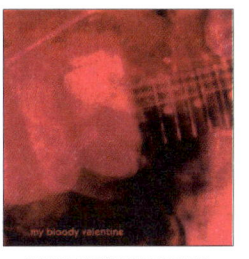

MY BLOODY VALENTINE
LOVELESS
(1991)

STEVE REICH
MUSIC FOR 18 MUSICIANS
(1978)

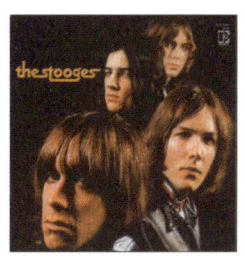

THE STOOGES
THE STOOGES
(1969)

THE BEACH BOYS
PET SOUNDS
(1966)

CARLOS EDUARDO MIRANDA
continuação da página 43
KRAFTWERK – *COMPUTER WORLD* (1981)
Agora vamos falar de Kraftwerk... não tem jeito... foi a banda que forneceu a base pro surgimento do hip hop, para o funk carioca, música eletrônica. E, aqui nesta lista, ainda representa o Can, o Neu!, e um monte de outras bandas alemãs da época, especialmente as mais serialistas que eu chapo muito. E, colocando esse disco, deixo de fora o *Tago Mago*, do Can, que eu gosto muito.

WILCO – *BEING THERE* (1996)
A inclusão do Wilco representa o rock contemporâneo, que ao contrário do que muita gente fica falando, tem muita coisa boa. Quem fala que não tem nada de bom é idiota, velho de pau mole que não sai de casa e fica olhando pras coisas velhas dele achando que bom era quando ele era um moleque de merda. Wilco representa o contemporâneo, mas também as influências que eles têm, desde o Gram Parsons até um monte de outras coisas que não consegui encaixar nessa lista de 10 discos... muita influência variada e mata a pau. É isso aí!

DINHO OURO PRETO
continuação da página 69
SYSTEM OF A DOWN – *TOXICITY* (2001)
Minha vida musical com frequência se comporta como um pêndulo. Indo de bandas cuja personalidade se destaca pela capacidade de fazer lindas canções (como REM ou Smiths), e em outros momentos volto à minha adolescência, e prefiro energia no seu estado mais bruto. System of a Down entra na categoria rock-politizado-hardcore-raivoso, mas o faz com a peculiar combinação de elementos de folclore armênio e humor. Nesse disco eles apresentam algo único. E a maior virtude que uma banda pode ter é a singularidade.

JACK WHITE – *BLUNDERBUSS* (2012)
Jack White é gênio. A Rolling Stone o chamou de Willy Wonka do rock. Excêntrico, mas sem nada de cômico. Muito pelo contrário, ele é a pessoa mais séria e respeitável do rock atual. Tudo no Jack White é tão surpreendente e inesperado que ele parece pertencer a uma categoria à parte. Consegue ser inovador e "artístico" sem nunca se afastar da pentatônica mais básica. Um excelente exemplo de que não é o virtuosismo que determina a qualidade, e sim a criatividade. Ele é a prova viva de que com os mesmos elementos do delta blues é possível apontar pra uma direção totalmente inesperada e moderna.

FELIPE HIRSCH
continuação da página 87
MORRISSEY – *YOUR ARSENAL* (1992)
No meu aniversário no ano 2000, não consegui dormir, com os meus ouvidos zunindo. Acabara de presenciar Morrissey se contorcendo raivosamente, e sensualmente, sobre uma caixa de retorno durante sua performance de Billy Budd. O show da tour *Oye Esteban!* foi realizado numa boate, em Curitiba, parecida com um imenso banheiro. Morrissey, vestindo uma camisa azul clara, com o brasão do time de futebol West Ham United, saudou o público dizendo: "Bem-vindos a uma noite de música extremamente perigosa, para pessoas realmente perigosas". Desde então, assisti mais cinco ou seis shows de Moz, em Berlim e Londres, mas o que continua ressoando no meu ouvido e cabeça é aquele, quando Morrissey parecia amargo e esquecido.
Morrissey é um menino de Hulme, subúrbio da violenta Manchester. Cresceu presenciando o brilhantismo de Howard Devoto, a ascensão e queda da Factory de Tony Wilson, a revolução da cultura rave no Hacienda e Nico cantando "Frozen Warnings" depois de cozinhar heroína em Moss Side. É uma rede eclética e complexa de influências de onde nitidamente se destaca um orgulho da classe operária britânica do norte do país. Essa é uma característica muito íntima e definidora do caráter de Morrissey. Isso o fez contestador, violento e com uma alma bastante diferente do estereótipo "frágil gay veggie", equivocadamente relacionado a ele. Shelagh Delaney, boxers, jogadores de futebol e até o dialeto, código secreto, falado pelos gays no Picadilly, quando homossexualismo era crime no Reino Unido. No início da década de noventa, Morrissey revelou o seu fetiche pela cultura skinhead. Dizia não estar alheio ao lado extremista desse grupo, mas lembrava que, em suas origens, eles amavam o ska jamaicano. O movimento tinha suas raízes plantadas na classe operária britânica jovem. O posterior lançamento do single "The National Front Disco" não ajudou muito a explicar a complexa atração de Morrissey.
É um romântico lutando contra toda a humanidade e os seus falsos valores. Ouvi-lo cantando no escuro, durante uma interrupção de "Speedway", à capela, "You'll never Walk Alone", de Richard Rodgers e Oscar Hammerstein II, é uma das coisas mais bonitas que já vi.

SCOTT WALKER – *BISH BOSCH* (2012)
O artista dos artistas da música é Scott Walker. Todos amam Scott Walker. Scott Walker ama Jacques Brel. E assim é a história. Scott, logo depois de uma carreira popular e de sucesso com os Walker Brothers, se trancou em um monastério na famosa Ilha de Wight para estudar a música Germânica pastoral e romântica do século XIX, em especial Schubert. O resultado disso é uma série de discos fascinantes, *Scott* de 1967, *Scott 2*

de 1968, *Scott 3* de 1969 e finalmente, *Scott 4*, surpresa, também de 1969. A retomada da carreira de dezessete anos para cá, nos lembra que ele ainda está vivo e fazendo o que de melhor a música contemporânea tem produzido. Não é exagero. Nenhuma música é mais sombria, reclusa e ao mesmo tempo cheia de paisagens do que a de Scott Walker.

THE STOOGES – *FUN HOUSE* (1970)

Ouvia *London Calling* com 13 anos, 6 anos depois do seu lançamento. Lembro do dia em que comprei os vinis de *Fun House* e *Raw Power* dos Stooges. Realmente, a banda mais perigosa da história do rock. Um massacre de guitarras, liquidificadores e microfonias, descrito como "o som de um jato pousando na sua sala". Passei 20 anos em Curitiba. Morei meus dez primeiros no Rio. Moro há dez em São Paulo, ao redor da Avenida Paulista e da Rua Augusta. Aqueles 20 anos são as décadas de 1980 e 1990. Décadas muito inspiradas pelo avanço urbanístico da política de Jaime Lerner e pelo vulcão poético de Paulo Leminski. Tantos seguidores, escritores, ilustradores, jornais literários, na verdade, desde Joaquim, de Dalton, na década de 1950. É claro, essa cidade não existe mais. Curitiba hoje é dos verdadeiros marginais (considerando que nos considerávamos marginais), esses, lindamente descritos pelos contos de Dalton Trevisan. É uma cidade como outra qualquer com mais de 3 milhões de habitantes. 80% dos homicídios em Curitiba se relacionam com o vício do crack.

Eu tinha 13 anos e no mesmo teatro onde fiz minha primeira estreia tocava uma banda punk, à meia noite, num show chamado "Êxtase sob Dureza". Fui assistir e, como disse Francis Bacon, todo artista tem o momento da revelação de seu tema eterno, de sua obsessão. O dele foi clarificado num passeio com sua mãe pelo açougue da Harrods em Londres, com todas aquelas carnes penduradas. O meu, bem mais humilde, mas não menos apaixonante, aconteceu naquela noite. Conheci o BAAF (Beijo AA Força, nome do alicate de tortura que os nazistas usavam na língua dos poloneses), conheci uma turma mais velha que, discretamente, segui e pela qual fui iniciado. Podem dizer, orgulhosos, que sobreviveram e ultrapassaram as baixas perspectivas sobradas aos artistas independentes desse país, com galhardia e extremismo poético. Não concederam sua preciosidade aos modismos que assolam o mercado cultural.

THE VELVET UNDERGROUND – *WHITE LIGHT / WHITE HEAT* (1968)

Lou Reed sempre será o maior de todos. O primeiro punk, o primeiro artista de primeira da música popular. O Rei de Nova York. Lou Reed amava seu professor, o poeta Delmore Schwartz, seu mentor, homenageado em "European Son". Delmore Schwartz morreu na miséria em um banco da Washington Square. Lou definiu e conduziu, pelo menos, cinco gerações pra frente, em todas as artes, em todo o mundo. Tenho a nítida sensação de que a morte de Lou Reed é um fim. Sobre esse disco, Lou Reed disse (o que penso ser quase tudo o que precisamos saber sobre arte): "Ninguém ouviu *White Light / White Heat*. Mas aí ele está, para sempre."

HELIO FLANDERS

continuação da página 93

JONI MITCHELL – *BLUE* (1971)

Uma cartilha sobre a perda de um amor. *Blue* era a cor dos olhos do homem amado, a cor do mar que acompanha a poeta e a cor que define seu estado atual de tristeza. Joni fez um dos discos mais dolorosos e belos de todos os tempos, do início ao fim. Para se ouvir agarrado à solidão e ao fim do álbum perceber que você e Joni já estão agarrados, como se precisassem um do outro para não se sentirem tão só: "Blue, canções são como tatuagens".

KID VINIL

continuação da página 115

RAMONES – *END OF THE CENTURY* (1980)

Os Ramones foram seminais em minha vida, desde o primeiro disco, que ouvi por volta de 1977, e então os elegi como minha banda punk de cabeceira. Depois veio Clash, Pistols, etc… mas os Ramones foram os primeiros. Esse disco não era dos favoritos de Johnny Ramone, pois a escolha de Phil Spector como produtor não foi das mais acertadas, apesar de Phil ser um fã declarado dos Ramones. De certa forma eu discordo, pois adoro esse disco, ele tem um diferencial dos outros. Phil Spector teve uma carreira brilhante, inventor do *wall of sound* nos anos 1960, produtor e amigo de John Lennon, enfim, méritos não faltam pra ele. No álbum dos Ramones não poderia faltar uma clássica do Phil, "Baby, I Love You", mas tem aquelas que ficaram pra história como "Do You Remember Rock 'n' Roll Radio" e "Rock 'n' roll High School".

BLONDIE – *BLONDIE* (1976)

A primeira vez que ouvi falar em Blondie foi com o Rene Ferri na extinta loja Wop Bop Discos. Lá apareceram os primeiros discos de punk e new wave, por volta de 1977 e 1978. Rene (proprietário da loja) foi o primeiro a sacar o som deles. Ele escreveu a primeira resenha do Blondie no fanzine editado pela loja. Depois de ler a crítica, difícil era não ficar aguçado em ouvir o disco. Tinha tudo que ele citava: influências das *girl groups*, Shangri-las e uma levada punk nas entrelinhas. Os dois discos que vieram na sequência também são dos meus favoritos do Blondie, *Plastic Letters* e *Parallel Lines*.

LUIZ THUNDERBIRD
continuação da página 135

TITÃS – *CABEÇA DINOSSAURO* (1986)
Conheci os Titãs do iê-iê numa apresentação em São Paulo. Eles estavam aprendendo a tocar, mas já se divertiam no palco. Eu entrei na dança com a versão do jingle "D-D-Drimmm", que eles apresentaram, na ocasião. Meio rock, meio pós-tropicalistas, meio new wave, ainda com Ciro Pessoa na banda. Nando Reis era vocalista do Sossega Leão, ao lado do Skowa. Paulo Miklos e Arnaldo Antunes eram da Banda Performática do Aguilar. Os Titãs tinham emplacado o hit "Televisão", chiclete que não perdeu o gosto até hoje. Eu era apaixonado por "Sonífera Ilha", outra goma de mascar deliciosa. Mas com *Cabeça Dinossauro* a banda cresceu, tomou conta das rádios e virou a maior banda do rock brasileiro. O disco, produzido pelo ex-Mutante Liminha, trouxe outras vertentes da banda. Letras geniais, arranjos pesados, shows impressionantes. Eu já tinha a minha banda e pensava: esses caras são gigantescos! As músicas do disco são obrigatórias nos shows até hoje. Na minha opinião, o melhor disco dos Titãs!

ROBERTO CARLOS – *ROBERTO CARLOS* (1969)
Ganhei esse disco dos meus pais assim que saiu. Foi a transição da Jovem Guarda pra uma pegada mais soul music, com as músicas "Não vou ficar", "Sua Estupidez", "Nada Vai Me Convencer" e "As curvas da estrada de Santos". Tinha o organista Lafayette, sensacional! Nos meus shows, costumo interpretar "As Curvas…" com toda a emoção que a música exige. Se John Lennon escreveu "Help", Robertão compôs "As Curvas…". Lindo pedido de socorro! Roberto, você é o cara!

ARRIGO BARNABÉ E A BANDA SABOR DE VENENO – *CLARA CROCODILO* (1980)
Em 1980, Arrigo lançou *Clara Crocodilo* e fui hipnotizado pelo monstro. Depois de comprar meu exemplar, comecei a ir a todos os shows. Com Arrigo, vieram Itamar Assumpção, Grupo Rumo, Premeditando o Breque, todos da tal 'Vanguarda Paulista'. Mas o disco em questão me trazia umas lembranças de outro gênio, Frank Zappa. O disco *New York*, do Zappa, já fazia as espetaculares narrativas de heróis e anti-heróis, apesar de Arrigo ter declarado nunca ter ouvido Zappa até então. O importante é que aquele disco me conquistou completamente. Segui acompanhando a carreira dele, com *Tubarões Voadores* e tal. Em 1992, pude levar o Arrigo no CEP-MTV e realizei o sonho de cantar algumas músicas desse disco com ele, ao piano. Depois, filmamos juntos o longa-metragem Luz Nas Trevas, dirigido por Helena Ignez, continuação do emblemático *Bandido Da Luz Vermelha*, do Rogério Sganzerla. Hoje trabalhamos na Fundação Padre Anchieta, nos encontramos, falamos das coisas do dia a dia. Mas nunca esqueço da vez que, por volta de 1986, encontrei o Arrigo no Metrô e só disse uma frase: "Arrigo, sua angústia é a minha angústia!". Ele com sua inseparável capa de chuva, eu com meu saudoso topete rockabilly.

PATIFE BAND – *CORREDOR POLONÊS* (1987)
Paulo Barnabé é a reserva moral do rock brasileiro. Digo isso com total convicção, pois acompanhei sua trajetória, me tornei seu amigo, toquei com ele, fui produzido por ele. Conheço suas opiniões e seu caráter. Paulo começou com o irmão, Arrigo, os dois vindos de Londrina. Depois, ele tocou bateria no disco de estreia de Itamar Assumpção e a Banda Isca de Polícia. Voltou a acompanhar Arrigo no show *Arrigo Instrumental* (assisti a todos os shows no Sesc Pompéia), que era um preparatório para a excursão que fariam na Alemanha. Paulo ficou por lá, onde aprofundou seus estudos musicais. Ao voltar pro Brasil, gravou o EP de estreia da Patife Band, em 1985. Mas foi em 1987 que ele lançou o *Corredor Polonês*. Esse disco foi gravado simultaneamente ao *Cabeça Dinossauro* dos Titãs, no mesmo estúdio. Acho que isso influenciou na concepção musical do disco titânico. Segundo alguns, os Titãs estavam sempre acompanhando as gravação do *Corredor*. Músicas como "Tô Tenso", "Pregador Maldito", "Poema em Linha Reta", "Pesadelo", além de uma versão maravilhosa de "Chapeuzinho Vermelho", estão lá, mostrando com quantos acordes assimétricos e dissonantes se faz um rock da pesada!

MARCELO ROSSI
continuação da página 137

AEROSMITH – *GET A GRIP* (1993)
Por último, mas não menos importante, *Get a Grip* do Aerosmith! As músicas que eu mais gosto estão espalhadas por toda a discografia da banda, mas acho que o que mais representa é este álbum, com "Amazinq", "Livin' on the edge" e "Crazy". Importante pra mim pelo momento em que foi lançado em relação a minha carreira. Nessa época estava começando a fotografar, e a banda sempre foi uma grande influência como conceito de imagem e atitude rock and roll. Nem preciso falar muito sobre a música, rock and roll misturado com blues e country, que todo mundo conhece e curte. Mas o Steven Tyler merece menção: além da voz única e interpretação fenomenal, é o melhor representante do planeta de como ser um *frontman* em cima do palco. Nada se compara a banda ao vivo, por isso recomendo o DVD *You Gotta Move* pra quem nunca teve a chance de ver um show deles. The end!

MARCO PAVÃO
continuação da página 139

FAITH NO MORE – *ANGEL DUST* (1992)
Este é um disco com menos hits que o anterior (*The Real Thing*), mas mesmo assim tocaram bastante nas rádios as músicas "Midlife Crisis" e "A Small Victory". Comparado ao The

Real Thing, *Angel Dust* é bem mais pesado. O vocal gutural de algumas músicas certamente afastou alguns fãs. Pra muitos deve ter sido uma decepção, mas pra mim foi uma surpresa ótima. O Faith No More é uma banda muito improvável. Um guitarrista de metal, uma cozinha meio funk, meio rap e um tecladista, numa época em que teclado era tão execrado no rock quanto o saxofone. Somado a isso, um vocalista extremamente versátil. Este álbum abriu minha cabeça pra todas as possibilidades que uma banda poderia ter. Minhas músicas preferidas são "Caffeine" e "Everything's Ruined".

THE STROKES – *IS THIS IT* **(2001)**

Tinha estourado na rádio a música "Last Nite". Achei legalzinha, mas nada demais. Peguei o CD emprestado de um amigo e comecei a ouvir despretensiosamente. Desde então, ouvi este CD milhões de vezes. E a única faixa que eu pulo ainda hoje é justamente "Last Nite". A primeira música, que leva o nome do disco, já me acertou em cheio. O baixo é sensacional! E as demais parecem que se encaixam umas nas outras. Aos ouvidos das pessoas que eu mostrava, pareciam todas iguais, mas claro que não eram. Acho que só os Ramones e o Strokes conseguem fazer músicas assim tão parecidas e tão diferentes. Este disco é o tipo de trabalho que aparece de tempos em tempos para nos lembrar de algumas máximas, que eu também carrego no meu trabalho de desenhista: "o simples é o certo" e "não é porque o resultado é simples, que é simples de fazer". Ramones, Nirvana e Strokes são bandas geniais, dessas que aparecem de vez em quando para colocar um pé no freio e não deixar o rock sair dos trilhos.

THE LEMONHEADS – *IT'S A SHAME ABOUT RAY* **(1992)**

Meus amigos odeiam esta banda e me julgam por gostar tanto dela. Este disco em especial é bem simples e bom de ouvir. Um disco de rock consistente e cheio de músicas muito boas. "Confetti" e "It's a Shame About Ray" tocaram bastante, mas a versão de "Mrs. Robinson" é a que bombou. Dá para ouvir o disco de cabo a rabo em *looping* e foi o que eu fiz por alguns anos (só pulando "Mrs. Robinson", claro). Tem bastante violão e acho que vem daí o preconceito das pessoas. Lembro que fui vê-los no antigo Palace e só tinha eu e mais uma dúzia de pessoas. Foi o show mais intimista que eu já vi. Os demais discos deles e a carreira solo do Evan Dando não são tão bem amarrados quanto este, mas eu gosto assim mesmo.

AIR – *LE VOYAGE DANS LA LUNE* **(2012)**

Air é uma banda que tem músicas que eu gosto muito e músicas que acho muito chatas. Mas neste disco eu gosto de todas. Um álbum concebido para servir de trilha sonora da obra do pioneiro do cinema e dos efeitos especiais Georges Méliès, especificamente do filme *Viagem à Lua* de 1902. O resultado é uma história sendo contada do início ao fim, com 11 músicas, que fazem do álbum uma obra completa. A minha preferida é "Parade", mas gosto de ouvir o álbum todo como se fosse uma música só. Na minha opinião, o melhor álbum da dupla de franceses. Sempre que faço alguma animação para publicidade e preciso contratar um músico para fazer a trilha, ou eu mostro Mr. Bungle ou Air como referência. E, é claro, eles me mandam catar coquinho.

PÉRICLES CAVALCANTI
continuação da página 163

CHICO SCIENCE E NAÇÃO ZUMBI – *DA LAMA AO CAOS* **(1994)**

Cito aqui o *Da Lama ao Caos*, mas gostaria de abrir uma exceção nessa minha pequena lista de discos favoritos, para incluir os dois discos (porque foram os únicos!) que Chico Science fez com a grande Nação Zumbi. Neste (o primeiro), apareceu toda a força do novo conceito, do novo amálgama entre rock, hip hop e maracatu, através do uso de guitarra, baixo e bateria (mais as alfaias na percussão) junto com o "rap" nordestino e roqueiro de Chico, no comando de tudo isso! Já em *Afrociberdelia*, auxiliado pela ótima produção musical de Bid, aconteceu o apuro e a perfeita realização formal do conceito e do som que foi, e ainda é, a mais completa expressão do movimento Mangue Beat. Fui fisgado desde a primeira audição!

MARCELO D2 – *A PROCURA DA BATIDA PERFEITA* **(2003)**

Esse, pra mim, é o primeiro grande disco da primeira década do século XXI, inaugurando e, ao mesmo tempo, afirmando a possibilidade de encontro entre estilos e gêneros diferentes, mas com origens muito parecidas. Nele, Marcelo, com inteligência, informação, inspiração e uso equilibrado e inventivo de samples, "beats" programados eletronicamente e percussão tocada, fez a perfeita transição entre Hip Hop e samba! E como é fluente a passagem e a interpenetração entre o discurso social das letras canto-faladas do seu rap com as intervenções dos sambas de um João Nogueira, por exemplo! Tudo rico, variado, suingado e condensado em pouco mais de meia hora, duração de um antigo LP.

RAFAEL CORTEZ
continuação da página 167

THE BEATLES – *REVOLVER* **(1966)**

Quando você gosta de boa música, é óbvio que vai gostar de Beatles. E quando cresce em um lar onde seus pais ouviam Beatles desde que você nasceu, é evidente que esse gostar vira amor. É muito difícil escolher UM disco dos Beatles. Escolhi *Revolver* porque aqui estão algumas de minhas músicas prediletas da banda. "I'm Only Sleeping" é uma viagem muito louca pela maior das pirações da cabeça. Tem uma sonoridade que me parece inalcançada até hoje. É George Harrison começando a ganhar asas nesse trabalho, e fazendo dele algo muito interessante. "Here, There and Everywhere" é uma das canções mais bonitas que já ouvi na vida. Mas não nego, esse é um dos 10 discos da minha vida acima de tudo por uma única faixa: a minha predileta dos Beatles, "Got to Get You Into My Life".

JOÃO GILBERTO – *JOÃO GILBERTO* (1973)

Para mim, o melhor disco desse gênio, do pai da Bossa-Nova. Eu gosto muito de João e de tudo que ele faz, mas esse trabalho é sensacional. Há uma faixa instrumental onde João brinca com a melodia e harmonia de "Na Baixa do Sapateiro", e o faz como ninguém. Em "Avarandado", de Caetano, João é pura melancolia. Adoro como ele canta a palavra "namorada". Sua composição "Valsa (Como são lindos os Youguis)" é de se cantar a plenos pulmões andando de bicicleta em um dia feliz, desde que nenhum amigo seu te veja assim. Mas é em "Falsa Baiana" e "Eu vim da Bahia" que meu queixo cai até hoje. Nota-se a genialidade absoluta de João porque o violão é dos mais elaborados e difíceis na harmonia, o canto tem durações de respiração que não dá para fazer igual, as notas atingidas são dificílimas e, por mais que você tente cantar junto, não: você não vai conseguir sem puxar o ar antes do João, que ainda está tocando o violão ao mesmo tempo. Diabólico!

RAFAEL CORTEZ – *ELEGIA DA ALMA* (2011)

Eu iria colocar na lista Paco de Lucía tocando Manuel de Falla, porque amo esse disco. E sou devoto de Paco (como sinto saudades dele!) como sou de qualquer santo que faz milagre. Mas coloquei o meu próprio disco para encerrar minha lista. Eu lamento muito fazer uma propaganda pessoal tão descarada, mas estou sendo muito honesto. Eu amo meu CD de violão instrumental com minhas próprias composições para o instrumento solo. E não o amo porque ele é o melhor disco do gênero, tampouco por ser tocado bem ou ter qualidade nas composições. Aliás, acho que poderia ter tocado melhor em muitos momentos. Aliás, mais uma vez, nem acho que toque muito bem. E há composições no meu disco que me envergonham pelo amadorismo e preguiça, como "Saudades da Bossa". Mas eu amo meu disco porque ele é o que de mais verdadeiro, puro e sentimental nasceu de mim. Um trabalho que não fez sucesso e duvido que fará um dia. Foi pago por mim, é independente, vendeu pouco e pouca gente conhece. Mas é fruto de um sonho e eu o sonhei para mim, acima de tudo. E fui até o final com ele, doando o meu amor à minha saudosa avó em "Helena", meu carinho pela ex em "Naquele Tempo", minha experimentação com a literatura em "A Tocaia" e minha saudade dos meus mortos em "Rua das Estrelas Sírius", entre outras composições. Tenho um orgulho danado do meu disco. Ele é importante para mim porque foi um daqueles sonhos de vida que você pode ou não realizar. E eu o realizei.

RODRIGO BRANDÃO
continuação da página 183

DIGABLE PLANETS – *BLOWOUT COMB* (1994)

Lembro perfeitamente do momento que o clipe de "Rebirth Of Slick (Cool Like Dat)" estreou no *Yo! MTV Raps* gringo, que era retransmitido pela filial brasileira nas madrugadas de quinta. Em preto & branco, gritando jazz, bateu forte tipo tapa com luva de pelica. O trio esbanjava estilo, em especial a voz e o verso da MC Ladybug. Me conquistou no ato. Logo depois, o álbum *Reachin* era festejado por público e crítica, em um raro lançamento nacional pro gênero naquela era de informação escassa. Assim, quando o segundo disco veio ao mundo, eu já estava seco pra ouvir. Numa guinada semelhante ao De La Soul, eles desacreditaram do hype e desistiram da estética Blue Note em favor de um estilo mais funky, pesado e político, de referência Black Panther. O resultado é esse clássico instantâneo.

MEIRELLES & OS COPA 5 – *O SOM* (1964)

Pra quem desconhece o nome, basta dizer que o maestro e saxofonista J. T. Meirelles é o responsável por todos os arranjos de metais nos três primeiros discos de Jorge Ben. Além disso, ele, também tio do BNegão, foi o líder de um dos mais estelares quintetos a incendiar o hoje legendário Beco das Garrafas, no Rio de Janeiro dos anos 60, durante a fase áurea do que depois se convencionou chamar de *samba-jazz*. Passaram pelos Copa 5 nomes-chave do instrumental brasileiro, como Deodato, Waltel Branco, Menescal e Edison Machado. Mas o balanço típico das Américas do Norte e do Sul se funde com perfeição cirúrgica é nesse disco, com Dom Um Romão no ritmo e Luiz Carlos Vinhas nas teclas. O título não faz propaganda enganosa: é realmente O som.

MIKE LADD – *WELCOME TO THE AFTERFUTURE* (2000)

Fruto da mesma atmosfera que gerou o *Tragic Epilogue* que abre essa seleção, a obra definitiva do artista criado em Boston, forjado no Bronx e radicado em Paris é muito inspirada – e inspiradora! – desde o título. Se a expressão *post-rap* algum dia vier a existir, vai ser por causa desse disco. Energia soul, hip hop old school, poesia beatnik, alma punk, e um niilismo típico de quem chapou muito assistindo *Blade Runner - O Caçador De Andróides* até a exaustão. Tudo isso amalgamado de forma que faz muito sentido. Like Madd, como ele mesmo se zoa, é talento explosivo: ator, beatmaker prolífico, autor de ensaios sobre traumas de guerra, rimador que recita trechos de Shakespeare na levada do Ghostface Killah (Wu-Tang Clan)... Um dos super heróis mais incompreendidos da atualidade.

PHAROAH SANDERS – *KARMA* (1969)

Parte da santíssima trindade do free jazz, entre O Pai John Coltrane, com quem tocou em toda a fase pós-*A Love Supreme,* e O Espírito Santo Albert Ayler, as credenciais do Filho Pródigo são infinitas. Chancelado como Faraó pela entidade espacial Sun Ra em si, ele é das almas mais livres que já caminhou por toda a Terra. Quando pirei nessa pérola de radicalismo espiritual, jamais sonharia que um dia meus manos M. Takara, Guilherme Granado e Rob Mazurek seriam parte da banda do Sr. Sanders. Muito menos que eu seria convidado a compartilhar tão sagrado terreiro, ao microfone, em um par de ocasiões. Como dizem o título e o refrão do mantra, escrito e cantado por Leon Thomas, que puxa o álbum em questão, "The Creator has a master plan", sem dúvida. Só posso agradecer. MUITO.

RODRIGO CARNEIRO
continuação da página 185

JOÃO GILBERTO – *CHEGA DE SAUDADE* (1959)

Já assisti a muito show nessa vida. E alguns dos mais fantásticos foram os do João Gilberto – testemunhei em cinco oportunidades. Eu ainda era um jovem punk quando o vi pela primeira vez, circa 1987. E desde molequinho, coisa mais curiosa, tenho-o no mais imenso apreço. Tanto que o vinil que meus pais tinham dele foi por mim furtado – putz, confessei. Lembro que no início dos anos 1990, quando os Mickey Junkies começaram a chamar a atenção de um setor da imprensa, eu adorava dizer em entrevistas que João Gilberto era o máximo, e que não estranharia nada se ele surgisse vestido como eu e meus amigos: de jaqueta de couro e camiseta listrada.

LEONARD COHEN – *SONGS OF LOVE AND HATE* (1971)

Cheguei à magnífica obra de Leonard Cohen via Nick Cave – outro artista que me agrada muito, muitíssimo. No disco de estreia com os Bad Seeds, *From Her to Eternity* (1984), Cave abre os trabalhos com uma versão apocalíptica de "Avalanche". Na consulta aos créditos, li de quem era o tema e fui ao original. Lá estava, também como primeira faixa do álbum, narrativa mântrica, ao violão flamenco sombrio. Fiquei chocado – e ainda fico. Começou ali uma obsessão braba. Consumo desenfreado de álbuns, livros e imagens do homem. Ainda que nunca tenha me visto mais magro, posso dizer que conheço bem o canadense.

SÉRGIO MARTINS
continuação da página 189

LED ZEPPELIN – *PHYSICAL GRAFFITI* (1975)

O Led Zeppelin é uma banda de heavy metal, hard rock... Eu prefiro classificá-los como quatro músicos que exploraram todos os ritmos e possibilidades de criação. Lançaram quatro discos que, sim, deram régua e compasso para a criação do rock pesado (os blues com distorção, os andamentos rápidos, as letras que iam do sexo puro e simples à mitologia e misticismo...), soltaram um álbum (*Houses of the Holy*) que trazia flertes com o funk, o reggae e o rock progressivo e... criaram *Physical Graffiti*. Ele é o meu álbum predileto do Led Zeppelin por se tratar do único que reúne todas essas qualidades em 15 canções. Robert Plant, que para muitos tem uma voz estridente além da conta, canta num tom mais controlado, John Bonham faz a minha introdução predileta de bateria em todos os tempos ("The Rover"), John Paul Jones exibe a categoria de sempre no baixo e teclados e Jimmy Page come a guitarra – aquele *slide* de "In My Time of Dying" é particularmente arrasador. E ainda tem "Kashmir", um dos namoros mais frutíferos do rock com a música oriental! O Led Zeppelin nunca mais foi o mesmo depois de *Physical Graffiti*. Mas que final de era...

BLACK SABBATH – *SABOTAGE* (1975)

Demorei pelo menos seis meses para colocar as mãos neste disco. Em 1982, *Sabotage* estava fora de catálogo e era considerado dificílimo de se conseguir. Eu passei um tempão para convencer a irmã de um amigo meu a vender essa maravilha. É o último trabalho de qualidade do quarteto com Ozzy Osbourne nos vocais. O alto volume e o peso das canções, pelo menos na minha opinião, abririam espaço para sonoridades mais pesadas dentro do heavy metal. O repertório é de altíssima qualidade, com *riffs* inspirados de Tony Iommi (os meus prediletos são "Symptom of the Universe" e "The Thrill of it All"), Osbourne caprichando na voz esganiçada ("Hole in the Sky") e Geezer Butler (baixo) e Bill Ward (bateria) quebrando tudo lá atrás. O disco traz ainda "The Writ", um recado malcriado para um empresário da banda, que os deixou com uma mão na frente e outra atrás.

BRUCKNER SYMPHONY 8 IN C MINOR BERLINER PHILHARMONIKER, NIKOLAUS HARNONCOURT (2000)

A minha introdução à música erudita se deu em março de 2000, quando eu fui à Alemanha fazer uma reportagem com a Filarmônica de Berlim. E foi então que conheci – e me apaixonei por – Bruckner. É um gosto a se adquirir. Compositor do período romântico e fã de Richard Wagner, Bruckner se notabilizou por criar sinfonias longas, densas, pesadas... Foram essas qualidades que me conquistaram. As cordas que vão nascendo aos poucos, as trompas (ou tubas wagnerianas) que vão sendo acrescentadas à sinfonia à medida em que ela muda de ritmo me atingiram como um soco no peito. Eu assisti a três ensaios dessa sinfonia e conferi o concerto. Desde então, coleciono várias edições da obra. Harnoncourt, regente austríaco especializado em música dos períodos barroco e clássico, nem é mais o meu "bruckneriano" favorito (prefiro o holandês Bernard Haitink e o alemão Hans Knappertsbusch). Mas ele tem méritos por me apresentar a música de Anton Bruckner.

STEVIE WONDER – *TALKING BOOK* (1972)
O meu compositor e cantor predileto de todos os tempos é Smokey Robinson. Stevie Wonder, no entanto, tem uma qualidade que falta a seu companheiro de Motown. A habilidade de fazer um disco irretocável, com músicas que conversam entre si. A categoria de criar um álbum que tenha unidade. *Talking Book* é o segundo trabalho de Wonder após se libertar da cartilha de criação da Motown — que exigia canções de no máximo três minutos e que não abordassem temas políticos. E também um trabalho marcado pela separação dele da cantora Syreeta Wright e de uma nova relação romântica. Este "adeus, minha amada, olá novo amor" dá o tom em *Talking Book*. Se por um lado Wonder mostra sua faceta de amante desesperado ("Maybe Your Baby", "Tuesday Heartbreak"), por outro ele celebra o surgimento de uma nova paixão ("You are the Sunshine of My Life", "Looking for Another Pure Love"). De quebra, tem "Superstition", música que ele deu para Jeff Beck e pediu de volta. *Talking Book* traz ainda "Blame it on the Sun", uma das baladas mais dilacerantes sobre o fim de um relacionamento.

ISAAC HAYES – *HOT BUTTERED SOUL* (1969)
Marlene ou Emilinha, Corinthians ou Palmeiras, esquerda ou direita, Motown ou Stax. A definição mais simples desse conflito é que enquanto a Motown era mais doce e baladeira, a Stax, sediada em Memphis, no sul dos EUA, tinha mais agressividade. Isaac Hayes era compositor "da casa" na Stax (escreveu hits da dupla Sam & Dave) e criou *Hot Buttered Soul* nos intervalos de gravação do estúdio da companhia. Musicalmente, é uma paulada. Quatro canções de longuíssima duração e com recursos extremamente ousados para a época. "Walk on By", sucesso de Burt Bacharach e Hal David, se transformou num single de sucesso. Mas a minha predileta é "By the Time I Get to Phoenix", com seu discurso de mais de oito minutos de duração, e "Hyperbolicsyllabicsesquedalymistic", um funk temperado com pedais *wah wah* de guitarra.

ZÉ ANTONIO ALGODOAL

Diretor de programas de TV e músico. Trabalhou na MTV Brasil durante 19 anos, dirigindo programas clássicos como Lado B e Supernova. Também dirigiu vários programas ligados ao departamento de jornalismo. Como guitarrista, fez história na banda Pin Ups, uma das mais cultuadas da cena independente brasileira. Atualmente, foi um dos diretores da temporada 2014 do *Breakout Brasil*, do Canal Sony. *Discoteca Básica* é o seu primeiro livro.

OS 10 DISCOS MAIS ESCOLHIDOS

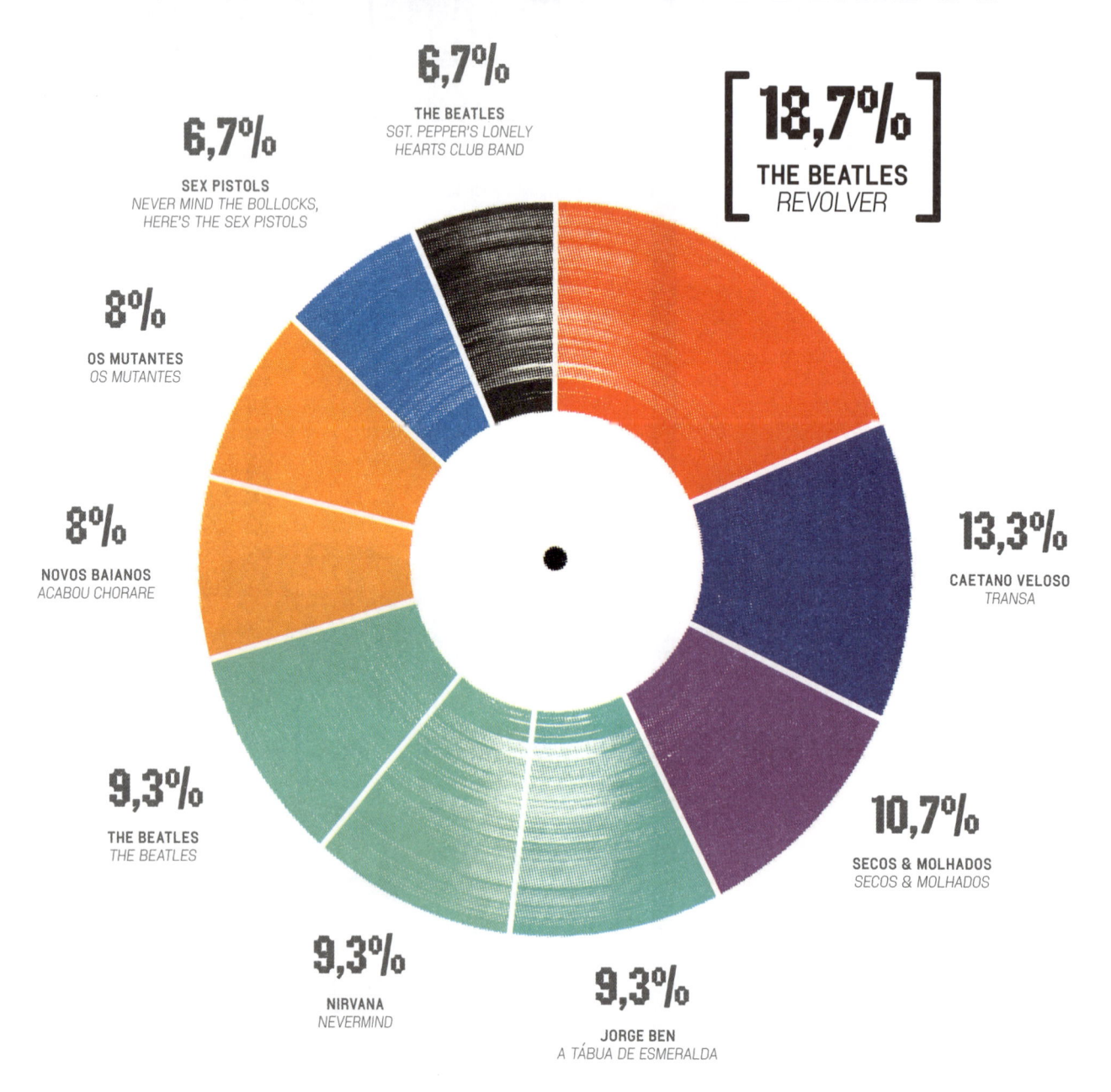

18,7%
THE BEATLES
REVOLVER

13,3%
CAETANO VELOSO
TRANSA

10,7%
SECOS & MOLHADOS
SECOS & MOLHADOS

9,3%
JORGE BEN
A TÁBUA DE ESMERALDA

9,3%
NIRVANA
NEVERMIND

9,3%
THE BEATLES
THE BEATLES

8%
NOVOS BAIANOS
ACABOU CHORARE

8%
OS MUTANTES
OS MUTANTES

6,7%
SEX PISTOLS
NEVER MIND THE BOLLOCKS, HERE'S THE SEX PISTOLS

6,7%
THE BEATLES
SGT. PEPPER'S LONELY HEARTS CLUB BAND

OS 10 ARTISTAS MAIS ESCOLHIDOS

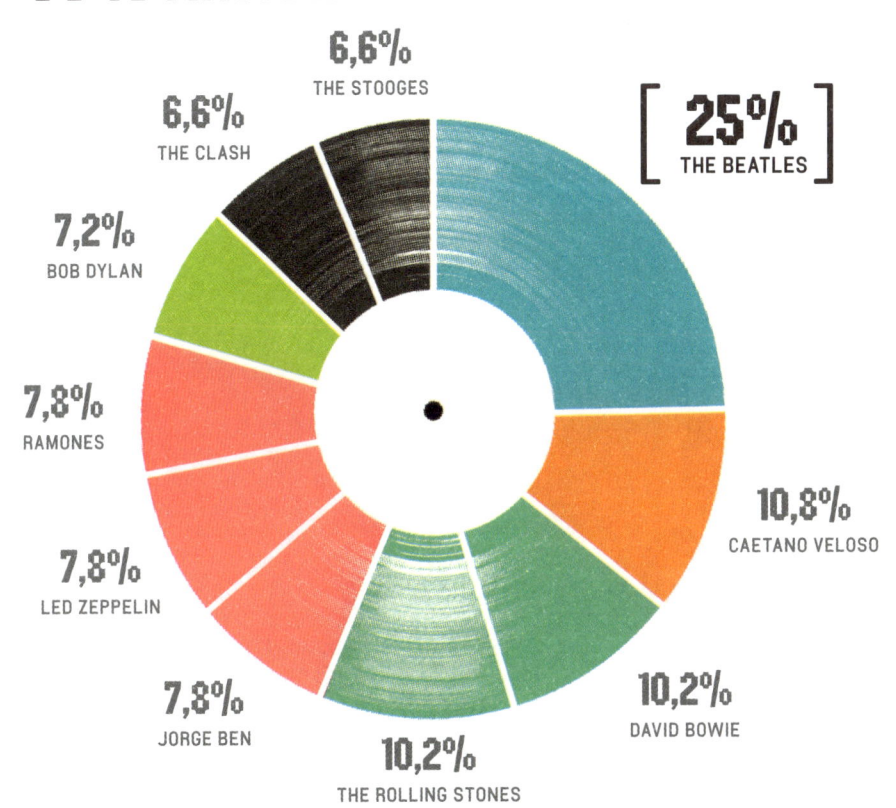

- **25%** THE BEATLES
- **10,8%** CAETANO VELOSO
- **10,2%** DAVID BOWIE
- **10,2%** THE ROLLING STONES
- **7,8%** JORGE BEN
- **7,8%** LED ZEPPELIN
- **7,8%** RAMONES
- **7,2%** BOB DYLAN
- **6,6%** THE CLASH
- **6,6%** THE STOOGES

ARTISTAS INTERNACIONAIS OU NACIONAIS? QUEM LEVOU A MELHOR?

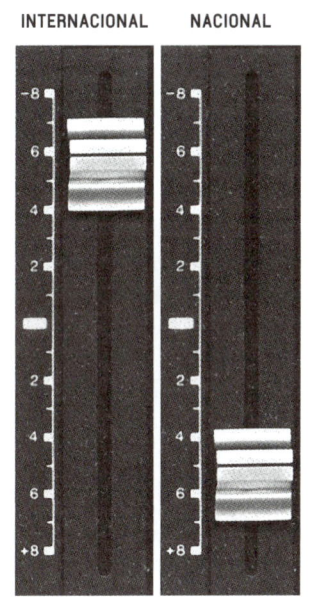

INTERNACIONAL / NACIONAL

ENTRE TODOS OS CITADOS NO LIVRO

DISCOS MAIS VOTADOS POR DÉCADAS

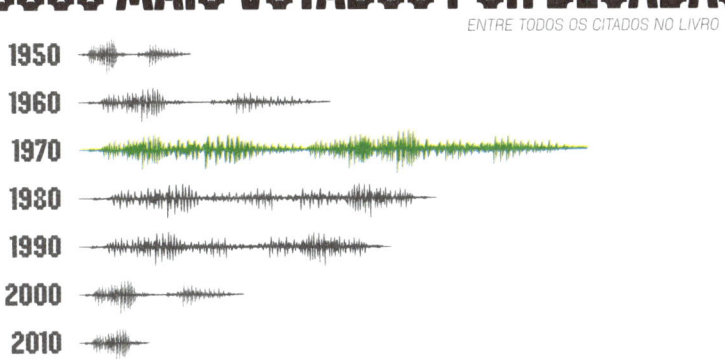

ENTRE TODOS OS CITADOS NO LIVRO

- 1950
- 1960
- 1970
- 1980
- 1990
- 2000
- 2010

100 PERSONALIDADES E

DISCOTECA BÁSICA

SEUS 10 DISCOS FAVORITOS

Este livro foi composto em Manifold CF, com textos auxiliares em Hardy.
Impresso pela R.R. Donnelley, em papel Offset 90g/m². São Paulo, Brasil, 2014.